武汉大学哲学学院
SCHOOL OF PHILOSOPHY WUHAN UNIVERSITY

珞珈哲学

第一辑

武汉大学哲学学院　编

WUHAN UNIVERSITY PRESS
武汉大学出版社

图书在版编目(CIP)数据

珞珈哲学.第一辑/武汉大学哲学学院编.—武汉:武汉大学出版社,
2022.6
ISBN 978-7-307-23071-2

Ⅰ.珞… Ⅱ.武… Ⅲ.哲学—文集 Ⅳ.B-53

中国版本图书馆 CIP 数据核字(2022)第 074415 号

责任编辑:沈继侠 责任校对:汪欣怡 版式设计:马 佳

出版发行:**武汉大学出版社** (430072 武昌 珞珈山)
(电子邮箱:cbs22@whu.edu.cn 网址:www.wdp.com.cn)
印刷:武汉邮科印务有限公司
开本:787×1092 1/16 印张:14.5 字数:341 千字 插页:2
版次:2022 年 6 月第 1 版 2022 年 6 月第 1 次印刷
ISBN 978-7-307-23071-2 定价:58.00 元

《珞珈哲学》（第一辑）编委会

序　言

2016 年 5 月 17 日，习近平总书记在哲学社会科学工作座谈会上的讲话中强调："坚持和发展中国特色社会主义必须高度重视哲学社会科学。""高校哲学社会科学有重要的育人功能，要面向全体学生，帮助学生形成正确的世界观、人生观、价值观，提高道德修养和精神境界，养成科学思维习惯，促进身心和人格健康发展。"高校哲学社会科学的发展，是一项立德树人、培根铸魂的关键工程，对于中国特色哲学社会科学的人才培养意义重大。

黉门春风植桃李，珞珈山下好读书。武汉大学哲学学院作为国内国际知名大学哲学院系，建系历史悠久，学科优势突出，师资力量雄厚，教学水平一流，学术成果显著。自我校 1922 年设立教育哲学系以来，众多哲学家和著名学者曾先后在此任教，如方东美、熊十力、万卓恒、范寿康、张颐、金克木、洪谦等人；1956 年，作为中国共产党的主要创始人和早期领导人之一的李达，任职武汉大学校长期间兼任恢复重建的哲学系主任，并为此后哲学学科的发展奠定了新的基础。百年期间，学院见证了哲学名家钻研学术的风度，铸就了"爱智、求真、向善、致美"的院训，也为党和国家培养了各类优秀人才。对于莘莘学子而言，这里是树立学术理想、开启人生梦想的地方。春天行走于李达花园，感悟马克思主义哲学的真理力量与实践力量；夏日驻足在老图书馆，翻阅中国哲学历经岁月沉淀的典籍；金秋陶醉于哲学课堂，讨论康德、黑格尔的深刻命题；冬雪漫步在自强大道，畅谈哲学与远方，展望人生与理想。试问，谁不愿感受珞珈山下与哲学相伴的春夏秋冬呢？

一直以来，武汉大学哲学学院重视为青年学子的学术交流提供良好平台，为当代哲学理论研究培育青春力量，这也是我院创办《珞珈哲学》的初衷。《珞珈哲学》由武汉大学哲学学院主办、武汉大学哲学学院研究生会承办，以"交流珞珈哲思、汇聚青年学识"为宗旨。2021 年 4 月，由我院优秀硕博研究生组成的《珞珈哲学》首届编委会正式成立；2021 年 7 月，《珞珈哲学》第一辑面向国内知名高校哲学专业研究生征稿；征稿期间，《珞珈哲学》首届编委会收到大量优质投稿，编委会坚持以文章质量为核心，严格做好论文审校工作。作为一份研究生学术出版物，《珞珈哲学》注重文章的学术性、创新性、规范性，第一辑较好地落实了这些要求。

《珞珈哲学》第一辑收录 21 篇哲学论文，开篇特别邀请李维武教授写作《首辑贺语》，邀请各学科教研室的老师写作《教师寄语》，体现出学院各学科、各教研室对本书的大力支持与殷切期待。概观 21 篇哲学论文，整体上具有四大特点：一是主题鲜明、论域广阔。论文主题兼顾国内与国外的研究，论域兼具传统与创新的视角。二是立足文本、重视原著。论文以哲学文本为基础，由经典原著中提炼思想的精华，从而进一步阐明哲学家使用的重要概念、方法或体系。三是关心现实、关注前沿。论文能够将理论与实际结合起来，从学术前沿问题或时事热点话题中探索新的理论生长点。四是聚焦问题、论证清晰。论文基本能够围绕一个或几个重要学术问题展开论述，体现了作者在论文写作中的问题意识。总体上，我们能够从《珞珈哲学》第一辑中读到创新的观点与有一定深度的哲学思考，这种创新的尝试，无疑是值得肯定的。

为文的根基在于为学，为学的根基则在于为人。李达先生在《怎样做一个社会主义大学生》一文中曾说明，青年同学们要建立马克思列宁主义的世界观，学好专业知识，锻炼强健体魄，成为"一个有学问的人、有本领的人"。当代热爱哲学的青年学子应当努力成为有扎实学问、有理论本领的"哲学人"。那么，青年学子应成长为怎样的"哲学人"呢？这里不妨提出三点建议。第一，哲学人应培养辩证的哲学思维。我们要具备现实意识、问题意识、前沿意识，密切联系理论与实践，从经典文本中读出生动的现实，从生活实践中发现创新的论题。第二，哲学人应锤炼端正的学术品格。我们要拥有清醒的理论自觉、坚定的政治信念与科学的思维方法，恪守学术道德与学术规范，从标点符号做起，认真对待自己写下的每一字每一句。第三，哲学人应追求勇于钻研的科研精神。马克思在《资本论》中写道："在科学上没有平坦的大道，只有不畏劳苦沿着陡峭山路攀登的人，才有希望达到光辉的顶点。"哲学研究不在一朝一夕，而是在数不清的日夜、阅不尽的书籍、想不完的问题中，逐渐完善理论、提升自我。何以欲穷千里目？唯有更上一层楼。

习近平总书记在庆祝中国共产党成立100周年大会上的讲话指出："新时代的中国青年要以实现中华民族伟大复兴为己任，增强做中国人的志气、骨气、底气，不负时代，不负韶华，不负党和人民的殷切期望！"新时代的哲学人坚持追求真理、实事求是，在哲学研究中挖掘历史、把握当代、面向未来。千里之行，始于足下。我们真诚希望《珞珈哲学》能够助力广大青年学子进行有深度的哲学思考，也期待每一位热爱哲学的同学都能成长为富有智慧、追求真善美的哲学人。

武汉大学哲学学院院长　李佃来

2022 年 4 月 17 日

首 辑 贺 语

李维武

武汉大学哲学学院主办、武汉大学哲学学院研究生会承办的研究生学术出版物《珞珈哲学》第一辑,在庆祝武汉大学哲学系创办100周年之际付梓问世了!

自1912年北京大学设立中国哲学门开始,现代大学哲学系在中国出现和发展已有110年历史了。在此期间,由哲学系学人撰著、编辑、参与的专业性哲学出版物,可谓林林总总、多姿多彩、万紫千红。与这些出版物相比,《珞珈哲学》有着自己的鲜明特色:这是一份以"交流珞珈哲思,汇聚青年学识"为宗旨,由研究生自己主持、自己撰稿、自己编辑的专业性哲学出版物,主编是研究生,作者是研究生,编委会也由研究生组成,而出版者则是堂堂正正的武汉大学出版社,不是某家谁也不知其名的小打印社。这在中国现代大学哲学系的百余年历史中,大概属于破天荒之举。

这份研究生学术出版物的问世,当然是可喜可贺之事,势必会受到哲学界广大师生的关注和重视,成为武汉大学哲学学院百年华诞庆祝活动的一大亮点。百年老系,青春相伴,可谓生生不息、日日趋新、风华正茂、前景无量!但更有待于我们去做的,则是静下心来对这份学术出版物创办的相关问题作出思考。《珞珈哲学》上的论文,都是同学们进行哲学思考的成果;而刊载这些论文的《珞珈哲学》,如果要想办得好、行得稳、走得远,也需要对它进行哲学性质的思考。

问题之一:有没有必要办研究生的专业性哲学出版物?这个问题在一般情况下当不成其问题,但在破除"唯论文论"已成时代趋势的今天,却偏偏要办一份研究生自己的专业性哲学出版物,发表研究生自己撰写的哲学论文,确实有点"逆行"的味道,因而成了一个必须思考的问题。而回答这个问题的关键,在于看到学术论文的撰写与发表,之于不同专业的意义并不是相同的。有许多专业的研究成果,可以通过非学术论文的形式表达出来,如音乐专业可以通过演唱,美术专业可以通过绘画,体育专业可以通过运动会,考古学专业可以通过考古发掘,社会学专业可以通过社会调查,自然科学各专业可以通过科学实验,工程技术各专业可以通过工程实践,等等。但对于哲学专业来说,哲学的思考只能通过撰写论文和专著,见诸文字,形成文本,得以保存、表达和传播,在人们阅读这些文字、解读这些文本后产生影响,乃至由"本来的哲学史"而进入"写的哲学史"。中国第一个马克思主义哲学家李大钊曾撰联:"铁肩担道义,妙手著文章",可见即使是马克思主义哲学在中国思想世界的兴起,也离不开以文字书写为其载体。因此,注重对哲学专业学生写作哲学论文能力的训练和培养,本是哲学院系培养学生的应有之义。由此看来,《珞珈哲学》的创办,为研究生撰写和发表哲学论文提供一个平台,是有道理的,是有根据的,是"实事求是"的。这个道理,这个根据,这个"实事"之"是",就是哲学思考的保存、表达和传播,有着自己的客观的特殊的规律性。我们今天破除"唯论文论",是以遵循客观规律性为其基础和前提的,而不是离开这个基础、抛弃这个前提,去搞唯心主义和形而上学的"一刀切"。

问题之二：能不能办好研究生的专业性哲学出版物？与前一个问题相比，这无疑是一个更尖锐的问题：如果说哲学院系要注重训练和培养学生写作哲学论文的能力，因而有必要办研究生的专业性哲学出版物，这个观点还比较容易为人们所接受；那么进一步说研究生的专业性哲学出版物能够办得好，这个观点就未必容易为人们所接受了。其所以如此，就在于哲学院系的研究生毕竟还是哲学这门大学问的初学者，人们难免会对其治学能力和学术水准产生疑虑。因此，这里的关键一点，在于要让人们信服地看到，哲学院系的研究生是能够写出有新意、有见解、言之有理、持之有故的好文章的。而要做这一点，需要拿出实实在在的证据来；这种实实在在的证据，只能从中国现代大学哲学教育史中去找。在武汉大学所在的武昌之地，其实就有这样的范例。1915 年，武昌私立中华大学中国哲学门创办，这是继北京大学中国哲学门之后诞生的第二个中国哲学门，也是在中国南方出现的第一个现代大学哲学系。后来成为中国共产党早期思想家和重要领导人的恽代英，就是中华大学中国哲学门的首届本科生。在大学时代，恽代英发愤攻读，刻苦钻研，受到专门的哲学教育与训练，不仅每学期考试都是第一名，而且撰写了《义务论》《新无神论》《怀疑论》《物质实在论》《论信仰》等哲学论文，在《新青年》《东方杂志》《光华学报》等刊物上发表。这些哲学论文，今天保存在人民出版社出版的《恽代英文集》和《恽代英全集》中，不仅是反映恽代英思想成长的重要文献，而且成为早期中国大学哲学系训练和培养学生写作哲学论文的一个见证。通过这个见证，可以清楚看到哲学院系的在读学生是能够写出有新意、有见解、言之有理、持之有故的好文章的。在武昌这片人杰地灵的土地上，百年之前，恽代英作为本科生就能有此成就；百年之后，我们今天的研究生也当能接踵前贤，撰写出有质量有数量的好论文。更何况《珞珈哲学》是面向全国高校研究生征集来稿，当然会收获更多的来自全国各地的好论文。由此观之，《珞珈哲学》作为研究生的专业性哲学出版物，不仅有创办的必要，而且有办好的可能。在这个平台上，研究生们将通过自己的哲学论文，成功地展示自己的治学能力和学术水准，使人们具体地感触到中国哲学界的青春风采和未来希望。

问题之三：如何才能办好研究生的专业性哲学出版物？对这个问题的思考，答案大概会有多个，因为一个学术出版物编辑出版的环节很多，影响一个学术出版物优劣成败的因素是多方面的。但在这些因素中，有两个因素甚为关键，是办好一个学术出版物首先要重视、要抓好的。一个因素是学术出版物的主编和编委会。主编和编委会作为学术出版物的主持者，在很大程度上决定了学术出版物的方向、品格和风貌，如果能够坚持正确的学术方向，以不断开拓的眼界、认真负责的态度、严谨细致的作风、相互协作的团结致力编辑工作，通过积极组稿、广泛征稿、严肃审稿、精细编稿，是能够将研究生的专业性哲学出版物办好、办成功的。另一个因素是论文作者。一个学术出版物的主要内容，当然是学术论文；只有获得了足够的优质论文，这个学术出版物的内容才能丰富、才能深刻、才能吸引读者而产生影响，这个学术出版物也才获得了自己的学术生命。俗话说"巧妇难为无米之炊"，如果缺乏好的稿源，再好的主编和编委会也是难以把学术出版物办好的。而要形成好的稿源，除了主编和编委会努力组稿征稿外，更在于论文作者以上下求索的精神、吹沙淘金的辛劳、掘井汲泉的功夫、修辞立其诚的态度，认认真真写出扎扎实实的好论文。因此，要办好《珞珈哲学》，需要把这两个因素很好地结合起来，把学术出版物的主持者和论文作者很好地结合起来。换言之，要办好《珞珈哲学》，我们既寄希望于主编和编委会，也寄希望于已经或准备撰文投稿的同学们。这是同学们的共同事业。

对《珞珈哲学》创办所作的这些哲学性质的思考，归结起来，就是祝望这份由研究生自己主持、自己撰稿、自己编辑的专业性哲学出版物，在今后的岁月里能够办得好、行得稳、走得远，在 21 世纪中国哲学史上留下自己的影响和印记！

同学诸君们，共同努力呀！

2022 年 4 月 16 日于武汉大学

教 师 寄 语

祝《珞珈哲学》坚持发扬"爱智、求真、向善、致美"的院训精神，真正办出特色和水平。

——马克思主义哲学教研室　赵士发教授

发自心底的热爱，刨根究底的好奇心，不管不顾的汉子气，质疑一切的眼光，清晰精准的思维特质，那你一定能成为优秀的硕士博士、杰出的学者。

——中国哲学（国学）教研室　文碧芳教授

追求真理和正义是学问的生命，思维缜密、论证有力、概念准确是学问的表达形式，勇敢、执着、不盲从是做学问的重要品质。

——外国哲学教研室　郝长墀教授

学问不是拿来炫耀的，而是拿来解决问题的。故凡为文章，无论长短，只要能把事实说明白，把道理讲通透，即为上等，而大可不必装腔作势，故弄玄虚。

——美学教研室　范明华教授

有亲则可久，有功则可大。可久则贤人之德，可大则贤人之业。祝《珞珈哲学》出版顺利，可大可久。

——中国哲学（国学）教研室　孙劲松教授

哲学是一门激发思维、追求智慧的学问。《珞珈哲学》的创办为各位学子提供了一个优良的思想交流平台，望同学们以无畏的精神探索、以开放的心态思考、以学术的方式写作，为中国未来的哲学事业铸就更大的辉煌！

——宗教学教研室　翟志宏教授

哲学院里筑平台
珞珈山下聚英才
爱智求真重论证
向善致美展情怀

《珞珈哲学》的创办为武汉大学及全国青年哲学人才提供了一个很好的交流平台与发表园地。祝愿《珞珈哲学》越办越好！

——伦理学与政治哲学教研室　陈江进教授

文以载道，道裁于文。这口哲学终归珞珈。

——逻辑学教研室　杜珊珊副教授

祝《珞珈哲学》成长为学子们表达思想、交流学术的有力平台！

——科学技术哲学教研室　叶茹副教授

既能记得，还能晓得；既能照着讲，还能接着讲；既能惠及己身，还能迈向人民。

——心理学教研室　钟年教授

目　录

马克思主义哲学

中国哲学

外国哲学

政治哲学与伦理学

科学技术哲学

马克思主义哲学

唯物史观对意识形态的批判与建构*

● 李明哲①

【摘　要】

马克思和恩格斯在对同时代的意识形态的考察中，批判地指正了国民经济学的超历史性和德国古典哲学的历史局限性，即分别在超历史的劳动概念与抽象凝化的实践主体的基础上建构的资产阶级意识形态。在这一过程中，马克思和恩格斯暗示了意识形态的双重性，即现实性和虚假性。虽然他们拒斥任何形式的意识形态，从而反对"无产阶级意识形态"的理论表述，但是在发动存在论革命的唯物史观中，马克思和恩格斯澄清了意识形态的源发机制和终结的可能性，同时对遮蔽无产阶级"阶级意识"的资产阶级虚假意识形态进行历史的批判。正是在唯物史观的内在要求之中，中国共产党人深入具体社会的历史过程，在百年征程中对现实必然性充分地自觉，创造性地建构了意识形态思想体系，推动马克思主义真正在中国社会的历史性实践中落地生根。

【关键词】

唯物史观；现实；意识形态批判；历史自觉；建构

对于意识形态而言，在日常生活中似乎多与国家机器联系在一起——作为控制思想的工具，以完全虚假性的脸谱示人。这在马克思和恩格斯合著的《德意志意识形态》中得到了彻底的呈现。然而在列宁的《怎么办?》中，明确指出"没有革命的理论，就不会有革命的运动"，突出"灌输"论；同时，西方马克思主义的开创者卢卡奇和葛兰西对文化、意识形态与话语的重视，意图"保卫"意识形态。这一"批判"与"保卫"所呈现的相反态度，令人疑惑。因此，有必要澄清"意识形态"的现实历史性，揭示历史运动中"意识形态"的双重性（科学性与虚假性②），以此来清洗历史虚无主义等一系列对中

＊ 本文系 2021 年甘肃省人文社会科学项目"中国共产党百年意识形态领导权建设经验研究"（21ZC01）阶段性成果。

① 作者简介：李明哲，兰州大学马克思主义学院马克思主义中国化研究专业 2019 级硕士研究生，研究方向为马克思主义中国化。

② 恩格斯在 1893 年给梅林的信中明确指出，"意识形态是由所谓的思想家通过意识、但是通过虚假的意识完成的过程。推动他的真正动力始终是他所不知道的，否则这就不是意识形态的过程了。因此，他想象出虚假的或表面的动力"。参见《马克思恩格斯文集》（第 10 卷），人民出版社 2009 年版，第 657 页。正是在始终不知道"真正动力"的基础上，恩格斯指出"虚假性"，而一旦发现了物质生产过程的动力基础，虚假"意识形态"便命运般走向终结。如此，一种把握社会生产的动力源泉机制、深入社会现实的"意识形态"才能成为具有科学性的"意识形态"。

国共产党领导全国各族人民在革命、建设和改革过程中进行抹黑、污名的虚假意识形态，审思"历史终结论"，从而巩固马克思主义在意识形态领域的指导地位，巩固全党全国人民团结奋斗的共同思想基础。

马克思和恩格斯的意识形态批判，以深入历史现实性之中的那一维度为内在根据。国民经济学家、德意志意识形态学家和一些科学技术实在论主义者皆局限于永恒的、超历史的观念论中，无法从"意识的内在性"中突破，从而落入"资产阶级的狭隘眼光"之中。

一、国民经济学的超历史意识形态

国民经济学家作为资产阶级经济学的代言人，在展开其理论时便预设着超历史的思维前见。当斯密发现劳动一般在资本主义生产体系中的决定性作用时，他的确是伟大的，超越了重商主义和重农学派，因而，恩格斯把"亚当·斯密称做国民经济学的路德"①，马克思也认可斯密在劳动这一关键问题上所作的重大贡献，说"这一步跨得多么艰难，多么巨大"，"抛开了创造财富的活动的一切规定性，——干脆就是劳动"②，为资本主义大工业的发展提供了理论根基。然而劳动一般的解释效力，却遭到了资本主义体系内的"二律背反"，即马克思在《1844 年经济学哲学手稿》中所展开的论证：国民经济学以劳动一般作为资本主义生产体系的"真正灵魂"，却以私有财产为预设前提来进行论证，把私有财产作为无可争议的出发点去建构整个国民经济学，因而只是"作为过去的、对象化的劳动"③，即在过去时间中凝结的劳动——死劳动。如此理解的劳动，不过是人与自然所中介的超历史的劳动，在这一劳动中，资本主义生产体系与前资本主义的劳动之间的本质差异被抹杀，从而带来的更大后果是：后资本主义的劳动不过是资本逻辑生产体系之下的劳动，而社会主义之于资本主义的差异仅仅在于剩余价值的分配。④ 因此，这样一种劳动概念把人与自然的对象性活动抽象为稀薄的形式规定，简单地打发掉历史特定阶段之间的重大差异性，就如抽去了阶级来谈人口、抛开了资本和雇佣劳动来谈阶级一样，是空洞的教条，根本无法切中任何具体社会，从而必然沦为浅薄的形式主义。然而，这一理解却恰恰是国民经济学理论建构的基础：劳动一般——超历史劳动。

在斯密的理论视域中，劳动作为劳动一般可以在任何社会语境中得以展开。正如马克思所批判的那样："诚然，斯密用商品中所包含的劳动时间来决定商品价值，但是，他又

---

① 《马克思恩格斯文集》（第 1 卷），人民出版社 2009 年版，第 178 页。
② 《马克思恩格斯选集》（第 2 卷），人民出版社 2012 年版，第 704 页。
③ 《马克思恩格斯选集》（第 2 卷），人民出版社 2012 年版，第 704 页。
④ 参见［加］莫伊舍·普殊同著：《时间、劳动与社会统治：马克思的批判理论再阐释》，康凌译，北京大学出版社 2019 年版，第 74 页。普殊同在该本书第一部分，集中审思了包括法兰克福学派在内的传统马克思主义批判效力的丧失：传统马克思主义对"超历史劳动"的暗中承认，把资本主义社会的矛盾分析为"市场和私有财产"与"生产力"的结构张力，从而把其矛盾置入分配领域之中，对历史变迁之中的资本主义的内在矛盾和内在动力缺乏根本的洞见，最终对共产主义的未来持悲观的态度，而这一态度，根本上是李嘉图式或黑格尔式的马克思主义。

把这种价值规定的现实性推到亚当以前的时代。"① 因此，斯密的劳动是超历史的、因而是静止的和永恒的；而正是在这一关键之处，马克思称赞了斯图亚特，即"斯图亚特比他的前辈和后辈杰出的地方，在于他清楚地划分了表现在交换价值中的特有的社会劳动和获取使用价值的实在劳动之间的区别"，而且斯图亚特突出地证明了，只是在抽象价值占据统治地位的资本主义生产方式中，商品作为不可见的、却又是现实的权力才成为财富的基本的元素形式。② 因而，超历史的劳动在分析资本主义时，无法抓住其内在的根本矛盾和自我否定——超越的动力机制，只是把矛盾由生产领域暗中转移至分配领域，从而对于未来持悲观的态度。而这一超历史的劳动根基，同样也为李嘉图所共享，即"李嘉图的出发点是商品的相对价值（或交换价值）决定于'劳动量'。……而这种劳动的形态——作为创造交换价值或表现为交换价值的劳动的特殊规定，——这种劳动的性质，李嘉图并没有研究。因此，李嘉图不了解这种劳动同货币的联系，也就是说，不了解这种劳动必定要表现为货币。所以，他完全不了解商品的交换价值决定于劳动时间和商品必然要发展到形成货币这两者之间的联系"③。因此，李嘉图仅仅只是把超历史的劳动作为价值量的"实体"从而在市场交换中计算价值量的比例，而根本不研究或没有自觉到劳动在不同社会语境中的根本差异，当然也就无法洞察到抽象劳动蕴藏着的价值（交换价值）所结构的权力统治和奴役关系。如此一来，所建构的社会理想至多不过落实为以"异化劳动——消费"循环为基本特征的资本主义福利国家，而生活于其中的人们不过是处于一种默认的"顺从主义"统治逻辑中，从前近代到近代的转变不过是把"一个人的君主统治"转向建构为"一种无人统治（no-man rule）"的社会，然而，"无人统治并不必然意味着无统治；在某些情形下，甚至会演变为最残酷最专制的形式之一"④。这一无人统治的社会，被弗洛姆形容为："今天被压迫者站起来举枪都不知道瞄准谁。你能打知识和法律吗？"⑤ 针对"劳动——消遣"的资本主义权力批判，切中了抽象统治所搭建的无所不在的奴役结构，在这一钢筋混凝土式的封闭监控体系中，无法找到"呼吸"的裂缝和出口，人们初始对景观的不适应逐渐转为自我认同和自我剥削。因此，问题的关键在于：如果对劳动进行超历史的理解，那么其理论旨趣不过是极致的资本主义福利国家，在其中，物质似乎足够丰富以至于只剩下"消费的辛劳愁烦"，作为"劳动动物"的理想最终得以实现；在这种分析范式下，历史走向终结，虚无主义成为社会的主基调。

基于上述，我们看到，如果把劳动超历史理解，而无视抽象劳动所产生的价值或交换价值作为资本主义语境下的特有财富形式所结构的社会统治，那么，其所建构的理想社会不过是精致化的资本主义。这是因为，其中缺乏现实历史性，无法深入资本主义独特的社会语境中去理解其历史局限性。而马克思则相反，在其集大成的《资本论》中运用唯物

---

① 《马克思恩格斯全集》（第31卷），人民出版社1998年版，第453页。
② 《马克思恩格斯全集》（第31卷），人民出版社1998年版，第452~453页。
③ 《马克思恩格斯全集》（第34卷），人民出版社2008年版，第181页。
④ ［美］汉娜·阿伦特著：《人的境况》（第2版），王寅丽译，上海人民出版社2017年版，第26页。
⑤ 张一兵：《新无产阶级：无奴隶的生命主人——瓦内格姆〈日常生活的革命〉的解读》，载《广东社会科学》2021年第3期。

史观着重提示出，资本主义生产关系下抽象劳动的历史生成和局限性，把劳动的二重性作为理解政治经济学的枢纽，在考察资本主义生产系统的内部运转机制的基础上，揭示其历史现实性①；而"李嘉图价值理论的主要缺点在于其经济范畴的超历史性"，英国古典政治经济学的抽象形而上学研究范式从配第开始直到李嘉图，把资本主义特有的生产关系抽象掉而置换为生产关系一般，从而抛弃了历史原则在国民经济学研究中的方法论指导意义。② 这一对历史原则的拒斥，则带来了对未来的悲观态度，从而无形中暗示着"历史终结论"的效力。因而，马克思批判地指出："更有学识、更有批判意识的人们，虽然承认分配关系的历史发展性质，但同时却更加固执地认为，生产关系本身具有不变的、从人类本性产生出来的，因而与一切历史发展无关的性质。"③ 在这一分析范式下，同样把马克思的唯物史观误解为"技术决定论"——因为在无历史的视域中，资本主义生产关系下的"劳动—消费"构成一个均衡分配闭环，在技术足够发达、物质财富足够丰饶的情况下，只需要"劳动—消遣娱乐"就可以保障社会稳定运行，然而，抽象劳动自我建构的是一个无人统治的缜密牢笼，而非"非常严肃，极其紧张"④ 的自由劳动所建构的社会。在此，我们应该鲜明地指出，马克思和恩格斯的意识形态批判所针对的对象不仅是黑格尔及其弟子的哲学，而且是最一般地针对一切非历史的、超历史的思维范式，因此抽象形而上学所建构的一切科学，皆应该得到唯物史观的审判。当然，这一唯物史观的审判并非彻底的否定，而是康德意义上的批判，即澄清前提、划定界限。由此，才能历史地理解国民经济学对资本主义阐释所作出的巨大理论贡献，同时揭示其历史局限性。

而这一历史局限性同样地表现在德国古典哲学中。从其根本性质上来看，国民经济学的分析范式同样为德国古典哲学所共享。当然，我们必须注意到，在黑格尔哲学中已然蕴含着对其的批判，只不过这一批评最终窒息在理念的运动中而无法展露出来。

二、德国古典哲学的抽象思维范式及其转向的局限性

在马克思的意识形态批判中，其中最明显的是对黑格尔哲学及其弟子学说的批判。这一批判，与上述对国民经济学家的批判在根本性质上一样——具有历史原则高度。由康德的实践理性所开启的德国观念论传统在摆脱抽象思维范式的支配方面，经过费希特和谢林，在黑格尔哲学中最终落实为在"伦理"（家庭、市民社会和国家）中的现实自由，从

---

① 现实性或现实，德语为"Wirklichkeit"，在黑格尔的哲学中，指的是实体—主体具有生命活力的展开过程，如在《精神现象学》中指出，"真相是一个自身转变的过程，是这样一个圆圈，它预先把它的终点设定为目的，以之作为开端，而且只有通过展开过程并到达终点之后，才成为一个现实的东西。"（［德］黑格尔著：《精神现象学》，先刚译，人民出版社2013年版，第12页。）马克思批判地使用了黑格尔的"现实性"，祛除了其"神秘外壳"，在历史的展开中指出了资本主义的进步性和局限性。

② 参见胡莹、刘静婉：《价值理论的发展：从李嘉图到马克思》，载《当代经济研究》2021年第4期，第5~15页。同样参见吴晓明：《论黑格尔的哲学遗产》，载《学习与探索》2019年第10期，第1~15页。

③ 《马克思恩格斯选集》（第2卷），人民出版社2012年版，第648页。

④ 《马克思恩格斯文集》（第8卷），人民出版社2009年版，第174页。

而实现了对康德所论述的人格——实践主体（道德主体和法权主体的统一）的具体化。然而，这一路径，终究限于彻底理性化的资本主义世界，无法突破"资本主义的狭隘眼光"，从而使得历史现实观未得到彻底贯彻。

康德的实践主体是划界——批判的结果，即限制知识，从而为道德信仰留下空间。受到卢梭《爱弥儿》的启发，在当时欧洲普遍默认理论理性的大环境中，康德突出提示实践理性的重要性，并且认为实践理性高于理论理性，从而在有别于自然领域（现象界）的自由领域（本体界）建构了实践主体，① 即道德主体和法权主体的统一。这里需要注意的是，康德所建构的主体，是抽象化的结果，是西方思想传统的抽象范式在资本主义社会中走向"定在"的结果。在这一抽象凝化的传统中，西方曾经孕育出数理逻辑、理念世界、灵化的上帝、完备的法律体系和资本主义商业结构等。然而，"心外只有流而无物，物是心对流之凝聚而成的相"②，因此主体是被社会地建构的，是人抽象凝化地作出来的；在这其中问题的关键不在于拒斥抽象本身（任何人类社会都需要抽象凝化的力量，否则便不会有社会规则和"人"），而在于由抽象思维范式主导所建构的均质的、无所不包的统治，如果把抽象范式主导的社会降为历史发展环节而非终极价值归属，即让它"流动"起来，那么历史才能得到彻底的展开而非终结。这是因为，主体这一历史范畴的提出，表明人的自我意识的发展达到一个高峰，即相互承认和尊重对方的自由意志，是资本主义社会关系发展的重大文明成果，这一成果在黑格尔哲学中突出地表达为"我即我们，我们即我"③。由此，新文明道路必定是在充分吸纳这一文明成果的基础上，使抽象凝化之物"流动"起来，在历史展开中扬弃处于支配地位的抽象统治关系。

显然，"承认"出于人的意志或自我意识。"'承认'意味着自我意识作为一个统一体发生了双重化。""它们相互承认着对方，同时也就承认了自己。"④ 然而，意志这个概念却需要得到辨析：由饥饿等人的自然本能支配的心理倾向，在日常生活中总是被称为意志，但是这里它只能是服从现象界因果自然律的"理论理性"。而康德理论中的意志是自由，即超越自然所赋予的本能，表现为对本能的控制，它是服从本体界自由律的"实践理性"；而承认是来自社会的发展，而且首先来自社会的道德自觉，而后才可能产生法权自觉，这一展开次序，不仅仅是逻辑的（法律规则出台的前提是人们的内在认同），更是社会历史的，"个体自由通过基督教的传播诚然开始开花了，并在另外的一部分人类中间成为普遍原则，迄今已达 1500 年。但所有权的自由在某些地方被承认为原则，可以说还是从昨天开始"⑤。黑格尔在这里表达了世界历史进程中社会自由意识的自觉次序。因此，

---

① 参见［德］康德著：《康德三大批判合集》（下），邓晓芒译，杨祖陶校，人民出版社 2009 年版，第 222~224 页。在其中，康德特别指出，"一切技术上实践的规则（亦即艺术和一般熟练技巧的规则，或者也有作为对人和人的意志施加影响的熟练技巧的明智的规则），就其原则是基于概念的而言，也必须只被算作对理论哲学的补充"。并把"按照自然概念的实践和按照自由概念的实践等同起来"的哲学分类贬斥为流行着的"很大的误用"。

② 谢遐龄著：《文化：走向超逻辑的研究》，华东师范大学出版社 2014 年版，第 182 页。

③ ［德］黑格尔著：《精神现象学》，先刚译，人民出版社 2013 年版，第 117 页。

④ ［德］黑格尔著：《精神现象学》，先刚译，人民出版社 2013 年版，第 119 页。

⑤ ［德］黑格尔著：《法哲学原理》，邓安庆译，人民出版社 2016 年版，第 123 页。

主体的建构来自社会（本体界）的发展与自由意志的发现，是康德本体界的展开结果。而这一现象界与本体界的划分，的确启发了马克思对于资本主义劳动和商品的分析，即商品的占有不属于现象界，而是在本体界（Noumenon）领域中的，也就是在社会关系的领域中的，是作为商品的价值体的，尽管是超感觉的，却也是现实的、具体的。这是康德和马克思一同认可的、对于价值体的非自然化的理解。因此，"在法权意义上的占有者（通常看做'人'）是人格，人之意会体——此即法权主体。被占有的对象也不是心外之物（物质），而是物之意会体——物之'社会存在体'"。① 然而，问题的关键在于，法权主体的建构源于法权社会，源于社会关系的历史展开，这在康德所论述的思想体系中没有得到较为完整的把握，因而，在缺乏历史现实的那一本质重要的维度中，使得人格抽象化，"局限于心的物化（作出经验对象）和灵化（作出意会体）能力"② 而无法使其具有在历史发展过程中流动、融化甚至扬弃的倾向，如此一来所建构的主体只能落实为资本主义社会之下的个体。"历史性的原理，直到康德费希特的哲学年代，还未曾真正出现；而在费尔巴哈的哲学中，却是再度丧失了的。"③ 而黑格尔哲学所具有的巨大现实历史性却是其哲学遗产中最宝贵的财富，这一遗产被马克思和恩格斯决定性地继承下来，从而开启了唯物史观。

黑格尔在《精神现象学》序言中，对于当时流俗的"形式的知性"给予了尖锐的批判。这种"形式的知性并不深入于事情的内在内容，而永远纵观着整体，高居于它所谈论的个别定在之上，也就是说，它根本不看个别定在。但科学的认识所要求的毋宁是把自己完全交付给对象的生命，或者这样说也一样，毋宁是去面对和表述对象的内部必然性"④。这种"图表式的知性"根本无法深入社会历史的具体定在，而只是用"一般的原则"在任何历史事物上作"忽左忽右的推理"。而科学的认识，却要求深入所考察对象的内部，去审视和反思其历史合理性和自我否定的机制，如此，才能完成历史与逻辑的统一。然而，在黑格尔所展开的"实体即主体"的历史思维中，虽然已经把康德所建构的主体置入"家庭、市民社会和国家"——伦理——中来考察，已然出现主体之消解的历史现实维度，但是，黑格尔所构建的思想体系在本质上仍然是理念、是绝对——上帝的自我活动，并且在理念之中，自我意识的精神所外化的具体现实的定在逐渐理性化，在一定的社会阶段（资产阶级社会）达到纯粹理性化的程度，完成了社会存在的本质化，而这一社会存在的本质化进程与理性逻辑展开的过程相一致。因而，在《逻辑学》最后的"绝对理念"篇中，显示出黑格尔逻辑概念体系的最终现实性，即"概念不仅是灵魂，而且是自由的、主观的概念，它是自为的，并且因此具有人格，——实践的、被规定为自在自为的客观概念，它作为个人，是不可侵入的、原子式的主观性"，⑤ 是的，黑格尔逻辑

---

① 谢遐龄著：《文化：走向超逻辑的研究》，华东师范大学出版社 2014 年版，第 182 页。
② 谢遐龄著：《康德的大刀：〈纯粹理性批判〉导读》，生活·读书·新知三联书店 2019 年版，第 158 页。
③ 吴晓明：《唯物史观的阐释原则及其具体化运用》，载《中国社会科学》2019 年第 10 期。
④ ［德］黑格尔著：《精神现象学：句读本》，邓晓芒译，人民出版社 2017 年版，第 34 页。
⑤ ［德］黑格尔著：《逻辑学》（下卷），杨一之译，商务印书馆 2011 年版，第 529 页。

学的最终成果并未彻底消解康德的主体，而是将其置入在理性化的资本主义社会现实中，换言之，经过运动展开过程的主体依然存在，并且更加理性化了，而法权主体也不仅仅是局限于经济领域的商品所有者，更是资本主义经济、政治、法律等各个领域下的公民，"公民之本质乃是成为法权主体的人格"①。因此，黑格尔哲学比康德思想突出显示了历史现实感，表达了对于抽象范式转化的内在渴望，由此把人格置于现实的资本主义社会之中，但是这种对于主体消解和扬弃的任务依旧未完成。这是因为，"共产主义社会与资本主义社会区别之根本判据乃是人之结构不同——共产主义社会之判据乃是主体（人格）之消解"，②即在黑格尔所论证的理性化运动所达至的绝对理念及其外化中，在资本主义生产方式下，的确是真理。然而，如果在社会生产方式的运动中而不是在绝对精神——上帝的理念之中去考察人格之消解，那么历史唯物主义的视野就自然得到了呈现：在唯物史观中，人格之凝固和消解是社会生产方式发展的结果，而非理念在意识层面的自我展开，黑格尔的现实观终究陷入了历史唯心主义的窠臼而认为资本主义是纯粹真理的定在。

　　基于上述，可以看到，德国古典哲学从抽象的分析范式逐渐转为现实历史定向（巨大的历史感），但是却仍旧未突破"意识的内在性"这一西方传统，因而无法在真正的历史维度中扬弃实践主体。正是缘于此，国民经济学和德国古典哲学在未贯彻历史现实原则那一意义上（黑格尔只是在"绝对精神"的保证下深入社会历史），具有本质的一致性。而对于意识形态的理解，本质地要求进行唯物史观——历史现实性的分析。在历史唯物主义语境中，并非一切意识形态都是虚假的，其中切中社会现实的意识形态具有现实性和科学性。意识形态总是一定社会历史时期的意识形态，在上述对于国民经济学和德国古典哲学的分析中可以看出，他们对于历史现实性的根本忽略是其重大失误，因而丧失了对以抽象原则为主导的意识形态的批判力（当然黑格尔哲学已经孕育着历史原则的合理内核），这一点在青年黑格尔派对黑格尔本人的批判中得到淋漓尽致的呈现。但是其思想和学说在资本主义生产方式占据主导的历史时期，却是具有巨大的科学性。重申批判的含义，在于澄清前提、划清界限，因而承认某种意识形态在历史特定阶段的合理性、而非永恒性具有重大意义，也只有如此，我们才能在唯物史观的语境中、在马克思对知性形而上学的批判中，在对自身社会历史充分自觉的基础上，建构出切中社会历史现实的意识形态，从而内在地巩固意识形态领导权，在中国共产党的领导下切实承担起特定历史时期所赋予的任务。

三、唯物史观的革命性及其对意识形态的态度

　　在马克思和恩格斯的语境中，唯物史观似乎根本上拒斥任何意识形态，然而，经过对马克思和恩格斯的文本进行系统地分析就可以看到这种判断的片面性，即"'虚假意识'确实是马克思恩格斯意识形态理论的不可或缺的方面，但我们不能因此把意识形态等同于

① 谢遐龄著：《文化：走向超逻辑的研究》，华东师范大学出版社2014年版，第186页。
② 谢遐龄著：《文化：走向超逻辑的研究》，华东师范大学出版社2014年版，第187页。

‘虚假意识’，就是说，不能把‘虚假意识’当作‘意识形态’唯一定义”①。一方面，马克思和恩格斯把对于意识形态的分析置入“现实的世界”之中，并且以“对象性的［gegenständliche］活动”对其进行了存在论（ontology，也译为本体论）式的考察，针对西方传统尤其是近代以来唯心主义抽象凝化所建构的“主体—客体”二分的世界进行了历史的批判，真正褫夺了主体的绝对权力，而这一成果突出表达为“意识［das Bewußtsein］在任何时候都只能是被意识到了的存在［das bewußte Sein］，而人们的存在就是他们的现实生活过程”②，在这里马克思和恩格斯用巧妙的构词法，揭示了事情的真相，即把“Sein（存在）”从“das Bewußtsein（意识）”中解救出来，并决定性地指出，“存在”就是人们的现实生活过程。这一本质发现，根本上突破了把“存在”包裹在意识内部的康德先验哲学立场（西方传统），突出强调了现实世界历史运动的先在性（康德哲学基本上可以代表西方传统的思维范式，而黑格尔虽然强调思维是在世界之中的，但其世界却依旧处在绝对精神之中）。马克思和恩格斯所发动的具有存在论高度的唯物史观，使得他们真正完成了对传统思维方式的革命性超越，彻底扬弃了黑格尔的“绝对”，把历史原则的贯彻置入“实在主体”——现实社会上，从此之后，抽象范式建构的主体和经济学范畴在唯物史观中得到了历史的消解。由此我们才能理解“如果没有工业和商业，哪里会有自然科学呢”③？换言之，只有在社会生产方式历史变迁的基础上，自然科学背后的科学技术实在论才能得到历史的批判，即承认科学技术所预设的理论框架在自身范围内的现实性及其所带来的社会生活方式的改变，同时清晰地指证其历史暂时性和局限性。

另一方面，马克思和恩格斯并未彻底否定国民经济学、德国古典哲学和空想主义者所代表的意识形态，而是在批判的基础上为“倒立成像”的意识形态找到了历史前提，因而承认它们在一定社会关系下具有科学性和现实性，因此，他们指出黑格尔的历史观是“划时代的”，是“新的唯物主义世界观的直接的理论前提”④，认可国民经济学作为资本主义生产关系的理论表达的科学性，称其为“科学的资产阶级经济学”⑤。可以看到，马克思和恩格斯对意识形态的虚假性考察具有辩证色彩，有学者研究指出，恩格斯正是在黑格尔的意义上使用“虚假”概念的⑥，虚假与真理的相反相成的运动，推动着世界精神的历史展开（黑格尔），而马克思与恩格斯在突破“意识内在性”的绝对统治的过程中，把真理与谬误的斗争置于社会生产的历史运动之上，从而为意识形态的彻底消解找到了现实基础，即“各个世纪的社会意识，……这些意识形式，只有当阶级对立完全消失的时候才会完全消失”，而阶级对立的完全消失根本不能在头脑所产生的理念中完成，只有在社

① 赵敦华著：《马克思哲学要义》，江苏人民出版社 2018 年版，第 95 页。
② 《马克思恩格斯选集》（第 1 卷），人民出版社 2012 年版，第 152 页。
③ 《马克思恩格斯选集》（第 1 卷），人民出版社 2012 年版，第 157 页。
④ 《马克思恩格斯选集》（第 2 卷），人民出版社 2012 年版，第 13 页。
⑤ 《马克思恩格斯选集》（第 2 卷），人民出版社 2012 年版，第 89 页。
⑥ 参见赵敦华著：《马克思哲学要义》，江苏人民出版社 2018 年版，第 97 页。赵敦华先生指出，黑格尔在《精神现象学》序言中对“真理”和“虚假”相反相成的探讨，与恩格斯对“虚假”的用法相同。

会生产生活方式的变革中，在共产主义革命中才能达至，从而真正落实为"同传统的观念实行最彻底的决裂"。① 由此观之，所谓科学性或现实性，是从人类社会的历史性展开当中来探讨的，在此一维度上，上述所论及的国民经济学和德国古典哲学，甚至中世纪的基督宗教及其近代的新教，在其所处的特定历史阶段上的确是科学的，不能将其简单地抛弃和否定，而是要深入地探查其产生的社会历史背景。

当然，马克思和恩格斯从来没有用过"无产阶级意识形态"，因为在唯物史观的视域中，意识形态遮蔽了生活世界真实权力统治的残酷性和历史运动的展开过程，"'意识形态'与'阶级意识'不是两个可互换的同义词，马克思和恩格斯从来没有把无产阶级的阶级意识与任何形式的意识形态混为一谈"。② 但是他们对于意识形态研究有着充分的自觉，主要表现为两者的内在张力：一方面，马克思和恩格斯对于无产阶级的处境有着深刻的理解和把握，他们的生活条件"集中表现了现代社会的一切生活条件所达到的非人性的顶点"，因而，"无产阶级能够而且必须自己解放自己"，必须明确地"意识到自己的历史任务"，"不得不在历史上有什么作为"；③ 另一方面，在现实的生活世界和革命运动中，无产阶级无时无刻不遭受到例如普鲁东主义、拉萨尔主义、"真正的"社会主义等形形色色的资产阶级意识形态的渗透和影响，这对于无产阶级历史使命的澄清产生了巨大威胁，而马克思和恩格斯也投入巨大精力对其进行唯物史观的审思和批判，澄清其虚假性和"头足倒置"。这两者之间的历史张力结构，呈现出一种开放的空间，即马克思并未先验地设计出一套精致的革命系统，而是为后来者在具体现实的历史过程中展开革命指明了原则：深入社会历史的现实过程。而列宁的"灌输论"、卢卡奇把"无产阶级阶级意识"等同于"无产阶级意识形态"以及葛兰西的"文化领导权"建设等，正是在面对特定的社会历史过程中的具体策略，无疑在实践上继承了唯物史观的根本原则。

因此，唯物史观拒绝一切先验的教条和形式主义推理，要求对任何事物的分析必须深入，探寻研究对象的内在运行结构和自我否定的动力机制，如此才能在社会生产的历史进程中把握意识形态的双重性。马克思和恩格斯不使用"无产阶级意识形态"与列宁、卢卡奇、葛兰西以及中国共产党人对意识形态的重视，在根本上并不矛盾，反而与唯物史观具有高度的契合。那是因为，在马克思和恩格斯所处的时代中，意识形态主要表现为各种阻碍和遮蔽无产阶级阶级意识觉醒的形形色色的资产阶级意识形态，即超历史的抽象范畴建构、思维中自我意识的运动发展、在分配领域中的修修补补甚或企图用"爱"来解决无产阶级的生存境况；而马克思主义的后来者在面对具体的社会条件下开展社会主义革命，所遭遇到的现实问题并非与文本上的阐释相一致，只能在深入把握各自社会的运行结构和人民群众热切需要的基础上，开展针对性的社会建设和意识形态建构，并在历史运动中不断调整实施战略，如此，才真正表达了唯物史观的内核和精髓。因此，马克思主义能够而且必须中国化，否则，就不是马克思主义；中国共产党人能够而且必须深入考察自己的独特历史境况，从中生发和建构出历史自觉的意识形态体系，完成时代赋予的艰巨任

① 《马克思恩格斯选集》（第1卷），人民出版社2012年版，第421页。
② 赵敦华著：《马克思哲学要义》，江苏人民出版社2018年版，第109页。
③ 《马克思恩格斯文集》（第1卷），人民出版社2009年版，第262页。

务，如此，才能真正做到坚持马克思主义在意识形态领域的指导地位，否则，就不是马克思主义和中国特色社会主义。

四、百年大党的历史自觉与意识形态的历史建构

作为以马克思主义为指导思想的中国共产党，一经成立，便把唯物史观作为指导思想和方法论。这一本质重要的原则，要求深入历史发展的实体性内容，而非用金科玉律般的几条法则去处理具体特定的社会问题。因而这就要求中国共产党具有高度的历史自觉，在中国社会的历史展开中建构切中现实的意识形态，加强意识形态领导权，提高意识形态的科学性和说服力。

以毛泽东为代表的中国共产党人，在革命和战争的年代，首要的历史任务便是寻找中国革命的道路，建立独立自主的新中国。面对以王明为代表的教条主义——主观主义和形式主义，毛泽东对此给予了尖锐的批判，因为这种教条主义毫不分析特定历史社会的真实国情，只知道先验地拿着苏俄革命的经验作为金科玉律来分析中国社会，与德意志意识形态家一样，"没有一个人想到要提出关于德国哲学和德国现实之间的联系问题，关于他们所作的批判和他们自身的物质环境之间的联系问题"，[①] 他们毫不考察所面对的现实世界，只是希望通过"'震撼世界'的词句"来进行主观地"忽左忽右地推理"，在实际的革命行动中只知道"把理智的抽象作用所产生的梦想当成真实可靠，以命令式的'应当'自夸，并且尤其喜欢在政治领域中去规定'应当'。这个世界好像是在静候他们的睿智，以便向他们学习什么是应当的，但又是这个世界所未曾达到的"[②]。在以农民为主要成分的近代社会中，如何通过建构和宣传现实的、科学的意识形态来改造小农思想，关乎中国革命成败；而以王明为代表的教条主义者，尽管对于马克思、恩格斯、列宁等人的思想和学说倒背如流，却没有领会其精髓——唯物辩证法所要求的社会历史性，在这个意义上，与其说他们是马克思主义者，毋宁说是把马克思主义理解为康德之前的非批判的庸俗唯物主义者。正是缘于此，教条主义者与德意志意识形态家在本质上相同，他们所建构的虚假意识形态，根本上是软弱无力的、空洞的，面对纷繁复杂的社会现状，他们无能地在范畴的天国中打转转，无法深入具体社会的实体性内容中去诊断；他们毫无历史现实感，因而面对具体的社会革命所开出的药方无法产生任何积极的效用，他们天真地以为只要抛弃重力思想，就可以"避免任何溺死的危险"[③]，然而，这主观臆想出来的（或来自苏联和美国的）可以运用于任何事物之上的教条给中国革命事业带来了巨大教训。而以毛泽东为代表的中国共产党人，在对马克思主义进行深入理解的过程中，把握实事求是的精髓，悬置一切外在的不符合中国革命和建设的主观经验，在对中国近代社会历史任务的自觉中，清除"主观主义、宗派主义和党八股"的危害，使马克思主义真正落地生根——把支部建

---

① 《马克思恩格斯选集》（第 1 卷），人民出版社 2012 年版，第 145~146 页。
② ［德］黑格尔著：《小逻辑》（第 2 版），贺麟译，商务印书馆 1980 年版，第 43~44 页。
③ 《马克思恩格斯文集》（第 1 卷），人民出版社 2009 年版，第 510 页。

在连上，对以农民为主要成分的军队加强反帝反封建的意识形态建设，突出强调在思想上入党的重要性，使得马克思主义真正地走进中国革命。毛泽东清醒地意识到，"掌握思想教育，是团结全党进行伟大政治斗争的中心环节。如果这个任务不解决，党的一切政治任务是不能完成的"①。因此，在以毛泽东为代表的中国共产党人摒弃教条主义——虚假意识形态的渗透，加强唯物史观——历史现实性——意识形态教育的过程中，完成了近代历史所赋予的任务，从而内在巩固了马克思主义在意识形态领域的指导地位。在这一意义上，马克思主义是意识形态，却又不是"意识形态一般"意义上的意识形态，而是内在地蕴含着批判维度的历史的、现实的意识形态，是马克思主义在中国历史展开过程中的现实化，因而，唯有在唯物史观的范式中，才能理解马克思主义的科学性，才能对马克思主义意识形态真正地认同和维护。而这一深入社会历史发展过程中的意识形态批判与建构，同样表现在以邓小平、江泽民、胡锦涛和习近平同志为代表的中国共产党人团结带领人民群众进行社会主义建设的历史过程中。

在新时代，以习近平为代表的党中央面对国际局势百年未有之大变局，对中国当代的历史任务有充分的自觉，这一充分自觉在中共十九大报告中表述为：人民日益增长的美好生活需要和不平衡不充分的发展之间的矛盾。而这一历史任务的完成，本质地要求建构科学的意识形态思想体系，坚持马克思主义在意识形态领域的指导地位，巩固全党全国人民团结奋斗的共同思想基础。因为，在唯物史观的语境中，如果历史地放弃马克思主义对深入社会现实之维度的内在要求，那么历史虚无主义、教条主义、历史终结论甚至是无头脑的完全西化论就会侵占主流意识形态的阵地，从而不仅消解百年党史所蕴含着的现实必然性的价值旨趣，更会抹杀党和人民"进行伟大斗争、建设伟大工程、推进伟大事业、实现伟大梦想"所指向的新文明道路的超越维度。因而，习近平指出，"马克思主义是我们党的指导思想，共产主义是我们党的远大理想。没有马克思主义信仰、共产主义理想，就没有中国共产党，就没有中国特色社会主义"。② 只有坚持马克思主义，用历史唯物主义去审查任何形式的意识形态，才能批判地坚持历史现实的、因而是科学的意识形态，摒弃毫无历史感的、因而是空洞的、抽象反思的虚假意识形态，为中国特色社会主义建设提供坚实的精神动力。

基于上述，可以看到，唯物史观要求深入具体社会的实体性内容，从而历史地审视所要研究的对象。国民经济学把从既有社会中抽象出来的经济范畴（私有财产）作为无可置疑的出发点来论证经济社会发展，康德开启的德国古典哲学抽象的分析范式逐渐在黑格尔哲学中得到历史的审思，但是由于黑格尔依然处于由绝对精神所保证的客观性中，因而无法突破"意识的内在性"，最后命运般地落入了形而上学的窠臼；而马克思在费尔巴哈彻底忽略的地方批判地拯救了黑格尔的"历史——辩证法"，并把这一原则置于"实在主体"之上，从而超越了形而上学最高成果——黑格尔的历史观，生成了唯物史观，在根本上与德意志意识形态家区别开来。中国共产党人在自觉运用马克思主义的过程中，不断

① 《毛泽东选集》（第3卷），人民出版社1991年版，第1094页。
② 《习近平谈治国理政》（第二卷），外文出版社2017年版，第326页。

推动马克思主义中国化，为建构现实的意识形态、加强意识形态领导权奠定了坚实的理论基础，从而才能根本上对历史虚无主义、历史终结论或者抽象的西化论进行彻底的批判，为中国特色社会主义事业的发展提供科学的世界观和方法论。

"现实的个人"之本质规定及其意义[*]

——基于《德意志意识形态》文本的考察

● 罗岩松[①]

【摘　要】

"现实的个人"概念作为历史唯物主义的第一个前提，是马克思走向历史唯物主义的入口。他通过批判"自我意识""现实的人""唯一者"概念，构建起"现实的个人"概念并规定其本质。它是有生命（生活）着的存在、感性活动的存在、其物质生活条件本身。在"现实的个人"概念中，自然与历史、个人与共同体之间达成了"和解"，人类历史发展的科学解释得以可能。

【关键词】

现实的个人；本质规定；《德意志意识形态》

对"人"作抽象化、概念化理解是马克思所不能容忍的事，正如其在《德意志意识形态》序言中所记叙的那样："迄今为止人们总是为自己造出关于自己本身、关于自己是何物或应当成为何物的种种虚假观念。"[②]鲍威尔等人对感性现实的蔑视，注定其哲学面对现实问题的无力。为了实现对"抽象人"哲学传统的根本批判，在本体论维度澄明历史唯物主义立场，对"现实的个人"概念进行鲜明且系统的阐释是必要的。据此前提，马克思真正完成了其历史本体论的建构。因此，以"现实的个人"作为切入点，梳理其生成的历史逻辑，审视其本质规定，对于把握历史唯物主义的真谛，开辟《德意志意识形态》研究的新视域都具有一定的价值与意义。

一、"现实的个人"概念的提出

"现实的个人"概念绝非偶然形成，而是马克思对青年黑格尔派的"自我意识"思想、费尔巴哈的人本思想、施蒂纳的"唯一者"思想进行不断深化思考所形成的核心概念。其既蕴含着三者的积极内涵，亦是马克思本人的天才创造。"现实的个人"概念形成

＊本文系中南财经政法大学中央高校基本科研业务费专项资金资助项目（项目编号：202210204）；中南财经政法大学2021年度研究生教学教改项目（项目编号：134）的阶段性成果。

① 作者简介：罗岩松，中南财经政法大学哲学院马克思主义哲学专业2020级硕士研究生，研究方向为马克思主义文化哲学。

② 《马克思恩格斯文集》（第1卷），人民出版社2009年版，第509页。

的脉络大抵分为三个阶段：第一，马克思对"自我意识"的扬弃阶段；第二，马克思对人本主义的"现实的人"的扬弃阶段；第三，马克思对"唯一者"概念的扬弃阶段。

（一）马克思对"自我意识"的扬弃

青年黑格尔派在马克思"现实的个人"概念形成的过程中占据着首要位置，其中对马克思影响最大的当数鲍威尔的宗教批判思想。鲍威尔反叛"普遍信念"，并将思辨哲学的"主体"思想极端化，构建起自己宗教批判思想的主体——那个唯一本质的实在，即"自我意识"。鲍威尔有关自由的论述启发了马克思对人的自由之向往。这种向往在其评价伊壁鸠鲁的自然哲学的论述中就初见端倪："原子"若只能做直线运动，它就丧失了自己的个性。所以，"偏斜打破了'命运的束缚'"。①"原子"所拥有的"重量"这一本质属性，令其具备偶然运动的可能。只有在偏斜运动（这一偶然运动形式）中，"原子"开始反抗必然性，摆脱"定在"的束缚，才能获得自身的真正规定性。在鲍威尔那里，原子的本质就是"自我意识"本身。"自我意识"彰显了对人的自由活动的充分尊重，马克思故而将其作为哲学的最高原则和主体，这表明那时的马克思站在鲍威尔关于"主体"思想的立场上，并将"自我意识"视为构建人的本质概念的逻辑起点。

然而，鲍威尔对"自我意识"有着其绝对化的理解。在他眼中"自我意识"成为唯一本质的实体，施特劳斯的"实体"不再是历史发展的主要动力，"自我意识"才是唯一决定力量，它赋予了历史的内容与意义。基于历史唯物主义的立场，马克思对"自我意识"哲学作出批判：第一，马克思对鲍威尔的哲学最高原则发起了挑战。他认为自我意识是一种同自然与社会脱离的、绝对的、超验的"实体"。其虽然取代了绝对的上帝，披上了一层世俗的面纱，但本质上仍然是上帝的化身。第二，马克思对鲍威尔关于实现人的解放之观点发起了挑战。鲍威尔认为自我意识是人的解放运动中最为积极的因素，人只要能够摆脱宗教的束缚，获得自由、自觉的活动，实现自我意识的解放，从而消除人的自我异化，实现人的真正的解放。但他"没有探讨政治解放对人的解放的关系"②。在马克思看来，"政治解放对宗教的关系"与前者是一致的，"政治国家"在宗教上是软弱无能的。因此，人们必须通过共产主义革命来变革资本主义国家的生产资料所有制关系、人被资本主义奴役而产生异化的状态以实现自身真正的解放。第三，马克思对鲍威尔的世界历史生成之观点发起了挑战。鲍威尔认为宗教的"神"不再是历史的源点，而自我意识作为历史发展的基础，才是历史发展的唯一决定力量。但马克思认为纯粹精神性的存在并不能促进历史的发展，身处于伟大实践中的"群众"（主要指无产阶级）才是历史发展的基础。

综上所述，青年黑格尔派的思想深深影响了马克思关于人的本质之思考。他一方面肯定青年黑格尔派的"自我意识"对绝对的、唯一的神与上帝的超越；另一方面他发现"自我意识"的封闭性，并企图找寻自我意识与现实社会的联系以便从中理解人的本质。

---

① 《马克思恩格斯全集》（第 1 卷），人民出版社 1995 年版，第 33 页。
② 《马克思恩格斯全集》（第 3 卷），人民出版社 2002 年版，第 168 页。

（二）马克思对人本主义"现实的人"的扬弃

费尔巴哈以人本主义来批判宗教的异化，并以"自然为基础的现实的人"否定鲍威尔的"绝对自由的"精神性个人。在他看来"现实的人"是哲学的真正主体概念，人首先就是一个有血有肉、有思维感觉的感性实体，且"没有了对象，主体就成了无"①。费尔巴哈由此说明了"对象性"在人的存在中的必要性，他强调"现实的人"之所以具有现实性，就是因为"现实的人"既是一种"感性存在"又是一种"对象性"存在，且对象就是存在本身，因此思维和存在就被统一在"现实的人"概念中。"现实的人"才是"自我意识"；才是真正的存在；才是哲学真正最高的原则和主体。费尔巴哈的人本主义思想为马克思的研究提供了新的启发，他逐渐放弃了鲍威尔的"自我意识"概念的哲学主体地位，转而确立了费尔巴哈的"现实的人"概念在自己哲学中的主体地位。

然而，费尔巴哈的"现实的人"作为一种感性实体是以一种自然共同性——"类"来界定的。在自然状态下，人的生物本能得到真实呈现，人与他人是一种现成的生物学关系，且人没有任何改造外部自然的能力，在人向人的本质复归的过程中："爱"等精神性的因素占据主导地位，实践活动被费尔巴哈摒弃。马克思则看到了费尔巴哈直观性的不足，他认为人不是在对象中确证自己的存在的，而是通过实践活动改变当下对象的活动来实现自身的。于是，马克思将劳动和人联系起来，并把人本主义的"现实的人"理解为"对象性的活动"。人具有改造自然的能力，即通过自由、自觉的劳动来满足自己的需要，实现人的全面发展。人类解放也是通过人的物质生产活动而实现的，并不是费尔巴哈所说的那样，仅仅通过教育消除宗教异化就能实现。至此，马克思的"现实的人"概念已经越来越接近唯物史观的"现实的个人"概念。但费尔巴哈关于"类"的相关思想依然影响着马克思对历史主体的界定，他曾和费尔巴哈一样将人设定为先验的人，马克思强调："人的类特性恰恰就是自由的自觉的活动。"② 由此，他所建立的"现实的人"之主体概念只能是抽象的，即其所建立的只是作为"类"意义上的个人概念。

综上所述，马克思深受费尔巴哈的启发，又看到他设定人的本质的直观性之不足。因此，马克思将"自我意识"的"活动原则"与费尔巴哈的"感性对象性"结合在一起，构建了自己"现实的人"的主体概念，如何突破费尔巴哈人本主义的框架，成为马克思完善自己哲学的主体概念所必须思考的难题。

（三）马克思对"唯一者"概念的扬弃

费尔巴哈的"类""类本质"观点具有局限性，施蒂纳首先认为："费尔巴哈所努力给予我们的解放何以完全是神学意义上的解放。"③ 在其著作《唯一者与所有物》中，他揭示了"类本质"的秘密：费尔巴哈将上帝作为最高的直观对象，上帝的本质就是人的

---

① ［德］费尔巴哈著：《费尔巴哈哲学著作选集》（下卷），荣震华等译，商务印书馆 1984 年版，第 29 页。
② 《马克思恩格斯全集》（第 42 卷），人民出版社 1979 年版，第 96 页。
③ ［德］施蒂纳著：《唯一者与所有物》，金海民译，商务印书馆 1989 年版，第 33 页。

最高本质，即思维、爱、意志。这种具有最高本质的"人"并不是处于人类社会中的现实之人，其只是披着"人"的外衣的"神"、自然化与庸俗化的"神"而已。费尔巴哈用"现实的人"代替绝对的神，将"神圣的"宗教转化为"人性的"宗教，使"人性的"宗教继续控制着人的思想与行为，他不过是把神与人的主宾次序调换了。因此，费尔巴哈并没有完成对形而上学的彻底批判。施蒂纳反驳道："我们能够容忍'我们的本质'对于我们来说却成了一个对立面吗?"① 他关于"类本质"的思考，促使马克思对自己所构建的"现实的人"之哲学主体概念进行反思。其次，施蒂纳主张作为纯粹个体存在着的个人才是真正的主体，上帝并不是高于或外在于人的类本质。作为纯粹个体存在着的个人才真正具有唯一性，即成为了"唯一者"。施蒂纳的"唯一者"概念为马克思提供了新的思路，他开始从个体角度来说明主体概念，并迅速将个人在现实生活中的存在作为研究世界历史生成与发展的出发点。

但施蒂纳对费尔巴哈的批判并没有朝着马克思期望的那样发展，他的利己主义最后浓缩成为一个命题，即"我是高于一切的!"② 于是，"唯一者"诞生了。在消解了"现实的人"一切"类本质"的规定性后，"现实的人"获得了绝对的自由而转化为"唯一者"，其是现实的存在，也是唯一的存在，人最高的类本质不再是上帝的本质，而被绝对的自由与凌驾一切的权威替代。如果说费尔巴哈用抽象的人替代了绝对的神，那么施蒂纳则是将生活在现实生活中的个人化为了"神"。这就导致了施蒂纳极端的利己主义：在他看来，国家、社会、宗教都是对"唯一者"的压迫，个体应该反对三者的压迫争取自己的利益，任何对自己获取利益的限制都是不正当的，必须"遭到我的攻击"。因此，世界历史的发展在施蒂纳眼中是没有意义的，一切同"我"不相关的事业，诸如上帝的事业、人类解放的事业等都应被抛诸一旁。于是，马克思将批判的目光转移至施蒂纳的"唯一者"，即拥有利己主义本质的人身上。由于"唯一者"与社会之间的断裂，马克思则力图在其共产主义理论中恢复个人与社会的一致性，他强调："共产主义所造成的存在状况，正是这样一种现实基础，它使一切不依赖于个人而存在的状况不可能发生。"③ 资本主义制度下人的异化，在共产主义社会得到解决，国家、社会制度、宗教再也不是压迫人的工具。"唯一者"与"一切有害我权利的东西"之间的矛盾瓦解了，马克思将"一切有害我权利的东西"都作为个人获得全面发展的基础，他由此真正实现了对施蒂纳"唯一者"的超越。

综上所述，施蒂纳为马克思研究主体概念提供了一个新的角度，即个体角度。施蒂纳对人的"类本质"的消解与对纯粹精神性的个人的否定，都促使马克思抛弃费尔巴哈的"类本质"观念，并且他还看到了施蒂纳的利己主义的不足，即该主义割裂了个人与社会的联系。于是，马克思找寻到历史唯物主义的入口：新的主体概念诞生了！"现实的个人"正式取代"现实的人"成为其历史主体概念。

① ［德］施蒂纳著：《唯一者与所有物》，金海民译，商务印书馆 1989 年版，第 33 页。
② ［德］施蒂纳著：《唯一者与所有物》，金海民译，商务印书馆 1989 年版，第 5 页。
③ 《马克思恩格斯文集》（第 1 卷），人民出版社 2009 年版，第 574 页。

二、"现实的个人"之本质规定

正如马克思所述的那样，"全部人类历史的第一个前提无疑是有生命的个人的存在"①。于是，"现实的个人"之本质规定从这里开始，即"现实的个人"首先是"有生命的个人的存在"。

（一）"现实的个人"：有生命的存在

"现实的个人"作为一种自然存在物，是"具有动物性质"的存在；是有着特殊肉体组织的存在；是"有生命的存在"。其作为"现实的个人"第一个本质规定，原因在于：人只有作为有生命的存在才能确证其真实存在。主体的真实存在是马克思对上述主体概念的真正超越。在青年黑格尔派的众多哲学家眼中——"生命"是如此的粗鄙，于是他们以"自我意识"这个绝对精神性的存在来替代具有"生命"的存在。费尔巴哈用"类""类本质"的概念来对人作出规定，并把"感性对象性"作为"现实的人"真正存在的前提，如此做法超越了纯粹精神性的"自我意识"。但费尔巴哈对人的本质的规定仍然是有缺陷的：其是"处在某种虚幻的离群索居和固定不变状态中的人"②。费尔巴哈用"自然"的人代替了绝对的神，但人的最高本质仍然是上帝的本质，其不是活生生的、处于现实社会中的人，而是丧失了社会性与生命存在的人：他从神的母腹中诞生，而非人的母腹中诞生。因此，青年黑格尔派与费尔巴哈均不认为人是一种"有着特殊肉体组织的存在"。

马克思在论述人的本质时，从"生命"的角度对"现实的个人"作出了诠释：他强调"生命"意味着生活。绝对精神性的人不能体验到生活的滋味、喜怒哀乐的情绪，因而只能是"无生命"的抽象的存在；失去社会性并脱胎于神的母腹之人更不会珍惜生活，因而他们也不能被称为"有生命的"人。故而，只有作为"生活着的存在"才是真正存在的"人"，人的真实存在性在马克思这里才被真正建构起来。

（二）"现实的个人"：感性活动的存在

"现实的个人"作为感性活动的存在是第二个本质规定。马克思开始试图用"对象性的活动"原则来代替费尔巴哈的"感性对象性"原则，人需要在改造对象的活动中确证自己的存在，即人是对象性的存在，对象规定、制约着人本身的存在。费尔巴哈以"感性对象性"作为确证其主体概念的现实性基础，而马克思则将"感性活动性"作为确证其主体概念的现实性的基础——人成为了感性活动本身，他以此从根本上与青年黑格尔派、费尔巴哈、施蒂纳划分界限：三者都无法弥合"人"与现实的世界之间的矛盾，使"人"与现实的世界之间不能形成一种和谐关系。而马克思洞察到感性活动的奥秘，化解

---

① 《马克思恩格斯选集》（第 1 卷），人民出版社 2012 年版，第 146 页。
② 《马克思恩格斯选集》（第 1 卷），人民出版社 2012 年版，第 153 页。

了"现实的人"与其所生活的世界之间的矛盾。感性活动"正是整个现存的感性世界的基础"①。并且从根本上规定着人的本质。"现实的个人"能进行物质生产活动——劳动，具有能动地改变世界的能力，这主要表现为：感性活动确证人的存在并使人获得发展。为什么说感性活动确证人的存在并使人得到发展呢？其原因可以从两个方面进行论述。

一方面，"现实的个人"即感性活动本身。人只能在改造外在对象的活动中证明自己的存在，其作为一种自然存在物、有肉体有生命的个人，必然受其肉体组织所制约——吃喝与繁衍是维持自身的基础。为了满足人生存的需要，他们必需诉诸物资丰富的自然界，不断从其中获取必需的生存资料。但"现实的个人"之现实性在于其感性活动性，这必然意味着其与动物的现实性有着差别，这差别就在于：二者满足自身的生存需要的方式有着本质的差别。动物只能被动地依靠其本能来调节自身，通过进化等方式适应外部自然界以满足自身的生存需要。而现实的个人却以感性活动来维持自身的生存需要。因此，个人不是抽象的个人，"而是现实中的个人……这些个人是从事活动的，进行物质生产的"②。

另一方面，"现实的个人"是自身需要不断发展、完善的个人。如何实现自身的发展完善？答案是通过"感性活动"使现实的个人与外部世界建立起联系，并相互成就。马克思认为：外部世界并不像施蒂纳所说的那样只作为人获取利益的场所，只是消极的、被动地成为"唯一者"的部分，而是现实的个人的感性活动的结果。在这一过程中，个人也不断否定自己、发展自己。因此，现实的个人在改造外部世界的过程中得到发展与完善时，其现实性也被确证。

(三)"现实的个人"：其物质生活条件本身

马克思曾对"现实的个人"作出如下论断："他们是怎么样的，这同他们的生产是一致的——既和他们生产什么一致，又和他们怎样生产一致。"③ 既然生产是现实的个人存在的基础，那么其本质规定应被赋予新的内容："个人是什么样的，这取决于他们进行生产的物质条件。"④ 所以，自然界与社会关系作为物质生活条件、作为现实的个人的感性对象受到他们能动的改造。在此意义上，我们可以说"现实的个人"就是其物质生活条件本身。由此可见"现实的个人"具备两层内涵。

第一个层次，即自然界。"现实的个人"与动物一样是自然界的产物，是自然界的馈赠，是自然界的要素。自然界的存在满足了其作为自然存在物的存在条件，即物质生活条件。于是，我们可以说：现实的个人就是依赖自然界提供必要的物质和能量而生活着（有生命）的个人。但自然界与现实的个人是相互作用的，自然界为现实的个人提供生活的必要物质、能量，而自然界也因其感性活动发生变化。因此，自然界被纳入现实的个人的感性活动的范围的那部分，成为"人化自然"，尚保持一定的原初状态的自然界，成为"自在自然"。"自在自然"是感性活动的潜在对象，"人化自然"是感性活动的产物，前

① 《马克思恩格斯选集》(第1卷)，人民出版社2012年版，第157页。
② 《马克思恩格斯选集》(第1卷)，人民出版社2012年版，第151页。
③ 《马克思恩格斯选集》(第1卷)，人民出版社2012年版，第147页。
④ 《马克思恩格斯选集》(第1卷)，人民出版社2012年版，第147页。

者蕴含着现实的个人的潜在本质力量，而后者已是其本质力量的昭示，二者共同体现着现实的个人之本质规定。

第二个层次，即社会关系。社会不仅是现实的个人为了对抗自然而结成的共同体，也是其借以存在的物质生活条件，因为现实的个人的感性活动是一种"对象性"的活动，现实的个人如果不在自然界中找寻自己的活动对象——同费尔巴哈所构建的那个抽象的、孤立的、封闭的个人一般，那么其感性活动也不能顺利开展。如果说自然界的分化是感性活动的结果，那么社会关系一开始就是感性活动所创造的现实。感性活动受到社会关系的制约，社会关系又是感性活动对象化的产物，于是，马克思将现实的个人放在其所生活着的社会中来理解，以便直观到现实的个人的本质规定，即"在其现实性上，它是一切社会关系的总和"①。

综上所述，马克思对"现实的个人"作出了三个方面的本质规定，即现实的个人是有生命（生活着）的存在、感性活动的存在，其物质生活条件本身。三个本质规定相互联结：首先，现实的个人作为有生命的个人，才能从事改造外部世界的能动性活动，那种抽象的、精神的、没有肉体的个人除了与宗教之"神"争斗，其还能做些什么呢？肉体的存在为现实的个人从事感性活动提供了可能性。其次，现实的个人总处于一定的感性活动中，作为其对象的物质生活条件被分为两个层次，即自然界与社会关系。若离开感性活动，二者皆会成为抽象的质料，变得空洞无力。最后，自然界、社会关系作为物质生活条件是感性活动的对象化，那种不处于自然界、社会关系中的"纯粹活动"只能是抽象的、精神的活动。

三、"现实的个人"的理论意义

通过对思辨哲学与人本主义进行批判，马克思认识到作为"纯粹的存在"之人不能成为历史的起点，历史只能是身处在自然界、身处在社会关系中的"人"所创造的。由此，"现实的个人"成为构建其历史唯物主义的出发点。

（一）历史唯物主义的"第一个前提"

为了科学研究历史、把握历史本身面貌，树立坚实的理论起点显得尤为重要。马克思在对鲍威尔等人历史观前提进行批判的过程中，确证了"现实的个人"之于其历史唯物主义的理论前提地位。历史考察的前提是必要的：所以在鲍威尔的视域中，"它就是一切的源泉，它创造和破坏一切"。② 而在施蒂纳那里，一切历史的开端都归结于"唯一者"，其不仅是展开历史的唯一力量，更是历史本身，"我将一切归之于我自己"。③ 感性"现实的人"在费尔巴哈那里拥有哲学的最高意义，于是"现实的人"成为其历史考察的前

---

① 《马克思恩格斯选集》（第1卷），人民出版社2012年版，第135页。

② ［英］戴维·麦克莱伦著：《青年黑格尔派与马克思》，夏威仪等译，商务印书馆1982年版，第61页。

③ ［德］施蒂纳著：《唯一者与所有物》，金海民译，商务印书馆1989年版，第14页。

提，他认为历史不过是"现实的人"之本质复归的过程。在马克思的视域中，鲍威尔等人都将历史的前提指向某种抽象的"人"、不能生存在现实生活之中的"人"。由此可见，马克思要找寻的科学历史前提必须是一个非思辨的、实际生活在世界之中的人，即"现实的个人"。"现实的个人"是有生命的存在、可以被经验到的存在，该种存在方式确证了其实际生活在世界之中的可能性。由于"特殊肉体组织"的限制，"现实的个人"不得不从事感性活动以维持自身的生活（生存），感性活动催生出社会关系并推动了历史发展。因此，作为历史唯物主义的第一个前提，"现实的个人"克服了鲍威尔等人对历史的抽象解读，由此体现了实践的重要意义，也探索到历史发展的真正奥秘。

（二）自然与历史的"和解"

在"现实的个人"概念面世前，鲍威尔等人均未正确把握自然与历史之间的联系。无论是作为"纯粹的存在"的精神性之人还是作为"唯一者"，这种无须确证的"人"都无法成为历史的前提，其只能是历史的产物。在思辨哲学的视域中，"历史"成为"自然"。而在自然观上坚持唯物主义的费尔巴哈，同样无法正确把握自然与历史的联系。"在他那里，唯物主义和历史是彼此完全脱离的。"① 从"类"这个自然共同性出发，他构建了自己的唯物主义，成为自然观上"纯粹"的唯物主义者，但历史并不在其视野中，这注定了他的唯物主义存在缺陷，他没有"从那些使人们成为现在这种样子的周围生活条件来观察人们"②。历史与自然似乎被割裂了。因此，思辨哲学与人本主义都无法弥合自然与历史之间的割裂关系，"好像这是两种互不相干的'事物'"③，"现实的个人"概念，就是马克思为弥合二者之间割裂关系的天才构想，其"打破了自然与历史之间的二元对立状态"④。它就是自然的人与历史的人，是二者所构成的矛盾体。当自然界开始分化时，我们就应当注意到自然不再是优先于历史而存在的存在物，它的一部分成为了感性活动的结果。感性活动是弥合自然和历史分裂关系的有效手段，自然不再是脱离历史的静止之物，其被纳入不断前进的人类历史，自然与历史在"现实的个人"概念中达到了统一。但值得注意的是："现实的个人"概念作为历史主体，并没有消除自然与历史之间的差别。自然观上的唯物主义在逻辑上仍然先于历史观上的唯物主义：如果没有原初的自然界，那么人也不能作为自然进化的物种得以存在，自然界始终在某种程度上处于优先地位，但自然与历史始终是统一的。那些把历史看作"绝对精神"实现自身的过程，不关注历史产生的现实基础的做法是不可取的。于是，从事劳动的个人的历史开始制约着自然的历史，从事劳动的个人也就成为科学历史观的逻辑起点，自然与历史最终达到了"和解"。

---

① 《马克思恩格斯选集》（第 1 卷），人民出版社 2012 年版，第 158 页。
② 《马克思恩格斯选集》（第 1 卷），人民出版社 2012 年版，第 157 页。
③ 《马克思恩格斯选集》（第 1 卷），人民出版社 2012 年版，第 156 页。
④ 汪信砚，李志：《"现实的个人"：唯物史观的入口处——〈德意志意识形态〉的个人概念及其意义》，载《哲学动态》2007 年第 9 期，第 9~15 页。

（三）个人与共同体的"和解"

在《德意志意识形态》中，个人与共同体二者达成了"和解"。马克思扬弃了人本主义的"类本质"观点，他认为社会关系不再是独立于个人之外的实体，而是个人的本质。从"阶级"到"共同体"的演化过程，确证了个人的发展是隶属于一定的阶级的并受阶级的共同利益的制约。因此，共同体并不是独立的实体，而是一定社会关系的体现。于是，马克思以社会关系之间的差异为基础划分了三大社会形态，即封建主义、资本主义、共产主义形态，首先，在封建社会中，个人之间的社会关系呈现出一种必然性的特点，即"贵族总是贵族，平民总是平民"①。个人是具有等级关系的，他们从属的等级就是其最主要的社会关系。其次，在资本主义社会中，等级关系的平衡被打破，逃亡的农奴建立城市并结成各种市民团体与贵族进行抗争。于是在这一过程中，等级关系逐渐被阶级关系所代替，其也由此成为个人最主要的社会关系。由于社会分工的出现，个人必须"屈从于某一劳动部门以及与之相关的各种条件"②，个人的社会关系转为"物的力量"，成为独立于个人之外的存在物。最后，在共产主义社会这个独特的共同体中，个人克服了劳动的异化，消灭了私有制国家，发挥了自身的本质力量，实现了真正的自由与全面的发展。于是，马克思克服了社会形态中个人与共同体的矛盾，达到了个人与共同体之间的"和解"。

（四）唯物史观基本规律的阐述

通过对"现实的个人"概念进行系统阐述，马克思最终发现历史真正的奥秘，揭示了生产力与生产关系的矛盾，并在该概念中使历史与自然、个人与共同体之间达到了"和解"。

自然之于历史具有第一性。"现实的个人"首先就具有"动物的性质"，其是有肉体的、有生命的生物学意义上的存在，即"自然"人。这就导致了在自然与历史的关系中，前者必然处于逻辑上的优先地位，具有第一性的意义。具体而言：吃喝与繁衍是维持"现实的个人"的存在以及人类历史的展开与延续的基础，生产关系作为社会关系（交往形式）在逻辑上处于第二位，或者说其正是生产力的发展的产物，生产力从根本上制约着它。二者之间的矛盾，归根结底是自然与历史、个人与共同体之间的矛盾。马克思强调该矛盾只有到了一定历史阶段才会出现，社会分工致使个人分属于不同的"劳动部门"。他的利益与社会其他个人的共同利益之间产生了矛盾。与个人为了对抗自然结成共同体一致：为了维护个人利益，作为共同体形式的阶级出现了。阶级和私有制国家伴随着生产力的发展而生，其具有历史必然性。只有在生产力发展的最高阶段——共产主义社会，个人拒绝"过去世世代代的意向和使命"③，消灭阶级社会中的"现实状况"，真正成为自己的主人并充分发挥自己的本质力量时，其才能见证阶级与私有制国家迎来消亡的时刻。

---

① 《马克思恩格斯选集》（第1卷），人民出版社2012年版，第200页。
② 《马克思恩格斯选集》（第1卷），人民出版社2012年版，第199页。
③ 《马克思恩格斯选集》（第1卷），人民出版社2012年版，第203页。

四、结语

马克思在汲取思辨哲学与人本主义积极内涵的过程中，逐步构建起自身历史唯物主义的核心主体概念——"现实的个人"，并在《德意志意识形态》中对其进行了系统阐述。自然与历史、个人与共同体之间的矛盾在"现实的个人"概念中得到了"和解"，马克思借由此揭示了个人如何获得自由而全面发展的现实路径，即消灭阶级与社会分工，自由地进行个人生活与社会生活。由此可见，"现实的个人"不仅是马克思通向历史唯物主义的入口，亦是社会历史发展的终极目的与最后归宿：正如他所期望的那样，当社会发展抵达共产主义社会这一高度时，现实的个人将充分发挥自己的本质力量，实现自身自由而全面的发展。

论毛泽东"实事求是"思想的认识论内涵

● 陈　刚①

【摘　要】

"实事求是"是毛泽东思想的精髓，是一切从实际出发，理论联系实际，在实践中检验和发展真理的思想方法。在"一切从实际出发"的认识原则上，"实事求是"与"回到事物本身"的现象学方法有着相似之处，都要求从事物本身出发来开展认识、让事物的本质显现出来；在"理论联系实际，在实践中检验和发展真理"的认识方法上，"实事求是"体现了一种认识论上的实践理性，是对马克思实践认识论的继承与发展。此外，"实事求是"还反对主观主义的错误态度，反对凭借"经验"或"教条"等有限规定来认识真理的知性认识论。"实事求是"创造性地回答了如何把马克思列宁主义的普遍真理同中国革命具体实践相结合的时代之问，开辟了马克思主义中国化的理论传统。

【关键词】

实事求是；现象学；实践认识论；知性认识论

"实事求是"是毛泽东思想的精髓，是一切从实际出发，理论联系实际，在实践中检验和发展真理的思想方法。在党的十二大上，"实事求是"作为党的思想路线和思想武器被写入《中国共产党章程》。"实事求是"不是凭空产生的，而是在不断总结中国革命的经验教训、不断批判主观主义错误态度的过程中形成的。从大革命失败到第五次反围剿失败再到延安整风，"实事求是"是中国新民主主义革命血与火的结晶。"实事求是"更有一个理论上不断深化的认识过程，从《反对本本主义》中一切从实际出发，到《实践论》中实践与认识的辩证关系，再到《改造我们的学习》中对主观主义的批判，毛泽东运用自己的理论智慧为"实事求是"这个古老的成语赋予了全新的马克思主义认识论内涵。在认识论上，"实事求是"是对马克思实践认识论的继承与发展，是让事物本质显现出来的思想方法，是对主观主义知性认识论的批判与超越。探究"实事求是"思想的认识论内涵有助于我们在今天更好地理解、坚持和践行"实事求是"。

一、"实事求是"的思想方法与现象学解读

"实事求是"一词出自《汉书·景十三王传》："修学好古，实事求是。"② 本意为河

---

①　作者简介：陈刚，武汉大学哲学学院马克思主义哲学专业2020级硕士研究生。

②　（汉）班固撰、（清）王先谦补注：《汉书补注》，上海古籍出版社2008年版，第3896页。

间献王刘德在整理遗失的儒家典籍时所采取的严谨的治学态度。唐颜师古注曰："务得事实，每求真是也。"① 这即是说刘德所珍藏的儒家典籍都是真正的好本子，其所讲述的内容也都符合古代的事实。务实严谨的治学态度与治学方法就是"实事求是"一词的原意，但在中国新民主主义革命的伟大实践中，在把马克思列宁主义的普遍真理同中国革命具体实践相结合的过程中，毛泽东对"实事求是"进行了全新的阐发。

（一）"实事求是"的思想方法

在《改造我们的学习》一文中毛泽东首次系统地论述了"实事求是"的思想方法。在这一光辉文献中，毛泽东开宗明义地指出："我主张将我们全党的学习方法和学习制度改造一下。"② 其理由是党内广泛存在着不注重研究现状、不注重研究历史、不注重研究马克思列宁主义的应用的不正之风，想当然地发号施令、言必称希腊、教条式地理解马克思列宁主义。这种作风为数相当的多，危害相当的大，这是主观主义的作风。主观主义者是"墙上芦苇，头重脚轻根底浅；山间竹笋，嘴尖皮厚腹中空"。③ 与主观主义者相对立，马克思列宁主义者坚持实事求是的态度。实事求是的态度，就是应用马克思列宁主义的理论和方法，对周围环境作系统、周密的调查研究，理论联系实际地开展工作。最后，在文章的末尾，毛泽东向全党提出了系统研究周围环境、研究中国历史的学习任务，确立了以研究中国革命实际问题为中心、以马克思列宁主义基本原理为指导的学习方针。

对于"实事求是"，毛泽东论述道："'实事'就是客观存在着的一切事物，'是'就是客观事物的内部联系，即规律性，'求'就是我们去研究。我们要从国内外、省内外、县内外、区内外的实际情况出发，从其中引出固有的而不是臆造的规律性，即找出周围事变的内部联系，作为我们行动的向导。"④ 在这一论述中，毛泽东揭示了"实事求是"的三层基本内涵：（1）一切从实际出发，通过系统地调查研究来认识事物。（2）理论联系实际，在马克思主义基本原理的指导下去科学地分析和综合地研究来自客观实际的材料。（3）用提炼出来的真理性认识作为我们行动的向导指导现实的实践活动，并在实践中检验和发展真理。1982 年，党的十二大对"实事求是"的思想方法作了完整的表述，那就是：一切从实际出发，理论联系实际，在实践中检验和发展真理。

（二）对"实事求是"的现象学解读

"实事求是"思想主张一切从实际出发。在"一切从实际出发"的认识原则上，"实事求是"与"回到事物本身"的现象学方法有着相似之处，它们都承认我们能够对事物的本质进行直观，都要求我们从事物本身出发来开展认识。毫无疑问，"实事求是"与"回到事物本身"分处两种不同的理论传统，"实事"是客观存在着的一切事物，"事物本身"是认知世界中的现象，二者似乎不可通约。但当我们在认识论上谈论"实事"的时

① （汉）班固撰、（清）王先谦补注：《汉书补注》，上海古籍出版社 2008 年版，第 3896 页。
② 《毛泽东选集》（第 3 卷），人民出版社 1991 年版，第 795 页。
③ 《毛泽东选集》（第 3 卷），人民出版社 1991 年版，第 800 页。
④ 《毛泽东选集》（第 3 卷），人民出版社 1991 年版，第 801 页。

候，客观存在就进入了认知世界，就表现为了与本质相对立的现象。这就为我们对"实事求是"进行现象学解读提供了理论可能性，进而在这一解读中丰富我们对"实事求是"的理论认识。

对于"回到事物本身"的现象学方法，胡塞尔写道："但是合理化和科学地判断事物就意味着朝向事物本身（Sachen selbst），或从语言和意见返回事物本身，在其自身所与性中探索事物并摆脱一切不符合事物的偏见。"① 在胡塞尔看来，认识事物不能回到某个哲学家或哲学流派从先验概念出发，而要回到事物本身让事物的本质在现象中显现出来。胡塞尔认为，事物的本质不在哲学家的先验概念中而就在事物本身，就在对事物的现象学描述之中。在现象学的描述中，要中止对事物的一切判断，悬置一切不符合事物本来面貌的意见、偏见与前见，对一切不属于现象本身的经验或先验认识都要放入括号，从而把事物的本质还原出来。换而言之，就是要回到认识的原初状态上对事物进行本质直观，而每一种原初被给予的直观都是认识的合法源泉。胡塞尔进一步写道："感性直观……作为感知使这对象本原地被给予，使意识能够'本原地'，在其'真实的'自身性中把握这对象。"② 这即是说，我们能够对事物的本质进行直观，感性直观就是本质直观，因此就要在认识活动中将事物的本来面貌作为认识的出发点。这就与主张一切从实际出发的"实事求是"相契合。

"实事求是"主张从客观存在着的事物出发来开展认识，反对从经验或教条出发去认识事物，强调要通过调查研究来认识事物，要让事物的本质显现在调查研究之中。毛泽东明确提出："从客观的真实的情况出发，而不是从主观的愿望出发。"③ 毛泽东十分重视对中国国情民意的调查研究，没有调查就没有发言权。调查研究就是对中国革命的本质直观，中国革命的道路在调查研究的末尾而不在它的先头，任何对革命道路的顶层设计都要让事实说话而不能想当然地发号施令。在调查研究中，必须中止对中国国情的一切意见、偏见与前见，不能用主观的经验或书本中的教条去裁剪社会现实，因为中国的国情是特殊的、复杂的、动态的，要抛弃一切先入为主的观念。但凡只看到中国革命的曲折性和资产阶级民主化的未完成状态，只注重同国民党的合作的，就要犯放弃革命领导权的右倾机会主义错误；而教条式地理解马克思列宁主义、照搬照抄苏联经验、把共产国际指示神圣化的，只注重工人运动的纯洁性与重要性的，就要犯"左"倾冒险主义错误。在半殖民地半封建社会的中国，进行社会主义革命有其特殊之处，需要我们对中国革命的客观实际进行调查研究，对中国社会各阶级进行科学分析，这是我们认清一切革命问题的基本根据。

要回到中国革命的具体实际上来，要让中国革命的道路在对中国国情的本质直观中显现出来。在《反对本本主义》中，毛泽东就写道："你对于那个问题不能解决吗？那末，

---

① ［德］埃德蒙德·胡塞尔著：《纯粹现象学通论》，李幼蒸译，中国人民大学出版社 2014 年版，第 24 页。

② ［德］埃德蒙德·胡塞尔著：《现象学的方法》，倪梁康译，上海译文出版社 2016 年版，第 93 页。

③ 《毛泽东选集》（第 3 卷），人民出版社 1991 年版，第 797 页。

你就去调查那个问题的现状和它的历史吧！"① 在毛泽东看来，调查研究就是解决问题，通达事物的现象也就通达了事物的本质。毛泽东指出："调查就像'十月怀胎'，解决问题就像'一朝分娩'。调查就是解决问题。"② 在第一次国内革命战争时期，毛泽东就通过艰苦细致的调查研究深入了解国情，写作了《中国社会各阶级的分析》和《湖南农民运动考察报告》。正是在调查研究中，毛泽东正确地认识到了广大的农村地区是长期盘踞在中心城市的反动势力的薄弱环节，占人口绝大多数的农民与无产阶级有着天然的联系，是中国革命最大的同盟军，反革命阵营内部又有着军阀割据派系林立的各种矛盾，这样就使得中国革命有在农村地区首先胜利的可能性，不依靠农民就不能获得新民主主义革命的胜利。在这些事实面前，右倾机会主义的放弃革命论与"左"倾冒险主义的城市中心论就不攻自破了，而农村包围城市、武装夺取政权的崭新道路就显现出来了。在半殖民地半封建社会的中国，要先进行以无产阶级为领导的、团结一切革命阶级的民主革命，再进行改造客观世界和主观世界的社会主义革命。

二、"实事求是"是马克思主义哲学的精髓

"实事求是体现了唯物主义的科学态度与辩证方法的统一，体现了客观规律性与主观能动性的统一，也体现了主观与客观、认识与实践的具体的历史的统一。"③ 一句话，"实事求是"是马克思主义哲学的精髓。

"实事求是"思想的第一个要点是"一切从实际出发"，这与历史唯物主义相契合，强调客观实际在认识上的先在性；第二、第三个要点是"理论联系实际，在实践中检验和发展真理"，这与辩证唯物主义相契合，强调一种认识论上的实践理性。这种实践理性既不是康德意义上的伦理的道德实践，也不是黑格尔意义上的精神的思辨理性，而是马克思意义上的以实践为最基本、最首要观点的认识理性，其主张实践是认识的源泉、发展动力、检验标准和最终目的。这种认识论上的实践理性集中体现在马克思的实践认识论中。马克思主张要在实践的感性活动中、在一定的社会生产关系中认识对象，并将认识的结果运用于实践，接受实践的检验。"实事求是"思想作为马克思主义哲学的精髓，与马克思的实践认识论既一脉相承又有所发展。

（一）马克思的实践认识论

早在博士论文中，马克思的实践认识论就有所萌芽。马克思写道："如果按照现象的概念来考察现象，则本质和现象就完全分开了，因而现象便降低为主观的假象。"④ 在马克思看来，从主观概念出发来认识对象所获得的只能是同样主观的假象，而不能获得关于对象的真知。马克思继承了黑格尔在《小逻辑》中对知性认识论的批判，马克思与黑格

---

① 《毛泽东选集》（第 1 卷），人民出版社 1991 年版，第 110 页。
② 《毛泽东选集》（第 1 卷），人民出版社 1991 年版，第 110~111 页。
③ 汪信砚：《论实事求是》，载《学习与实践》2006 年第 12 期，第 64~67 页。
④ 《马克思恩格斯全集》（第 1 卷），人民出版社 2001 年版，第 52~53 页。

尔都共同反对将抽象普遍性先验地强加到任何对象上去，都赞成关于对象的真知来源于对象自己对自己的规定。对象自己对自己的规定是一种认识的能动性，针对这种能动性，黑格尔将其导入先验设定的绝对精神，实体即主体，一切客观对象不过是绝对精神的外化与实现。不满于黑格尔的先验设定，马克思则把这种能动性导入纯粹经验的人类活动即实践，主张实践是检验真理的场所，真理只有在实践中才得以显现。在《关于费尔巴哈的提纲》中马克思明确写道："人的思维是否具有客观的［gegenständliche］真理性，这不是一个理论的问题，而是一个实践的问题。人应该在实践中证明自己思维的真理性。"① 要而言之，马克思的实践认识论有三重基本内涵。

首先，要在实践的感性活动中去认识对象。实践是人的感性活动，是沟通主观与客观的桥梁，是主观见之于客观。在实践的感性活动中并没有纯粹的主观与纯粹的客观，纯粹主观的宗教也有其客观的物质基础，纯粹客观的自然界也有其主观的色彩。不同于传统哲学的主客二分，实践的感性活动构造的是一种主客未分的原初状态，贺来指出："生存实践活动作为人对象性的感性活动，体现和构成了人与世界本体性的原初关系。"② 实践的感性活动建构了一种超越主客二元对立的认知结构，在这个结构中人的认识处于一种主客未分的原初状态。在这种原初状态中，所有建立于主客二分之上的知性规定与外在诠释都被悬置了起来，关于对象的本质则被还原了出来。所谓实践认识论就是要让对象的本质在实践的感性活动中显现出来，在本质的敞开中给予我们直观的认识，而每一种被给予的直观都是认识的合理源泉。正如马克思所言："全部社会生活在本质上是实践的。凡是把理论引向神秘主义的神秘东西，都能在人的实践中以及对这种实践的理解中得到合理的解决。"③

其次，要在一定的社会生产关系中去认识对象。实践就其自身而言是人的感性活动，就其社会性而言是一定社会生产关系中的对象性活动。在感性活动之外，还要从社会生产关系出发去理解实践、去认识对象。针对这样一种认识层次，马克思在《德意志意识形态》中就已经提及，"但是，他把人只看作'感性对象'，而不是'感性活动'，因为他在这里也仍然停留在理论的领域内，没有从人们现有的社会联系，从那些使人们成为现在这种样子的周围生活条件来观察人们"④。这里的"社会联系""周围生活条件"就是一定的社会生产关系。社会生产关系具有本体论意义上的优先地位和认识论意义上的让对象显现的认识功能，社会生产关系是比现实的感性活动更为本源的认识出发点。因此，要从社会生产关系出发去理解对象、理解上层建筑、理解实践活动本身，而社会生产关系的总和就是作为经济基础的市民社会。法的关系、国家的形式和人类精神作为虚幻的上层建筑都不具有独立性，都不能自己诠释自己，都不是认识的出发点，而只有牢固的经济基础和客观的市民社会才是认识的出发点，才是认识论上的不可被还原之物。刘少明指出："事

---

① 《马克思恩格斯文集》（第 1 卷），人民出版社 2009 年版，第 500 页。
② 贺来：《马克思哲学与"存在论"范式的转换》，载《中国社会科学》2002 年第 5 期，第 4~13 页。
③ 《马克思恩格斯文集》（第 1 卷），人民出版社 2009 年版，第 501 页。
④ 《马克思恩格斯文集》（第 1 卷），人民出版社 2009 年版，第 530 页。

物本身对于马克思来说就是现实感性活动和先在的社会生产关系，因为二者是先于主客二分的还原'剩余物'，是一切思考和活动的起点。"①

最后，要把认识的结果运用于实践。实践是改变世界的实践，马克思的实践认识论不仅要在实践中发现真理，还要在实践中运用真理。"哲学家们只是用不同的方式解释世界，问题在于改变世界。"② 马克思指出，随着机器大工业的发展，资本主义生产资料的私人占有同社会化大生产之间的矛盾会达到同它们的资本主义外壳所不能相容的地步，资本主义生产关系将严重阻碍生产力的持续发展，而这时资本主义的丧钟就不可避免地敲响了。资本主义极力把自己打扮为永恒的社会形态，用理性经济人的假设为自己扛起自由与人性的大旗，但事实上资本主义恰恰是反自由、反人性的社会形态，在资本的统治下人的异化与剥削达到了无以复加的程度。资本的发展诞生了现代工人阶级即无产阶级，无产阶级是资产阶级的掘墓人，无产阶级的历史使命是推翻资产阶级统治，消灭私有制、消灭剥削、建立自由人的联合体。无产阶级探索真理的全部认识运动就是为了正确理解资本主义社会的本质，理解无产阶级的历史使命，改变世界，实现共产主义。

（二）"实事求是"对马克思实践认识论的继承与发展

"实事求是"主张理论联系实际，在实践中检验和发展真理，这是一种认识论上的实践理性，其理论源头是马克思的实践认识论。实践不同于实际，实际是不以人的意志为转移的客观存在，而实践则是主观见之于客观的人的感性活动，是主客未分的原初状态。实践理性不同于"一切从实际出发"，实践理性强调认识过程中的人的主观能动性，强调主观与客观的统一，强调要在实践中检验和发展真理。就作为一种实践理性而言，"实事求是"在三个方面继承并发展了马克思的实践认识论。

首先，"实事求是"与马克思实践认识论都共同主张事物的本质显现在实践活动之中。马克思实践认识论主张要在感性活动中、在市民社会中去认识事物，让事物的本质显现在主客未分的原初状态中，显现在不可还原的社会生产关系中。"实事求是"也主张要在实践活动中显现事物的本质。在著名的《实践论》中毛泽东就两次提到实践的认识论内涵，强调实践"暴露"周围世界的内在矛盾、"暴露"事物的本质，主张通过现实的实践活动来理解周围世界、理解事物的本质。毛泽东写道："你要有知识，你就得参加变革现实的实践。你要知道梨子的滋味，你就得变革梨子，亲口吃一吃。"③ 中国革命的正确道路是"暴露"和显现在现实的革命实践之中的，一种斗争策略、一条革命道路只有符合实际的需要、符合人民的根本利益、经得起实践的检验，才是正确的革命道路。

其次，"实事求是"与马克思实践认识论都共同主张实践是认识的最终旨归。问题不在于解释世界而在于改变世界。"实事求是"主张用总结出来的真理性认识作为我们行动

① 刘少明：《契合与超越：马克思的实践理论与现象学原则的关系》，载《复旦大学学报（社会科学版）》2020 年第 3 期，第 11~20 页。
② 《马克思恩格斯文集》（第 1 卷），人民出版社 2009 年版，第 502 页。
③ 《毛泽东选集》（第 1 卷），人民出版社 1991 年版，第 287 页。

的向导指导我们的实践活动，毛泽东写道："马克思主义的哲学认为十分重要的问题，不在于懂得了客观世界的规律性，因而能够解释世界，而在于拿了这种对于客观规律性的认识去能动地改造世界。"① 认识的能动性不仅体现为从感性认识飞跃到理性认识，更体现为理性认识反作用于现实的革命活动。一切的认识结果都要以实践为最终旨归，在实践中检验和发展自身。马克思列宁主义的普遍真理只有与中国革命的具体实践相结合，才能发挥自身的真理力量，才能使中国革命的面目焕然一新。马克思恩格斯也反复强调自己的理论不是抽象的教条，不是放之四海而皆准的真理，而是现实的方法，现实的方法就要运用于消灭现存状况的现实运动之中。

最后，"实事求是"在现实针对性上发展了马克思实践认识论。马克思的实践认识论具有很强的哲学抽象性，其理论背景是德国古典哲学和英法国民经济学，其理论目的是批判以费尔巴哈为代表的青年黑格尔派，理论自身缺少现实针对性。而"实事求是"则是中国新民主主义革命血与火的结晶，它直接批判革命道路上的右倾机会主义和"左"倾冒险主义。从大革命失败到第五次反围剿失败，"左"和右的错误都为中国革命事业带来了巨大损失。惨痛的经验教训告诫我们必须理论联系实际地开展革命，不断革新已有的认识，不断跟上现实变化的脚步，既要反对右的错误又要反对"左"的错误，并且主要是防"左"。正如毛泽东所言："我们的结论是主观和客观、理论和实践、知和行的具体的历史的统一，反对一切离开具体历史的'左'的或右的错误思想。"② 这一结论至今仍然适用。总之，"实事求是"强化了马克思实践认识论的现实针对性，它直接批判革命、建设和改革道路上的"左"和右的错误，从而使理论自身更加深刻、更加明晰、更加具有现实指导意义。

三、"实事求是"反对主观主义的错误态度

在《改造我们的学习》中，毛泽东指出党内存在着两种互相对立的态度，一种是马克思列宁主义的正确的实事求是的态度，一种是错误的主观主义的态度。主观主义表现为生吞活剥马克思主义经典作家的只言片语、僵化地理解马克思主义基本原理、罔顾中国革命具体实际的教条主义和拘泥自身片段经验、罔顾理论指导意义、单凭主观热情盲目工作的经验主义。教条主义和经验主义都是主观主义的表现，都犯了主观与客观相分裂、认识与实践相脱离的错误，都是党内的大敌。"只有打倒主观主义，马克思列宁主义的真理才会抬头，党性才会巩固，革命才会胜利。"③ "实事求是"正是在反对主观主义的错误态度中，在批判教条主义与经验主义中确立起自己的思想方法。一种思想正是有其理论对手才变得深刻。而主观主义的认识论基础就是黑格尔在《小逻辑》中所批判的主观主义的知性认识论。

---

① 《毛泽东选集》（第1卷），人民出版社1991年版，第292页。
② 《毛泽东选集》（第1卷），人民出版社1991年版，第296页。
③ 《毛泽东选集》（第3卷），人民出版社1991年版，第800页。

（一）主观主义的知性认识论

康德以前的形而上学家坚持知性认识论，主张运用抽象理智的知性、单凭反思去认识真理。所谓知性，黑格尔写道："那只能产生有限规定，并且只能在有限规定中活动的思维，便叫做知性（就知性二字严格的意思而言）。"① 知性不同于理性，它是一种在有限规定中活动着的有限思维。所谓知性认识论，就是运用知性去认识对象发现真理的观点与看法。知性认识论没有意识到自身与真理的对立，简单地认为单纯运用知性的有限思维就可以认识真理，真理就如知性所规定的那样。但真理恰恰是无限的，有限的知性只能认识有限的事物而不能认识无限的真理。毋庸置疑，对于有限事物的认识，知性认识论是有效的，譬如在宏观低速的世界中，牛顿力学就可以解释一切物理运动，但进入微观的原子世界和高速运动的宇宙中，牛顿力学就被量子力学和相对论推翻了。黑格尔所不满意的就是有限的知性不能认识真理，对于知性认识论，他批判道："这个方法的特点乃在于把名字或谓词加给被认知的对象，如上帝。但这只是对于对象的外在反思。"②

认识真理需要切近的反思而不是外在反思，知性认识论的运作方式就是外在反思。这种反思之所以表现为外在，就是因为知性的有限性使得知性在与真理相对立的同时，还与认识对象相对立。知性是主观的，对象是客观的，主客不能通约；知性是片面的，对象是丰富的，以偏不能概全。知性始终在对象之外。这种对立状态就使得本是活的对象丧失了主动思维的能力，变成了僵死的存在，它不能够自己去规定自己、自己去言说自己、自己去显现自己。但正如黑格尔所言："反之，要想得到对于一个对象的真知，必须由这对象自己去规定自己，不可以从外面采取一些谓词来加给它。"③ 对象自己如何显现自己？对此，黑格尔主张到实体即主体，实体就是自为主体的运动本身，主体就是自在实体的创生过程。认识对象作为客观实体也具有能动性，也可以能动地将自身显现出来，显现在人的认识之中。但知性认识论就否认了这种显现的能动性，它主观地认为客观对象是僵死的，现成规定是固定的，只有知性思维是能动的。获得真理的认识过程就是将现成的规定、将主观的表象从外部去强加给对象，在对象后面添加一个谓词就完成了对真理的言说，这个主词加谓词的判断结构就是真理本身。但这种外在反思的判断结构在形式上就不适合于表达真理，黑格尔指出："判断的形式，不适合于表达具体的和玄思的真理（真理是具体的）。因为判断的形式总是片面的，就其只是片面而言，它就是不真的。"④ 也正如海德格尔所言，在传统哲学那里，判断和命题构成了存在之真理的处所，因而表现出一种鲜明的"断言的天真"和"反思的天真"。知性认识论的外在反思天真地割裂了思维与对象的同一性，在那里不是对象自己规定自己，而是思维外在地规定对象。

总之，知性认识论在认识能力上是不足的。知性的有限性使得知性思维只能采用外在反思的方式来认识对象，它不能赋予对象以自我言说的能力，它无力实现主观与客观、现

---

① ［德］黑格尔著：《小逻辑》，贺麟译，商务印书馆 1986 年版，第 93 页。
② ［德］黑格尔著：《小逻辑》，贺麟译，商务印书馆 1986 年版，第 98 页。
③ ［德］黑格尔著：《小逻辑》，贺麟译，商务印书馆 1986 年版，第 98 页。
④ ［德］黑格尔著：《小逻辑》，贺麟译，商务印书馆 1986 年版，第 100 页。

象与本质的统一。知性思维进一步发展就表现为实际行动中的教条主义和经验主义。教条和经验都是主观知性的产物，前者是权威人士的抽象理智，后者是个人经历的感性总结，它们都是有限思维的有限规定，都是僵化的、静止的，都犯主观与客观相分裂、认识与实践相脱离的错误。教条主义和经验主义凭借着自身的有限思维任意地裁剪客观现实，盲目、僵化、独断地开展行动，从而导致严重的失误。

（二）"实事求是"对主观主义的批判与超越

从黑格尔到马克思再到毛泽东，他们都反对主观主义的知性认识论，都主张运用理性去认识事物。只有理性才能达成主观与客观的统一，才能赋予客观对象以自己言说自己的能动性，才通达事物全体的、本质的、内部的联系。所不同的是，黑格尔是用精神的思辨理性去认识世界，一切客观对象不过是绝对精神的外化与实现，马克思与毛泽东则用实践理性去认识世界，在主客未分的实践活动中认识对象。对于这种实践理性，毛泽东在《实践论》中进一步地将其概括为"实践—认识—再实践—再认识"的认知模型，在这一模型中存在着从感性认识到理性认识、从理性认识到革命实践的双重飞跃。"通过实践而发现真理，又通过实践而证实真理和发展真理。从感性认识而能动地发展理性认识，又从理性认识而能动地指导革命实践。"① 这样一种认知模型内涵于"实事求是"的思想之中，正是基于这种认知模型，"实事求是"在三个方面批判与超越了主观主义的知性认识论。

第一，在认识能力上。知性认识论是一种抽象理智的认识能力，它只能停留在事物的表面而不能深入事物的本质，只能片面地认识事物而不能看到事物的整体。究其原因就是知性的有限性：形式的主观性和内容的有限性。对此，毛泽东就一针见血地指出："但它们仅是片面的和表面的东西，这种反映是不完全的，是没有反映事物本质的。"② 运用知性认识论的人，单凭主观"或作讲演，则甲乙丙丁、一二三四的一大串；或做文章，则夸夸其谈的一大篇。无实事求是之意，有哗众取宠之心"③。而"实事求是"则主张要深入事物的本质，要经过感觉而到达于思维。要运用理性的思辨能力去穿透纷繁复杂的感性材料，去抓取事物的本质，去抽象出理性的认识，从而更深刻、更正确、更全面地把握客观事物的内部矛盾和内在联系。这也就是毛泽东在《实践论》中所强调的要从感性认识飞跃到理性认识。"要完全地反映整个的事物，反映事物的本质，反映事物的内部规律，就必须经过思考作用，将丰富的感觉材料加以去粗取精、去伪存真、由此及彼、由表及里的改造制作功夫，造成概念和理论的系统，就必须从感性认识跃进到理性认识。"④

第二，在认识方法上。知性认识论僵化地坚持主客二分，把认识对象看作一个静止的、僵死的存在物，否认其自己言说自己、自己规定自己的能动性。简单地认为在主词后面添加一个知性规定的谓词就完成了对真理的言说，但这在本质上只是用抽象理智去裁剪

---

① 《毛泽东选集》（第 1 卷），人民出版社 1991 年版，第 296 页。
② 《毛泽东选集》（第 1 卷），人民出版社 1991 年版，第 291 页。
③ 《毛泽东选集》（第 3 卷），人民出版社 1991 年版，第 800 页。
④ 《毛泽东选集》（第 1 卷），人民出版社 1991 年版，第 291 页。

事物而不是认识事物。罔顾客观现实、运用抽象理智的做法在现实活动中就表现为教条主义，对于教条主义，毛泽东批判道："华而不实，脆而不坚。自以为是，老子天下第一，'钦差大臣'满天飞。这就是我们队伍中若干同志的作风。这种作风，拿了律己，则害了自己；拿了教人，则害了别人；拿了指导革命，则害了革命。"① "实事求是"思想是教条主义的克星，它主张不唯书、不唯上、只唯实，理论要联系实际，要在实践活动中认识事物。这就将认识的能动性赋予了认识对象本身，让对象自己去规定自己、自己去言说自己、自己去显现自己。这也就是毛泽东在《实践论》中所强调的要从理性认识飞跃到革命实践，要在实践中检验和发展真理，"要完全理解这个问题，只有把理性的认识再回到社会实践中去，应用理论于实践，看它是否能够达到预想的目的"②。

第三，在认识结果上。知性认识论僵化地、片面地认识事物，在肯定某一认识的同时必然否定另一认识的可能性，采用非此即彼的思维方式独断地认识世界。而"实事求是"思想则始终对认识结果持有着开放与怀疑的态度，始终随着客观现实的变化而不断革新已有认识，勇于自我革命，不断与时俱进。马克思列宁主义作为一种真理性认识，是我们必须坚持的指导思想，但针对中国的具体问题和日新月异的发展变化，就要大胆地进行理论创新，把马克思列宁主义同中国具体实践相结合，不断推进马克思主义中国化。恩格斯就指出："但是，马克思的整个世界观不是教义，而是方法。它提供的不是现成的教条，而是进一步研究的出发点和供这种研究使用的方法。"③ 毫无疑问，毛泽东也认识到了这一点，将马克思列宁主义当作方法而不是教条。

毛泽东指出："客观现实世界的变化运动永远没有完结，人们在实践中对于真理的认识也就永远没有完结。马克思列宁主义并没有结束真理，而是在实践中不断地开辟认识真理的道路。"④ 也正是毛泽东所开辟的马克思主义中国化的理论传统，和"实事求是"思想所特有的开放性特征，为后来邓小平将"解放思想"的认识方法引入"实事求是"之中留下了契机。在邓小平这里，"实事求是"的"求"不再是局限于中国一国之内的调查研究，而是放眼全球大胆采用西方先进经验，与世界接轨，积极拥抱一切人类文明先进成果。邓小平高度重视"解放思想"的认识方法，他反复强调："一个党，一个国家，一个民族，如果一切从本本出发，思想僵化，迷信盛行，那它就不能前进，它的生机就停止了，就要亡党亡国。"⑤ 因此必须破除实践道路中的一切教条，不争论，摸着石头过河，走有中国特色的社会主义道路，大胆吸收一切人类文明的先进成果，将社会主义制度的优越性充分展现出来。与此同时，"实事求是"的"是"也不再是资产阶级复辟的威胁、不再是高度集中的计划经济，而是人民群众的实际需要和世界历史发展的大势。人民日益增长的物质文化需要同落后的社会生产之间的矛盾是社会的主要矛盾，以经济建设为中心不断走向现代化是世界历史发展的大势。在新时代，社会的主要矛盾则转变为人民日益增长

① 《毛泽东选集》（第3卷），人民出版社1991年版，第800页。
② 《毛泽东选集》（第1卷），人民出版社1991年版，第292页。
③ 《马克思恩格斯文集》（第10卷），人民出版社2009年版，第691页。
④ 《毛泽东选集》（第1卷），人民出版社1991年版，第296页。
⑤ 《邓小平文选》（第2卷），人民出版社1994年版，第142页。

的美好生活需要和不平衡不充分发展之间的矛盾，构建人类命运共同体成了新的世界历史发展大势。

总之，任何真理性的认识在违背了社会主要矛盾，违背了世界历史发展大势时就会成为谬误，而继续僵化地坚持这一谬误就会重蹈教条主义的覆辙。而只有不断地倾听人民需要，不断地紧跟时代发展大势，不断地研判社会主要矛盾，不断地推进马克思主义中国化，才能始终与真理同行，始终立于不败之地。正如邓小平所言："过去我们搞革命所取得的一切胜利，是靠实事求是；现在我们要实现四个现代化，同样要靠实事求是。"①

---

① 《邓小平文选》（第2卷），人民出版社1994年版，第143页。

奥尔曼对马克思辩证法的重构

● 常俊丽①

【摘　要】

奥尔曼在《辩证法的舞蹈：马克思方法的步骤》中对马克思辩证法的重构主要分为两个步骤：第一步是对马克思辩证法的本体论分析，分析的结果就是马克思辩证法的本体基础是内在关系哲学。第二步则是对马克思辩证法运用的认识论分析，奥尔曼将马克思运用辩证法的过程概括为抽象过程。抽象过程又包括三种模式：抽象范围、抽象概括层次、抽象角度。奥尔曼重构的马克思辩证法是包容分析方法的辩证法，这一重构诉诸社会关系来理解、揭示、解释社会现实，远离了对辩证法的唯物且机械的苏联式解释，赋予了辩证法丰富的内容，对于使人们认识资本主义社会现实，准确把握世界的变化具有重要的意义。同时，他对马克思辩证法的阐释也存在一定的局限性，潜藏着不可知论、远离具体实践、退回传统形而上学道路的风险。

【关键词】

辩证法；内在关系哲学；抽象过程

提起马克思，人们对这位伟人的评价可能是这样的：马克思是一位伟大的科学家，他写作的《资本论》科学地揭示了资本主义的秘密；马克思是一位伟大的批判家，他对资本主义的批判鞭辟入里；马克思是一位伟大的理想家，他对共产主义的构想令人向往；马克思是一位伟大的革命家，他鼓舞了无产阶级革命。不同的人，会从马克思思想的不同维度对马克思作出评价。那么，马克思思想的科学性与批判性、理想性与革命性，它们之间有着什么样的关系？是彼此孤立还是相互融贯？在奥尔曼（Bertell Ollman）看来，马克思的辩证法使得马克思思想的不同维度统一为一个整体。奥尔曼是美国 20 世纪 70 年代以来马克思主义新辩证法学派的代表人物。按照他的说法："辩证法是一种关注世界上所发生的一切变化和相互作用的思维方式。作为其中的一部分，它包括如何以这种方式组织现实以便于进行研究，以及如何将某人的研究成果介绍给其他人，而这些人中的大多数并没有辩证地思考问题。"②其强调，内在关系哲学和抽象过程这两大支柱是马克思辩证法的秘密。虽然奥尔曼的工作为我们提供了一种理解辩证法的、富有启发性的新思路，但在某种

---

① 作者简介：常俊丽，南开大学哲学院马克思主义哲学专业 2020 级硕士研究生，研究方向为政治哲学。

② ［美］伯特尔·奥尔曼著：《辩证法的舞蹈：马克思方法的步骤》，田世锭、何霜梅译，高等教育出版社 2006 年版，第 5 页。

意义上，他对于辩证法的诠释存在着一个向形而上学回返的倾向，而这一倾向正是马克思哲学所批判的。此外，对于辩证法是否如奥尔曼所说，是一种"思维方式"或"辩证方法"也是一个值得进一步反思的问题。

一、内在关系哲学：马克思辩证法之本体论基础

对于内在关系哲学，奥尔曼提道："这种哲学将任何事物所处的关系都看作该事物自身的本质，于是这些关系中的任何重要变化都意味着它所存在的那个系统的一种质变。由于构成现实的基础不是事物而是关系，一个概念的含义可以依据它想要表达的特殊关系的程度而发生某种变化。"① 可以看出，内在关系哲学具有以下特点：首先，事物被看作关系，关系是首要的，关系成为事物本质的一部分。常识的观点认为关系是"在……之间"的意思，这意味着有了事物，才谈得上关系。而奥尔曼认为内在关系哲学强调关系在前，事物在后。其次，事物如果发生变化，这种变化不仅仅在于单个事物，会因为事物所在的关系牵扯到事物所在的整个系统的变化。最后，根据内在关系哲学，概念的含义不是固定不变的，会根据事物关系的变化而变化。内在关系哲学的发展有着悠久的历史，从巴门尼德开始，经由斯宾诺莎、莱布尼茨的发展，黑格尔成为内在关系哲学的集大成者。斯宾诺莎在关系中重视的是实体作为整体的意义，而莱布尼茨重视的则是每一个单子作为部分与整个宇宙的联系。黑格尔企图解决康德遗留下来的物自体的难题，认为人能够认识的不仅仅是事物的性质，他企图在事物与其性质之间找到一种同一性。奥尔曼认为"对黑格尔来说，被考察的事物就不仅仅是它的性质的总和，而且，通过这些性质（单独或一起存在于事物之中）与自然的其余部分之间的联系，它也是整体的一个具体表现"②。黑格尔用关系来表达同一性。每个事物与整体之间关系是同一的。但黑格尔最终把关系观发展到唯心主义的方面上了，他重视的是概念，认为概念之间的联系足以表达足够的真理。但实际上，现实事物之间的关系是复杂的，思辨抽象出来的概念总有其不足之处。因此，奥尔曼指出，马克思继承了黑格尔的内在关系哲学，但是却抛弃了其唯心主义的层面，马克思的兴趣在于物质世界。其中的证据之一则是，马克思和黑格尔共同使用"同一性""抽象""本质"和"具体"等词语，这其实是他们共同关系观的体现。

奥尔曼认为，作为主体的社会关系是切入和理解马克思哲学的要点。马克思指出："经济范畴只不过是生产的社会关系的理论表现，即其抽象。……人们按照自己的物质生产率建立相应的社会关系，正是这些人又按照自己的社会关系创造了相应的原理、观念和范畴。"③ 人们通过诉诸概念或范畴来认识社会关系，进而通过社会关系达到认识社会现实的目的。在奥尔曼看来，关系有两种含义。"其一，指一个要素本身，就像我把资本称

---

① ［美］伯特尔·奥尔曼著：《辩证法的舞蹈：马克思方法的步骤》，田世锭、何霜梅译，高等教育出版社 2006 年版，第 VI ~ VII 页。

② ［美］伯特尔·奥尔曼著：《辩证法的舞蹈：马克思方法的步骤》，田世锭、何霜梅译，高等教育出版社 2006 年版，第 45 页。

③ 《马克思恩格斯选集》（第 1 卷），人民出版社 2012 年版，第 222 页。

为一种关系时那样；其二，作为'联系'的同义词，就如在谈及不同要素之间的关系时那样。"① 他还指出为了进行区分，他会把关系作为社会要素的含义出现时给大写。由于概念反映的关系是首要的，那么概念本身是没有明确定义的。对于马克思来说："任何孤立的定义都必然是'片面的'并可能是令人误解的。"② 马克思对概念的使用恰好表明了马克思具有内在关系哲学。在奥尔曼看来，马克思具有内在关系哲学的另一个表现则是，虽然马克思并没有明确论述把事物作为关系，但是，如果否认这一点的话，就无法理解马克思对于物质世界相互作用的解释。很明显的是，马克思明确反对在经济和宗教中寻找第一因，而且因果模式的解释是很难全面解释自然世界的。只有当事物与社会关系没有明确的界限划分时，两个物质对象之间的联系才能更好地得到解释。奥尔曼指出："没有人否认，事物是通过与包括具有物质和社会特征的人在内的其他事物间的时空联系而产生和发挥作用的。把事物作为关系思考，仅仅是为了使这种相互依存成为——正如我们已经看到的马克思对社会要素所做的那样——事物本身的内在部分。"③ 关系具有自己的时间模式，这意味着对某个社会要素的理解，不仅要看到这个社会要素与周围其他社会要素的过去与未来的联系，同时要看到这个社会要素与自己过去和未来的联系。内在关系哲学拒绝对事物作原子论式的理解。将事物本身当作关系来理解，是要充分认识与理解事物作为要素在逻辑建构的整体中的作用。

奥尔曼提到，他认为马克思内在关系哲学有四个依据：第一，马克思有关于内在关系哲学的表述。比如：马克思提出，人在本质上是一切社会关系的总和。④ 如果人本身不是一种关系的话，那么这样的论断是难以理解的。第二，马克思对人与自然关系的论述。"所谓人的肉体生活和精神生活同自然界相联系，不外是说自然界同自身相联系，因为人是自然界的一部分。"⑤ 很明显，人与自然是有差异的，但是马克思却将人与自然统一起来，这能够统一的中介只能是人与自然本身都作为关系存在。正如奥尔曼所说："个人被认为是处在与他或她的对象的某种集合之中，他们实际上是相关地互相包含的，这要求每一个人都被当作一种关系来思考。"⑥ 第三，既然马克思不用因果模式来理解自然的发展，那么事物和社会关系之间交互只能通过内在关系哲学来理解。以马克思在《1844 年经济学哲学手稿》中对太阳和植物关系的解释⑦为例，人们通常会按照因果律来解释太阳和植物的关系，但是马克思却没有这样做。马克思认为植物本身就是太阳力量的表现，是太阳

---

① ［美］伯特尔·奥尔曼著：《辩证法的舞蹈：马克思方法的步骤》，田世锭、何霜梅译，高等教育出版社 2006 年版，第 24 页。

② ［美］伯特尔·奥尔曼著：《辩证法的舞蹈：马克思方法的步骤》，田世锭、何霜梅译，高等教育出版社 2006 年版，第 34 页。

③ ［美］伯特尔·奥尔曼著：《辩证法的舞蹈：马克思方法的步骤》，田世锭、何霜梅译，高等教育出版社 2006 年版，第 40 页。

④ 参见《马克思恩格斯选集》（第 1 卷），人民出版社 2012 年版，第 135 页。

⑤ 《马克思恩格斯文集》（第 1 卷），人民出版社 2009 年版，第 161 页。

⑥ ［美］伯特尔·奥尔曼著：《辩证法的舞蹈：马克思方法的步骤》，田世锭、何霜梅译，高等教育出版社 2006 年版，第 41 页。

⑦ 参见《马克思恩格斯文集》（第 1 卷），人民出版社 2009 年版，第 210 页。

表现自己力量的手段。第四，奥尔曼指出的是一种必然性。马克思受到了黑格尔哲学的影响，如果不承认马克思有内在关系哲学，就会导致马克思与德国古典哲学的决裂。不应当因为内在关系哲学受到诟病，就否认马克思内在关系哲学的存在。当然，奥尔曼认为马克思有内在关系哲学的第四个依据显然是一种对于黑格尔和马克思哲学关系的外在理解，这并不必然证明马克思有内在关系哲学。

前面提到，奥尔曼认为马克思继承了黑格尔的内在关系哲学，并且抛弃了其唯心主义的一面。但是，马克思本人却没有对自己是如何抛弃内在关系哲学唯心主义的一面进行澄清。在奥尔曼看来，这个任务是由狄慈根完成的。可以发现，内在关系哲学的研究采用的是一种整体主义的视角，重视的是关系。如此一来，可能会存在这样的疑问：既然认识的关键是整体，那么如何能够从相互联系的整体中认识单独的部分？也就是说，如何能够从关系中识别并确认个体的存在？例如，能否从一定数量的关系中确立椅子之为椅子、桌子之为桌子？按照常识的观点来看，人们的认识是从个体开始的，整体是部分的叠加，是无法被触摸到的。内在关系哲学使得认识部分成为不可能。更进一步，即使我们对部分有了一种认识，也无法断定认识的真假性。那么，应当如何理解部分也就是个性化问题？在奥尔曼看来，认识个体并不否认个体间的相互联系。他认为内在关系哲学是一个观念而不是一个事实。我们不是必然地要把握前概念的事物，而是要把握一个概念要素，把握关系。因此，个体是存在的，而且是可以把握的。而且狄慈根对于个性化问题作出了解释和澄清。"他对个性化中会发生什么以及确实发生了什么"[1] 进行了说明。个性化问题实际上是个实证问题，人们可以通过自己的经验来检验部分的真假。在奥尔曼看来，狄慈根的主张是："个性化的理论问题被人们在日常实践中成功解决了。"[2]

二、抽象过程：马克思辩证法之认识论分析

马克思在《〈政治经济学批判〉导言》中指出，从抽象上升到具体的方法是科学地研究政治经济学的方法。并且，他对这种方法进一步进行了说明："从抽象上升到具体的方法，只是思维用来掌握具体、把它当做一个精神上的具体再现出来的方式。但决不是具体本身的产生过程。"[3] 这就意味着抽象到具体其实是思维上的具体，是对现实具体的思维反映。在奥尔曼看来，马克思主张的从"抽象"到具体的科学方法也是辩证法运用的核心表现。现实世界是丰富的和复杂的，而人无论从精神还是物质来说，都是有限的，无法直接把握整体意义上的现实，因此需要抽象，抽象能够认识部分的性质。抽象就是对部分现实的理解，使被分解的现实能够被思考和传达。而所谓抽象过程就是每个人在思考任何对象时，选择性地关注对象的一些性质和关系。抽象过程的作用就在于确立界限，在这个

---

① ［美］伯特尔·奥尔曼著：《辩证法的舞蹈：马克思方法的步骤》，田世锭、何霜梅译，高等教育出版社 2006 年版，第 51 页。

② ［美］伯特尔·奥尔曼著：《辩证法的舞蹈：马克思方法的步骤》，田世锭、何霜梅译，高等教育出版社 2006 年版，第 52 页。

③ 《马克思恩格斯选集》（第 2 卷），人民出版社 2012 年版，第 701 页。

界限范围内，可以集中研究某个要素或者是要素之间的关系。如奥尔曼所说："在回应包括物质世界和我们在其中的经验的混合影响，以及个人愿望、团体利益和其他社会制约的过程中，是抽象过程确立了我们与之相互作用的对象的特性。"① 奥尔曼还指出马克思对"抽象"有四种用法。这也是符合逻辑的，因为"抽象"本身也是马克思的一个概念，而马克思的概念如奥尔曼指出的有多种含义以及联系。

"第一，也是最重要的，指把世界分解为我们用来思考它的精神结构的精神活动，这是我们一直在描述的过程。"② "抽象"使得我们对现实的具体的世界的把握得以可能。"第二，指这个过程的结果，即现实被分成的实际部分。"③ 也就是说，"抽象"既可以作动词，也可以作名词，动词表过程，名词表结果。"在第三种意义上来理解，抽象是意识形态的基本要素，是在异化社会中生活和工作不可避免的观念的结果。"④ 由此可知，第三种意义上的抽象是不恰当的精神建构，由于抽象的模式不正确，因而是不正确的抽象。比如"自由"这个概念，资本主义社会主张人的自由，而他们主张的自由是抽象的、远离了人的现实的生存的物质条件的，是自由的一无所有的自由。"它指为多数上述意识形态的抽象提供客观基础的现实世界中与资本主义的职能有关的因素的一种独特组织。这第四种意义上的抽象存在于世界中，而不像在其他三种意义上的情况那样存在于头脑中。"⑤ 这主要是指资本主义社会的某些抽象是根据资本主义发展需要或者资本家利益作出的特定抽象，因而会缺失某些必要的联系。例如工人抽象为量的规定性，无法体现人性的丰富多彩。奥尔曼再次强调，无论"抽象"有什么样的用法，"抽象"是来源于现实的。是资本主义具体的现实决定了马克思的具体抽象，这样才不会导致抽象与具体的现实脱节。

要理解马克思"抽象"的独特之处，需要记住两个前提。"第一，应该清楚的是，马克思的抽象没有也不能完全脱离那时以及现在的其他思想家的抽象。他们之间必然有许多一致的地方。"⑥ 否则，马克思有可能拥有自己的私人语言。"第二，在将马克思方法中的抽象作为主要是有意识的和理性的活动进行陈述的时候，我无意否定其结果准确地反映现实世界的极大程度。"⑦ 奥尔曼指出，马克思将变化和相互作用的一般形式纳入了抽象之中。这就是马克思"抽象"的独特之处。为什么是变化和相互作用这两个要素？"由于任

---

① ［美］伯特尔·奥尔曼著：《辩证法的舞蹈：马克思方法的步骤》，田世锭、何霜梅译，高等教育出版社2006年版，第73页。

② ［美］伯特尔·奥尔曼著：《辩证法的舞蹈：马克思方法的步骤》，田世锭、何霜梅译，高等教育出版社2006年版，第75页。

③ ［美］伯特尔·奥尔曼著：《辩证法的舞蹈：马克思方法的步骤》，田世锭、何霜梅译，高等教育出版社2006年版，第75页。

④ ［美］伯特尔·奥尔曼著：《辩证法的舞蹈：马克思方法的步骤》，田世锭、何霜梅译，高等教育出版社2006年版，第75页。

⑤ ［美］伯特尔·奥尔曼著：《辩证法的舞蹈：马克思方法的步骤》，田世锭、何霜梅译，高等教育出版社2006年版，第75页。

⑥ ［美］伯特尔·奥尔曼著：《辩证法的舞蹈：马克思方法的步骤》，田世锭、何霜梅译，高等教育出版社2006年版，第77页。

⑦ ［美］伯特尔·奥尔曼著：《辩证法的舞蹈：马克思方法的步骤》，田世锭、何霜梅译，高等教育出版社2006年版，第77页。

何事物的变化都只能存在于内在地联系着的因素之间的复杂的相互作用中，并通过这种相互作用而发生，所以，把变化看作任何事物本身所固有的东西，也要求我们以同样的方式看待使这种变化得以发生的相互作用。"① 与马克思不同的其他哲学家的抽象，往往是一种静态的、逻辑独立的抽象。很多人对变化的理解都是歪曲的，通过将一种事物在不同时间段的比较，他们将差异当作了变化，这是对时间的静态理解。因为关注变化和相互作用，因而马克思对事物的抽象就不是静态的，是对事物的真实情况以及未来和过去的抽象，也就是说，马克思抽象的是过程。前面提到内在关系哲学，奥尔曼指出，内在关系哲学和抽象过程是马克思辩证法的两大支撑，而且二者之间绝对不是相互分裂的，内在关系哲学强调把事物当作关系，强调事物间相互依存、相互渗透、相互作用，可以说，正是有了内在关系哲学的保证，以资本主义社会作为认识对象，马克思进行自由的不受限制的抽象才得以可能。

奥尔曼指出，抽象实践主要包括三种模式：范围（extension）、概括层次（level of generality）、角度（vantage point）。那么，抽象范围是什么意思？奥尔曼指出："每个抽象可以说在被抽象的部分中具有一定的范围，而且这在空间和时间两方面都是适用的。"② 比如资本这个抽象概念，只适用于资本主义社会，别的人类社会形态都不曾有过。前文已经提出，抽象过程和内在关系哲学之间紧密的联系，这一定程度上也影响了抽象的范围。奥尔曼认为，抽象的范围必须宏大，因为"显然，范围宏大的抽象对于充分地思考一个复杂的、内在联系着的世界来说是必需的"③。如果抽象范围过于狭窄，就会导致遗失掉必要的因素，错失问题的关键。比如对人性的抽象，如果抽象的范围过于狭窄，那么就会错失掉人性形成的自然条件和社会条件，只剩下对人性"善"或者"恶"的界定。而实际上，人的行为往往不能以性善或者性恶来界定。最后，抽象范围具有三种作用。第一，抽象范围为马克思的同一性理论奠定了基础。第二，抽象范围对于马克思理论的各种分类也有重要作用，比如生产力与生产关系、经济基础与上层建筑的分类。理论分类并不代表着界限的确定性，实际上，抽象范围是没有明确的界限的，企图寻找界限的人只是在外在关系哲学的意义上理解马克思辩证法。第三，抽象范围使得马克思着手研究的各种现实运动纳入思想之中。

第二种抽象实践是概括层次。奥尔曼指出："在每一个抽象行为确立一个范围的同时，为了不仅论述部分而且论述它所属的整个系统，这个抽象也围绕一个具体的概括层次来确立界限并突出这个概括层次。"④ 奥尔曼特意举出例子来说明什么叫概括层次。如马克思对"生产"和"生产一般"的区分。"生产"是指特定社会形态下并且包括与"生

① ［美］伯特尔·奥尔曼著：《辩证法的舞蹈：马克思方法的步骤》，田世锭、何霜梅译，高等教育出版社2006年版，第82页。
② ［美］伯特尔·奥尔曼著：《辩证法的舞蹈：马克思方法的步骤》，田世锭、何霜梅译，高等教育出版社2006年版，第92页。
③ ［美］伯特尔·奥尔曼著：《辩证法的舞蹈：马克思方法的步骤》，田世锭、何霜梅译，高等教育出版社2006年版，第94页。
④ ［美］伯特尔·奥尔曼著：《辩证法的舞蹈：马克思方法的步骤》，田世锭、何霜梅译，高等教育出版社2006年版，第92页。

产"有关的各种关系。而"生产一般"则是指所有社会形态下共有的东西以及表现为一般的关系。从表面上来看，抽象范围与抽象的概括层次似乎具有某种相似性。但奥尔曼指出，二者是不同的。范围是大小之分，概括层次则是具体和一般的区分。马克思对某些运动的研究属于抽象范围的同时，也属于相应的概括层次。在选择抽象范围的同时，其实也相应地选择了概括层次。另外，奥尔曼认为，马克思将世界细分成了七个概括层次。七个概括层次间的关系是从最具体到最一般的体现。然后每个概括层次都有一个理解的中心。第一个概括层次为："存在一个由一个人和一种情景的任何独一无二的属性所构成的层次。"① 举个简单的例子：就是使得奥尔曼之所以成为奥尔曼的东西。第二个概括层次："识别了对于人、他们的活动和结果来说是一般的东西，因为他们存在和发挥作用于现代资本主义中，现代资本主义被认为发生于过去的 20 到 50 年。"② 具体而言就是具体的详细的现代资本主义。第三个概括层次则是资本主义本身，第四个概括层次则是阶级社会，第五个概括层次是人类社会，第六个概括层次则是动物世界，第七个概括层次是宇宙世界。古典的政治经济学家常犯的错误是，不区分概括层次，或者在具体的社会形态中用错了概括层次的层级。但马克思则不同，马克思会在具体的现实面前，使用不同的概括层次。这不仅解决了现实的问题，而且也成功地消除了马克思文本中看似矛盾的表述。比如马克思的两个论断："有个性的个人与阶级的个人的差别，个人生活条件的偶然性，只是随着那本身是资产阶级产物的阶级的出现才出现。"③"至今一切社会的历史都是阶级斗争的历史。"④ 按照概括层次的划分，第一个论断中的"阶级"则是第三概括层次中资本主义本身中的"阶级"。第二个论断中的"阶级"是第四概括层次的"阶级"，虽然有不同层次的区分，但是各层次之间是有联系的，是环环相扣的关系。它们之间的背景为理解它们之间的关系提供了可能性。

马克思把国家看作阶级统治的工具，同时也将国家看作上层建筑，还把国家看作生产方式自身的一个方面。奥尔曼指出，国家之所以有这么多面向，完全是从不同的角度抽象造成的。奥尔曼认为角度的抽象是马克思抽象方法的第三个模式。角度抽象的意义在于："一个角度确立了影响其中一切要素的视域，确立次序、层级和优先度，分配价值、含义和相关度，并维护部分之间特殊的一致性。在一个既定的视域内部，有些过程和联系将显得大一些，有些明显一些，有些重要一些；而有些将会显得小一些，不重要一些和无关紧要一些；有些甚至是看不见的。"⑤ 这里需要从角度出发，去理解马克思的关系观念。抽象的角度和抽象范围、抽象的概括层次之间是相互影响和相互作用的。在实践中，它们是

---

① ［美］伯特尔·奥尔曼著：《辩证法的舞蹈：马克思方法的步骤》，田世锭、何霜梅译，高等教育出版社 2006 年版，第 111 页。

② ［美］伯特尔·奥尔曼著：《辩证法的舞蹈：马克思方法的步骤》，田世锭、何霜梅译，高等教育出版社 2006 年版，第 111 页。

③ 《马克思恩格斯选集》（第 1 卷），人民出版社 2012 年版，第 200 页。

④ 《马克思恩格斯选集》（第 1 卷），人民出版社 2012 年版，第 400 页。

⑤ ［美］伯特尔·奥尔曼著：《辩证法的舞蹈：马克思方法的步骤》，田世锭、何霜梅译，高等教育出版社 2006 年版，第 126 页。

一起作出的。奥尔曼提到，角度的观点跟卡尔·曼海姆（Karl Mannheim）的著作关系最为密切，只不过曼海姆把角度看作主观的。当然，正如中国古诗词，横看成岭侧成峰，角度不一样，结果也会有差异。曼海姆继承并发展了马克思的观点，马克思探究了角度产生的原因以及是如何影响人们的感觉结果的。马克思意义上的角度是抽象本身的一种属性，这一点是与曼海姆根本不同的。

如果不能够选择正确的抽象的角度，那么就不能正确地认识社会。为什么资本家和工人面对的是共同的资本主义社会，但是只有工人能够了解资本主义的本质并进行革命呢？奥尔曼认为，这正是由于资本家和工人抽象角度的不同。在理解资本主义经济运行的时候，工人抽象时选取的角度是劳动，而劳动是决定社会变化的主要活动。而资本家呢？他们选取的角度则是价格、竞争、利润等，这显然是对资本主义经济运行状态的颠倒。另外，在选取了抽象的角度之后，如果不能根据实际决定角度的数量，那么，也不能获取正确的认识。从常识出发，人们往往是能够运用角度的观点的，但常常出现的错误在于，倾向于总是从单一角度认识问题。从一个方面来研究意识形态形式，显然会存在单方面认识的局限性。同时，为了抓住事物发展的关键矛盾，单一角度的选取有时又是非常必要的。与资产阶级的认识相对，马克思能够灵活运用抽象的角度，他会在足够大的抽象范围并且是适当的概括层次上，选择合适的角度分析问题。马克思能够保证角度的多样性，同时又不会只站在唯一的角度分析问题。正是从不同的角度出发，马克思对资本主义的分析才能够进行得如此彻底。

综上所述，奥尔曼对马克思辩证法中的"抽象"进行了严密的分析。与其说抽象范围、抽象概括层次、抽象角度是三种具体的抽象实践，不如说这些范畴体现了马克思抽象的本质与特征。奥尔曼还提出了抽象方法的具体运用，可以划分为这样四个阶段：感觉；抽象；概念化；推理。

三、奥尔曼重构辩证法之困限

内在关系哲学是马克思辩证法的本体论基础，抽象过程则是马克思辩证法的认识论体现。内在关系哲学是马克思继承黑格尔哲学思想的表现，抽象过程则是马克思辩证法的特征。奥尔曼为了实现对马克思辩证法的重构，从本体论和认识论两个维度分析马克思的辩证法。同时，他也指出，马克思辩证法的具体运用分为六个阶段：本体论的阶段，这是对世界是什么的追问；认识论的阶段，是如何认识变化和相互作用的世界；研究的阶段，是马克思抽象过程的具体体现；思维重构的阶段，是马克思对自己思想的反刍；叙述的阶段，马克思要将自己的思想进行传达；实践的阶段，最终去检验理论，改变世界。奥尔曼尽可能全面地论证了马克思辩证法的构成与运用，充分重视了辩证法在马克思主义哲学中的核心地位，这与西方马克思主义开创者卢卡奇存在相似之处。

卢卡奇在《历史与阶级意识》新版序言中提到，马克思主义的正统性就在于辩证法，重要的是对辩证法的继承。"它是这样一种科学的信念，即辩证的马克思主义是正确的研究方法，这种方法只能按其创始人奠定的方向发展、扩大和深化。而且，任何想要克服它或者'改善'它的企图已经而且必将只能导致肤浅化、平庸化和折中主义。"① 卢卡奇坚信马克思的世界观是一个不可分割的整体，认为将马克思的思想划分时期或者人为地将马克思的著作划分时期，都会破坏马克思思想的完整性。显而易见，奥尔曼和卢卡奇有着同样的诉求，二人都想证明和捍卫辩证法在马克思主义中的核心地位。但是与卢卡奇相似，奥尔曼对马克思辩证法的重构仍然存在着困限。无论是内在关系哲学还是抽象过程，对它们的分析都意味着奥尔曼在一定程度上退回到了传统形而上学的道路，而这是背离马克思的初衷的，具体表现在以下几个方面。

奥尔曼对马克思辩证法的重构存在不可知论的风险。奥尔曼认为事物的本质在于关系，无论是时间的维度还是空间的维度，任何事物都与本身的过去和未来并且和周围事物存在着内在关系，而且这种内在关系构成事物的本质。他强调各社会要素之间的相互联系，而且由于事物的本质是关系，因而不存在任何固定的概念的含义，因而马克思的概念具有多重面孔。虽然奥尔曼在多个场合始终强调关系来自于现实，概念来自于现实，似乎想表明自己坚定的唯物主义立场。但是，他始终坚持社会关系为本位。他所谓的认识只是关于关系的认识，他强调马克思对于关系的丰富的全面的理解，同时也强调马克思过人的抽象能力。当有人提出马克思的这种理解现实的能力是否能够进行传达和被人理解时，奥尔曼只是指出了人类理解的相似性，根本没有指出人们完全理解马克思思想的确凿依据。这在一定程度上导致了马克思思想的神秘化，进而陷入神秘化了的辩证法的圈子中。固然，事物间的关系是很常见的现象，也是人们认识世界改造世界的有利手段，但是将关系绝对化、极端化，的确会在一定程度上失去单个事物的独特个性，这意味着实在世界对于奥尔曼来说是不可知的，可知的只有关系。虽然奥尔曼认为马克思的辩证法是内在相关性辩证法，看似避免了传统形而上学对普遍化、绝对化的诉求，承认了事物的发展变化。但是，内在相关性辩证法始终是一种思维方式，始终没有解决好思维与存在的同一性的问题。因此，奥尔曼对马克思辩证法的重构存在不可知论的风险。

奥尔曼对马克思辩证法的重构缺失了实践维度。卢卡奇在《历史与阶级意识》新版序言中指出自己的错误之一就是错误地理解了马克思主义的实践。他那时陷入了左派的救世主自居的乌托邦主义之中。他没有理解工人具体的革命实践，并且过度夸张了实践概念。实践在卢卡奇那里成为了纯粹思想的产物。"所以，这种'被赋予的'意识在我的表述中竟变为革命的实践，从客观上来说，只能使人感到不可思议。"② 卢卡奇曾经强调无产阶级意识的重要性，后来意识到自己所构想的无产阶级意识是脱离了无产阶级的实践的，只能是一种浪漫主义的幻想。奥尔曼在这方面有同样的错误。他强调了马克思抽象过程的三个方面：抽象范围、抽象概括层次、抽象角度。诚然，这三个方面在人类认识的过程中发挥着重要的作用。但是，奥尔曼所谓的实践却一直都是抽象的实践，而不是劳动的

① ［匈］卢卡奇·格奥尔格著：《历史与阶级意识——关于马克思主义辩证法的研究》，杜章智等译，商务印书馆2020年版，第49页。

② ［匈］卢卡奇·格奥尔格著：《历史与阶级意识——关于马克思主义辩证法的研究》，杜章智等译，商务印书馆2020年版，第13页。

实践。马克思多次强调了劳动的作用，认为人是对象性活动。而且马克思认为"理论的对立本身的解决，只有通过实践方式，只有借助于人的实践力量，才是可能的。"① 而奥尔曼利用抽象过程在谈到相比于资本家，工人为什么能够正确认识资本主义社会时，指出了是工人抽象的角度问题。这就将工人对革命的胜利单纯地归结为认识的问题，而不是实践的问题。而且，如奥尔曼所说，马克思在《1844年经济学哲学手稿》中的确谈到了太阳与植物之间的对象性关系，但是，马克思不仅强调了太阳与植物之间的关系，同时还强调了对象性这个概念。而无论是对象性还是对象化都是与人类的实践活动分不开的。显然，奥尔曼没有关注实践与认识的关系，虽然他在马克思辩证法的运用阶段强调了实践的阶段，但是实践对于他来说完全是一个认识逻辑发展的自然结果，完全没有重视实践对于认识的反作用，这与马克思实践的观点是有出入的。

奥尔曼曾经指出，资本主义社会存在的最大的问题就是孤立地考察研究社会，资本主义社会片面性与碎片化特征尤其明显。人们关注的是单个的人，单个的事物，能对具体学科知识如数家珍，但却不明白人类整个知识体系结构。人们常常忽视了事物之间的关系，而内在关系辩证法却能够弥补这一缺陷。内在关系哲学注重的是整体主义的视角。但是，奥尔曼在具体阐释马克思的辩证法时，却只关注关系的内在的一面。但是，人们对事物的认识是从外在关系开始的，外在关系是人们直观事物的体现，同时也是事物的直接表现。直观的态度在人们的认识活动中也是必不可少的，人们的认识首先是从直观开始的，奥尔曼承认人们认识的过程性，但是只承认内在关系，却蕴含着人们认识的裂隙。并且，只承认事物的内在关系，那么，事物的发展动力从何而来？内在关系或者外在关系的发生都是在具体的历史的现实之中，奥尔曼无法保证内在关系的客观实在性，过于强调主观性哲学。

实际上，奥尔曼从内在关系和抽象过程两个方面对马克思的辩证法进行的重构富有启发性，是理解马克思辩证法的新的思路。但是，内在关系实则强调事物、概念的关联性，而抽象过程则强调事物、概念的区分性，其重构的这两个层面本身是存在一定的张力的，而如何平衡这两者之间的张力，奥尔曼却没有提到。

---

① 《马克思恩格斯文集》（第1卷），人民出版社2009年版，第192页。

游戏中的非物质劳动探析

● 任泽森①

【摘　要】

　　游戏工业作为 21 世纪异军突起的新型文化工业，其呈现一种崭新的生产关系模式。对这一新兴的生产关系，特别是被遮蔽的"游戏资本-玩家关系"的分析，必须借助源自"一般智力"概念的非物质劳动理论。借由非物质劳动理论进行分析，可以发现新兴游戏工业中的生产关系不仅包含游戏资本家对游戏公司员工的剩余价值进行占有，同样也包含被消费行为遮蔽的、游戏资本家对玩家的游戏劳动产生的剩余价值的占有，以及游戏生产中意识形态产品的生产。游戏已脱去"第九艺术"的光环沦为新形式的工业产品。因此，相比于对游戏创作者提出种种要求或路径规划，重拾游戏的"艺术性"的关键应在于对掌控游戏产业的资本逻辑的超越上。

【关键词】

　　《资本论》；非物质劳动；游戏

　　自 20 世纪以来，资本主义的生产方式发生了巨大的变化，最为明显的当属文化工业的异军突起。其中，游戏产业更是完成了从小众到大众、从背负"电子毒品"的骂名到有机进入大多数人的日常生活的转变。游戏工业在延续了资本主义已有的以对公司内员工进行剩余价值剥削的盈利模式的同时，更鲜明地体现出了一种打破厂房物理界限，突破生产者和消费者二元对立，建立在沟通、社交和情感活动上的新劳动形式，即非物质劳动。非物质劳动概念同《资本论》可谓颇有渊源，这一概念起源于马克思写作《资本论》的手稿，即《政治经济学批判（1857—1858 年手稿）》，也继承了《资本论》所确立的剩余价值理论；但同时，非物质劳动，特别是游戏内的非物质劳动，也蕴含了一种不同于《资本论》所描绘的 19 世纪资本主义生产的新的剩余价值剥削模式。

一、非物质劳动理论的提出

　　拉扎拉托在其著名的论文《非物质劳动》中指出："人们已经对劳动组织的新形式进行了大量的实证研究，同时还对此进行了大量的理论思考，这使得人们有可能回答以下两

---

　　①　作者简介：任泽森，武汉大学哲学学院马克思主义哲学专业 2019 级硕士生，主要研究方向为国外马克思主义。

个问题：今天，工作是什么？它暗示着什么样的新的权力关系？"① 资本主义发展到今天，新的生产领域、新的产品层出不穷。不可能再指望写于 19 世纪的著作能完成对生产领域新现象的预言甚至分析。因此，为了回答第三产业崛起、信息技术革命等新情境下"工作是什么"这一命题，非物质劳动理论应运而生。

非物质劳动理论的诞生既有其时代背景，也有来自马克思的理论传承。对非物质劳动理论进行理论溯源就不得不提到马克思的"一般智力"概念。"一般智力"概念来自于马克思的《政治经济学批判（1857—1858 年手稿）》。马克思从固定资本的角度出发，将"一般智力"形容为"它们是人的手创造出来的人脑的器官，是对象化的知识力量"②。并进一步认为"社会生活过程的条件本身在多么大的程度上受到一般智力的控制并按照这种智力得到改造"③。但是作为固定资本的"一般智力"在将工人变成机器的附庸、进一步降低工人参与劳动所需要的智力并提升劳动效率时，马克思也看到了这种作为固定资本的"一般智力"背后所包含的资本主义社会的矛盾，即随着生产机器水平不断提升，工人所需要的劳动越来越少，工人可支配的非劳动时间也就越来越多。这就出现了一个矛盾："资本的趋势始终是：一方面创造可以自由支配的时间，另一方面把这些可以自由支配的时间变为剩余劳动。如果它在第一个方面太成功了，那么，它就要吃到生产过剩的苦头，这时必要劳动就会中断，因为资本无法实现剩余劳动。"④ 马克思乐观地将"一般智力"的发展视为人类解放的某种可能性。一方面，可自由支配时间的增多实际上意味着工人进行自我发展的时间和自由增多；另一方面，"现今财富的基础是盗窃他人的劳动时间"⑤。但是一般智力的发展使得生产活动中蕴含的"活劳动"越来越少，进而："一旦直接形式的劳动不再是财富的巨大源泉，劳动时间就不再是，而且必然不再是财富的尺度，因而交换价值也不再是使用价值的尺度。群众的剩余劳动不再是一般财富发展的条件，同样，少数人的非劳动不再是人类头脑的一般能力发展的条件。于是，以交换价值为基础的生产便会崩溃，直接的物质生产过程本身也就摆脱了贫困和对立的形式。"⑥

马克思的乐观估计并没有在科技高度发展、"一般智力"硕果累累的现时代得到兑现。相反，越来越多的学者质疑其对"一般智力"的认识缺少了"活劳动"这一维度。非物质劳动的概念也由此产生。如维尔诺就指出："在后福特制中，不能被转化为固定资本的概念集合和逻辑模式将发挥决定性的作用，因为它们同活主体之间的互动是不可分开的。一般智力包括形式和非形式知识、想象力、伦理倾向、心智和语言游戏。在当代劳动过程中，一些思想和话语凭自身便可像生产机器一样发挥作用，无需采取机械身体的形

---

① ［意］毛里齐奥·拉扎拉托著：《非物质劳动》（上），高燕译，载《国外理论动态》2005 年第 3 期，第 41~44 页。

② 《马克思恩格斯文集》（第 8 卷），人民出版社 2009 年版，第 198 页。

③ 《马克思恩格斯文集》（第 8 卷），人民出版社 2009 年版，第 198 页。

④ 《马克思恩格斯文集》（第 8 卷），人民出版社 2009 年版，第 199 页。

⑤ 《马克思恩格斯文集》（第 8 卷），人民出版社 2009 年版，第 196 页。

⑥ 《马克思恩格斯文集》（第 8 卷），人民出版社 2009 年版，第 196~197 页。

式，甚至也不需要电子灵魂。"① 这并非说明过去的工业生产中没有智力的运用，而是意味着智力在生产过程中的普及化，即每一个生产参与者都需要运用自身的智力。现在的劳动并非像过去流水线工厂时代一样，流水线工人因为对象化于机器设备中的"一般智力"而实现去技能化和同质化。只需要重复简单的肢体动作即可完成工业"黑箱"的操作，其自身的智力得不到发挥，只是一个毫无主体性的零件。而现阶段的劳动，特别是文化工业的劳动则有赖于劳动者个人智力、创造力、社交能力甚至于情感的发挥，出现了一种被迫在劳动中运用自身主体性进行劳动、进而创造价值的倾向。这种新型劳动被有些学者称为非物质劳动。

拉扎拉托较早地在其论文《非物质劳动》中对非物质劳动的概念做出了总结。他将非物质劳动概括为："一方面，关于生产商品'信息内容'的活动，它直接涉及工业部门和第三产业部门的大公司内工人的劳动过程中发生的变化，在那里，与直接劳动相关的技术逐渐变成由控制论和计算机控制（以及垂直的和横向的交流）的技术。另一方面，关于生产商品'文化内容'的活动，非物质劳动包括通常不被认为是'工作'的一系列活动——换句话说，指大量界定和确定文化和艺术标准、时尚、品位、消费者规范的活动。"② 奈格里和哈特则将非物质劳动概括为两种形式："第一，劳动主要是智力劳动和语言劳动，比如解决问题、从事符号和分析性的任务及语言表达。这种非物质劳动生产观点、符号、编码、文本、语言图形、图像以及其他产品。而另一种主要形式为情感性劳动，这种劳动同等地涉及身体和心灵。"③ 从中可以看到非物质劳动的三个特征。

（1）非物质劳动同过去流水线直接生产物质产品的劳动不同，其产品往往不具有传统商品的物质性存在，而体现为管理学、文化产品、社交行为、情感、观念，特别是意识形态。但是其中仍然包含由劳动者运用自身的"活劳动"所产生的使用价值，进而在商品社会中，这些产品对资本家而言仍拥有价值。尽管 19 世纪的资本主义工业以生产物质产品、追求物质丰盛为目标，马克思在《资本论》中对商品进行界定时也为非物质产品和非物质劳动预留了空间。马克思认为："商品首先是一个外界的对象，一个靠自己的属性来满足人的某种需要的物。这种需要的性质如何，例如是由胃产生还是由幻想产生，是与问题无关的。"④ 他尤其在这句话的脚注中指出："'欲望包含着需要；这是精神的食欲，就像肉体的饥饿那样自然……大部分（物）具有价值，是因为它们满足精神的需要。'（尼古拉斯·巴尔本《新币轻铸论。答洛克先生关于提高货币价值的意见》1696 年伦敦版第 2、3 页）"⑤ 可以看出，商品本身并没有特别强的物质性属性，而只是作为独立于人的某个外在对象。

---

① 王叔君：《非物质劳动论的理论缺陷——基于〈资本论〉及其手稿》，载《〈资本论〉与马克思主义哲学中国化》会议论文集，2020 年，第 326 页。

② ［意］毛里齐奥·拉扎拉托著：《非物质劳动》（上），高燕译，载《国外理论动态》2005 年第 3 期，第 41~44 页。

③ 王叔君：《非物质劳动论的理论缺陷——基于〈资本论〉及其手稿》，载《〈资本论〉与马克思主义哲学中国化》会议论文集，2020 年，第 328 页。

④ 《资本论》（第一卷），人民出版社 2004 年版，第 47 页。

⑤ 《资本论》（第一卷），人民出版社 2004 年版，第 47~48 页。

（2）非物质劳动要求劳动者充分发挥自身的主体性，将自身的智力、沟通能力、符号编写和解读能力甚至是情感投入生产中。工人摆脱了过去流水线上的一颗齿轮的地位，"被期望在生产的各种功能的协调中成为'积极的主体'，而不是简单服从命令"。① 却更加彻底地将自己的精神投入生产之中。拉扎拉托以一种极权主义的口吻说道："人不得不表达自己，人不得不说话、交流、合作等。"② 即"把工人的灵魂变成工厂的一部分"。③

（3）非物质劳动打破了生产领域和生活领域的界限。马克思曾经认为"一般智力"的发展会使得工人进行生产的时间减少，从而自由支配的时间增多。但是非物质劳动的出现则使得劳动打破了以往的形式，从工厂走入生活世界。一方面，人们为了从事非物质劳动不得不利用传统意义上工作之外的时间进行学习提升，而这种学习提升的目的又是更好地从事非物质劳动，进而创造更多的剩余价值。另一方面，随着文化工业接管了人的享乐活动，享乐活动本身也在生产消费标准、社会心理甚至意识形态。与此同时，诸如影视作品、游戏甚至明星的价值，其中一部分也来自于消费者的情感活动，即消费者变相地生产出自身消费品的一部分价值。

非物质劳动这一概念的提出，在学界饱受争议。不断地有学者要求拉扎拉托、奈格里等人理清非物质劳动和物质劳动的区别，同时要求他们证明非物质劳动对物质劳动的统治地位。这种争议源自于将非物质劳动当作一种独立于且优于传统劳动概念的理论体系，并企图将其确立为主流劳动模式的尝试。但是这种争议却无法消除非物质劳动对某些领域，特别是文化领域的劳动阐释力非常强的现实。因此如果能够在合理范围内运用非物质劳动理论，则不仅能规避争议，而且可以更好地解释特定领域内特定的生产关系以及隐蔽于其中的剥削关系。

非物质劳动最适合的阐释对象是文化工业这一点已非常明显。在文化工业的诸多领域中，游戏则非常适合被放入非物质劳动框架内进行分析。不仅因为一般意义上的游戏从业者所进行的工作符合非物质劳动的定义，其生产的产品也具有非物质这一特征，更因为在非物质劳动的阐释框架下，游戏玩家投入游戏中的劳动，以及被游戏资本所占有的剩余价值才能真正显露出来。在非物质劳动面前，游戏才能脱下其"第九艺术"④ 的面纱，露出其作为文化产品，进而作为剩余价值的对象化的本质。

---

① ［意］毛里齐奥·拉扎拉托著：《非物质劳动》（上），高燕译，载《国外理论动态》2005 年第 3 期，第 41~44 页。

② ［意］毛里齐奥·拉扎拉托著：《非物质劳动》（上），高燕译，载《国外理论动态》2005 年第 3 期，第 41~44 页。

③ ［意］毛里齐奥·拉扎拉托著：《非物质劳动》（上），高燕译，载《国外理论动态》2005 年第 3 期，第 41~44 页。

④ 注："第九艺术"的出现基于已有的"八大艺术"，"八大艺术"即文学、音乐、舞蹈、雕塑、绘画、建筑、戏剧、电影八种艺术门类，"第九艺术"即在八大艺术之外出现的新型艺术形式。中文语境下将电子游戏成为"第九艺术"的出处是吴冠军在 1997 年 6 月号的《新潮电子》上发表的文章《第九艺术》。

二、游戏中生产剩余价值的非物质劳动

按照惯有的理解，作为商品的游戏其价值可以由可变资本和不变资本两部分构成。不变资本即"转变为生产资料即原料、辅助材料、劳动资料的那部分资本"，[①] 如游戏公司的办公用地、办公设备等。另有"转变为劳动力的那部分资本，在生产过程中改变自己的价值。它再生产自身的等价物和一个超过这个等价物而形成的余额，剩余价值"，[②] 即可变资本。运用这一来自《资本论》的经典解读分析21世纪的游戏仍不过时。游戏公司通过劳动生产出游戏本体、游戏内道具等产品，并以买断制、付费道具制、点卡制等方式出售，从而实现自己劳动产品的价值，实现由产品到资本的惊险一跃。邓剑曾撰文分析过《王者荣耀》中出现的"游戏劳动"。他认为："这种劳动形态兼具非物质劳动与数字劳动的特征，它在创造游戏者娱乐体验的使用价值时，也在生产为游戏商所占据的（剩余）价值，而（剩余）价值的源泉正是数字化的非物质劳动。"[③]

游戏公司内部雇员的劳动当然是为游戏生产剩余价值的活劳动，同时也非常符合非物质劳动的特点。首先，他们的产品并非传统意义上的物质产品，而是在虚拟空间中的，看不见摸不着的游戏内容。也许有些游戏会以实体光盘或卡带的形式存在，但是起主要作用的却不是刻录光盘或卡带的物质活动，而是游戏内部内容创作的非物质活动。其次，在游戏的制作阶段，要求游戏公司的雇员充分发挥个人的想象力、语言文字能力、情感能力，在游戏的营销推广阶段除了上述能力之外，则还需要游戏公司的雇员充分发挥自己的社交能力。最后，游戏公司的雇员必须实现对编程技术、营销技术、策划技术进行学习，并需要在日常生活中时刻留意，寻找灵感。除了和游戏公司有明确雇佣关系的员工之外，部分为游戏公司创作文案、立绘、音乐等内容的创作者也是《非物质劳动》一文中非物质劳动者的典型画像，他们和游戏公司并没有直接的雇佣关系。他们只是在游戏公司需要时，被组织起来，出卖自己的创作劳动。这正是拉扎拉托所谓的"为了实施一些专门的特殊的项目，小的或有时极小的'生产单位'（往往由一个人单独组成）被组织起来，并只在这些特定工作持续期间存在"。[④] 但是，"在独立的'自我雇佣的'工人的标签后面，我们真正发现的是一个知识无产者，但是只有剥削他或她的雇主才是这样认为的"。[⑤]

这部分劳动当然构成了游戏生产中"可变资本"的一部分。他们的劳动对象化为游戏，在这一过程中，资本家预付的资本完成了增殖，游戏公司的正式雇员和"知识无产者"的剩余价值被资本家占有。但是这一看似从非物质劳动出发，并且符合《资本论》

① 《资本论》（第一卷），人民出版社2004年版，第243页。
② 《资本论》（第一卷），人民出版社2004年版，第243页。
③ 邓剑：《游戏劳动及其主体询唤——以〈王者荣耀〉为线索》，载《中语中文学》2017年第70辑，第48~50页。
④ ［意］毛里齐奥·拉扎拉托著：《非物质劳动》（上），高燕译，载《国外理论动态》2005年第3期，第41~44页。
⑤ ［意］毛里齐奥·拉扎拉托著：《非物质劳动》（上），高燕译，载《国外理论动态》2005年第3期，第41~44页。

模式的解读却忽视了一个重要群体——玩家。因为除去前文提到的三个特征之外，非物质劳动理论还有一个重要的突破点："重新谈谈生产—消费关系的界定。"① 即从生产的角度出发，来理解消费者的消费行为。由于非物质劳动产品的特殊性，因此消费并不仅仅意味着产品被消灭，还意味着一种消费心理、文化标准、情感的生产。而对于文化产品来说，这是其使用价值的一部分。

这就需要回到游戏的盈利模式中来思考。最简单直接的盈利模式就是买断制。这一模式也最接近传统的物质消费。游戏公司制造游戏，玩家买断和消费游戏。看似玩家完全没有参与到游戏的生产过程中，只是享受了游戏的使用价值，尽管这一使用价值是精神上的。但是作为文化产品的游戏，其使用价值并不像一般意义上的商品一样，取决于其天然属性，而是取决于人类对构成游戏内容的声音、文字、画面等符号赋予的意义。这就使得游戏的使用价值中在包含编码者——游戏制作者的同时，也包含解码者——玩家。可以说玩家对游戏的游玩、理解、感悟帮助游戏走完了其使用价值制造的最后一环——解码。同时玩家的游玩、分享、讨论也生产出了游戏出售所必需的消费风尚、宣传等内容。

付费道具制如《王者荣耀》存在需要付费购买的"英雄"，其盈利模式则如邓剑所言"游戏者购买吕布这个英雄，当然不是为了吕布的审美价值，而是欲图吕布在游戏中的功能"②。在这种情况下，吕布这个英雄的价值中一部分是由玩家使用吕布这个英雄进行对局而产生的。因此创造这一部分价值的游戏劳动，除了生产出吕布这一英雄的游戏策划、美工、音效、编程等劳动者，还包括"玩家在游戏/劳动过程中学习与遵守规则/纪律，逐渐成为一名合格的'玩工'（playbour）"③。

在邓剑对于 MOBA 游戏内劳动的分析中，玩家同流水线工人的处境非常相似，都是在严格的工厂规则/游戏机制下，在流水线/相似的对局中进行着重复枯燥的劳动。如果这样看起来同非物质劳动的"后福特制"格格不入的话，还可以从《刀塔 2》这种付费道具没有任何功能的游戏中找到更加强调玩家的"主体性"的非物质游戏劳动。这类游戏独特的不影响游戏公平性的充值系统与游戏对局和游戏机制恰恰无关，盈利点主要在于饰品交易和线下、线上活动。特别是基于影响效率的，流水线上的失范行为——社交。玩家出于获得更多社交主动权的目的充值购买付费道具是主要的盈利渠道。如果沿用邓剑的分析模式，玩家的社交行为则变成了成就这一看似毫无使用价值的游戏道具的劳动，并且这一社交行为可以生产出"购买昂贵饰品"的消费风尚，更加符合非物质劳动的特征。同时，游戏需要不断吸引新玩家和留住老玩家，以获得更多的潜在消费机制和流量收入。而举办线上、线下活动所需的流量热度则更不可能依靠重复、单调且耗费精力的流水线对局来维持，相反，则需要游戏策划和玩家不断发挥自身的创造力和想象力，打破常规的游戏

① ［意］毛里齐奥·拉扎拉托著：《非物质劳动》（下），高燕译，载《国外理论动态》2005 年第 4 期，第 44~47 页。

② 邓剑：《游戏劳动及其主体询唤——以〈王者荣耀〉为线索》，《中语中文学》2017 年第 70 辑，第 48~50 页。

③ 邓剑：《MOBA 游戏批判——从"游戏乌托邦"到"游戏梦工厂"的文化变奏》，载《探索与争鸣》2020 年第 11 期，第 169~176 页。

模式，以新内容吸引新玩家和保持旧玩家。

在手机游戏领域，抽卡制正在以更恶劣的方式压榨玩家的非物质劳动。游戏资本在借助消费主义思潮完成了"爱 ta 就要为 ta 花钱"的舆论构建后，成功地让玩家对游戏内角色产生情感需求，以玩家情感对游戏内容的自我编码和解码，赋予了游戏角色以情感上的使用价值。然后玩家却需要用金钱对自己参与了生产、付出了情感的非物质劳动的产品进行消费。这种生产隐形地迫使玩家将自己生产出的产品拱手让与游戏资本家，并且被迫以远超生产成本的极不公平的交易方式——抽卡制回购这些自己生产的产品。玩家对某个游戏内容倾注的情感越多，花费在回购这个游戏内容上的金钱也就越多。这种依靠剥削玩家的非物质劳动并要求玩家进行比购买工业品更加不公平的消费，已经成为当前游戏产业特别是手机游戏产业常见而高效的盈利手段。

在游戏劳动领域引入非物质劳动概念之后，玩家的劳动作为被消费遮蔽的生产这一事实才被揭露出来。这一分析既延续了《资本论》中的剩余价值规律，又根据资本主义新的生产类型对劳动概念进行了补充，从而揭示出了游戏这一新兴产业中隐含的新形式的剥削关系。但是在游戏劳动中引入非物质劳动概念的作用还不止于此。

三、非物质游戏劳动中的意识形态生产

马克思在《政治经济学批判（1861—1863 年手稿）》中曾提到"一旦连精神劳动本身也越来越为资产阶级服务，为资本主义生产服务"[1] 这种情况，但是在这里这种精神劳动主要体现为："这时资产阶级从自己的立场出发，力求'在经济学上'证明它从前批判过的东西是合理的。"[2] 即这种精神劳动主要指的是专家学者对资本主义的合法性进行辩护的脑力劳动。但是拉扎拉托则认为，从 20 世纪 70 年代开始，界定和确定舆论的工作则不再是"资产阶级和它后代的领域"[3] 的特权，而是属于"mass intellectuality"[4]（大众知识）的领域。因此，除了"充分考虑资本主义增殖的形式"[5] 下的非物质劳动，拉扎拉托还认为："如果今天的生产直接就是社会关系的生产，那么非物质劳动的'原料'就是主体性以及主体性在其中生活和再生产的'意识形态的'环境。"[6] 作为生产社会关系乃至于再生产主体性的劳动，非物质劳动的产品也必然包含政治意义上的"意识形态"，而这一意识形态的生产也不再只是精英知识分子的工作，任何消费文化产品的消费者都被迫

① 《马克思恩格斯文集》（第 8 卷），人民出版社 2009 年版，第 241 页。
② 《马克思恩格斯文集》（第 8 卷），人民出版社 2009 年版，第 241 页。
③ ［意］毛里齐奥·拉扎拉托著：《非物质劳动》（上），高燕译，载《国外理论动态》2005 年第 3 期，第 41~44 页。
④ 注：该词来自 Paul Colilli and Ed Emory 翻译的收录于《Radical Thought In Italy：A Potential Politics》一书中的《非物质劳动》英译本。
⑤ ［意］毛里齐奥·拉扎拉托著：《非物质劳动》（下），高燕译，载《国外理论动态》2005 年第 4 期，第 44~47 页。
⑥ ［意］毛里齐奥·拉扎拉托著：《非物质劳动》（下），高燕译，载《国外理论动态》2005 年第 4 期，第 44~47 页。

参与进意识形态的生产中来。事实上，游戏要求玩家生产出的内容并不只是经济意义上的"剩余价值"，也有政治意义上的"意识形态"。

当前的电子游戏，在经济领域不断地迫使玩家进行生产并出售溢价严重的产品给玩家，在政治领域也不断地强迫玩家为其进行意识形态内容的生产。随着手机等设备的发展，互联网文化产品越来越成为人日常生活中不可或缺的部分，因此文化资本越来越能通过互联网文化产品，将玩家的情感、社交、娱乐活动等工厂外的活动变成为其生产剩余价值，甚至是意识形态产品的活动。

近年来，游戏内容的意识形态属性急剧增强，游玩游戏的玩家不得不借助自己的游玩活动，来达成某种特定意识形态的宣传。这种非物质劳动，参照玩家为游戏生产价值一样的模式，可以分为两种：首先，游戏公司提供给玩家的，只是由代码构成的有待使用的角色，有待讲述的故事，在玩家从事游玩之前，这其中的意识形态内容并不会产生。玩家以自己的游玩行为完成了这个角色的使命，讲完了这个故事，完成了对游戏作者安排在游戏内容中的意识形态内容的解码，从而走完了游戏中意识形态生产的最后一步。如在《使命召唤·冷战》中，玩家需要扮演一位被 CIA 洗脑的苏联特工，一步一步地出卖自己的国家，并完成"反对苏联的计划就是在拯救世界"的意识形态宣传故事。其次，除了玩家的游玩行为之外，玩家对游戏的分享、讨论等社交行为也同样为这种意识形态的生产提供了劳动。如直播游戏实况、上传游戏录像、对游戏内容进行讨论等都为这种意识形态的生产进行了劳动。而游戏公司为了这一意识形态宣传目标，则可以丝毫不考虑同时作为生产者和消费者的玩家的任何感受，如《最后生还者 2》就因其过分强调欧美"政治正确"而恶意编写剧情，在玩家中引起众怒却堂而皇之地获得了"游戏大奖"（The Game Awards）① 的年度最佳叙事奖项。

而即便存在被视为批判资本主义的游戏作品，如大火的游戏《赛博朋克 2077》，其对资本主义意识形态的批判仍然是非常无力甚至是起反效果的。玩家在游玩这类游戏的时候，看似在从事对资本主义的某种批判，但实际上其游玩劳动的结果却仍然是有利于资本主义的。《赛博朋克 2077》等各类朋克游戏中批判资本主义的内容并未起到对资本主义进行批判的效果，而是宣扬了一种错误的意识形态。如邓剑所言："换言之，强尼虽然魅力四射，但终究只是一个弹吉他的叛逆小子，并非成熟的卡里斯马式的革命领袖。他可以站在城市舞台的中央以核爆的暴力美学向大资本发出最尖刻的嘶吼，却不能领导一次成功的社会革命去创造没有资本主义的'美丽新世界'，从而终结资本主义对自身——甚至是后人类总体——的系统性控制。在引爆核弹之后，他迎来的只能是不安的自我意识的被囚禁以及资本主义的地标荒坂塔的炸后重建，以至于大资本的忠实保镖竹村五郎在多年后画龙点睛地向他'借居'的身体发出灵魂拷问：'你只会盲目反对公司、他们的秩序、他们的世界，但又拿不出任何有价值的替代品。'"② 这不仅是西方朋克文化的悲哀与无力，更

---

① The Game Awards 是由加拿大籍著名游戏媒体人杰夫·吉斯利主办并主持的电子游戏奖项，以表彰过去一年里发售的优秀游戏，颁奖典礼于每年 12 月初在美国举行。

② 邓剑：《〈赛博朋克 2077〉：当游戏也开始宣示"历史的终结"》，"探索与争鸣"微信公众号专栏文章，2021 年 3 月 12 日。

向游玩《赛博朋克2077》的玩家传递了一个信息："面对资本主义，你应该做的和所能做的就仅仅只有这种盲目的激情宣泄。"而游戏本身的虚拟属性和现代社会对失范行为的强力规制，又使得这种对资本主义毫无威胁的激情宣泄也只能停留在游戏世界中。最终的结果便是这类游戏成为一个合理范围内的宣泄口。玩家通过在游戏中扮演叛逆的"强尼·银手"而大杀四方，他对现实世界的不满也因此在游戏中得到了宣泄。玩家的内心获得了同作为"最终boss"的资本主义对抗的快感和满足感，现实世界中的资本主义却没有丝毫损失。相反，玩家购买游戏的每一分钱都进到了投资游戏的资本家的口袋中。玩家用幻想式的抵抗帮助游戏完成了内容构建，也完成了"资本主义就是世界的尽头，即便有人能毁灭其外表却无人能超越其逻辑"的宣言。

结语

电子游戏出现伊始，尽管在国内背负种种误解甚至骂名，但在国外和国内业界人士眼中，却也有着"第九艺术"的光环。老一辈的游戏创作者以极大的热情，将自己对世界的理解，对未来的展望融入游戏中，等待玩家去发现。游戏爱好者往往有令游戏重拾"第九艺术"光环的怀旧心理，如邓剑在分析《赛博朋克2077》文章的最后认为这类游戏的出路在于"往游戏中注入'作家性'，如此才能最大限度地激发赛博朋克的文艺能量，将游戏也淬炼成艺术的载体"[①]。但是这也恰恰成为当前市场上的游戏作品缺乏"艺术性"的注脚。就像其他文化产品一样，游戏也难逃资本进场从而被整合入资本逻辑之中。这种属于创作者和玩家的"编码—解码"过程也异化为玩家通过对游戏内容进行解码来赋予游戏内容以使用价值，从而参与游戏的价值生产的过程。并且不仅玩家回购自己参与生产的游戏内容的成本越发高昂，这种关系被遮蔽的程度也不断加深。而寄托在游戏作品中的也不再是作为艺术家的创作者的个人思想，而是资本主义的意识形态。

想要游戏重拾"艺术性"，问题的关键可能并不在于游戏创作者自身艺术性的增强，而在于探索游戏创作在资本逻辑之外的生存空间，使得游戏能够摆脱作为资本主义文化工业的产品的地位，游戏创作活动能够摆脱以消耗游戏创作者和玩家的共同劳动换取资本增殖这一基于资本逻辑的生产目的。这样，游戏才能完成向激发游戏创作者和玩家的精神共鸣的"第九艺术"的复归。

---

① 邓剑：《〈赛博朋克2077〉：当游戏也开始宣示"历史的终结"》，"探索与争鸣"微信公众号专栏文章，2021年3月12日。

中国哲学

《周易》"中正"思想探析

● 柳　迪①

【摘　要】

　　"中正"在《周易》中处于重要位置，"合乎中道以行其正"，其是指导世人安身立命的思想，是趋吉避凶的方法。"中正"二字本身意为合宜时中、不偏不倚。在《周易》文本中，"中正"的具体内涵可从三个方面来讲：卦爻之中正、君子之中正以及政治之中正。其内在根据源于天道，"推天道以明人事"，"刚柔相推而生变化"是其变化之源泉。两者使得人养育"中正"之德，践行"中正"成为可能。具体来讲，人要强其中正之志，养其中正之心，守正敬慎，中庸谦和，才能趋吉避凶，尽人事。

【关键词】

　　《周易》；中正；蒙以养正；守正敬慎；中庸谦和

　　钱大昕先生曾在《中庸说》云："易六十四卦三百八十四爻，一言以蔽之，'中'而已矣。"② 张岱年先生认为："《易传》中亦屡言中，多次赞扬'正中'、'中道'、'中行'，大意认为能够做到中正则吉，否则不吉。"③ 可见"中"具有重要意义，于《周易》文本中出现很多次。每一卦中处于中位的爻是最重要的，正如"若失杂物撰德，辩是与非，则非其中爻不备"④。

　　目前学界对于"中正"的解释有很多。有的学者认为"中正"即大德、天德等；有的学者认为"中正"之德，不是一般具体的道德伦理范畴，它是中华民族诸多优秀传统道德的高度概括，包含了"仁""义""礼"……"廉""温良恭俭让"，等等。⑤ 还有的学者认为《周易》文本对"中"的界定，是从《易经》所在讨论的方位、时间上的"中"以及"正"发展为《易传》的人自身、内心乃至正中之德，正中之道，是一个逐渐抽象的形而上学化过程。⑥ 还有学者从吉凶上来论述中正之道，认为中正之道是君子趋

---

① 作者简介：柳迪，武汉大学哲学学院中国哲学专业 2019 级硕士研究生。

② 钱大昕撰、吕友仁标校：《潜研堂集》，上海古籍出版社 1989 年版，第 39 页。

③ 张岱年著：《中国古典哲学概念范畴要论》，中华书局 2017 年版，第 204 页。

④ 黄寿祺、张善文撰：《周易译注》，上海古籍出版社 2012 年版，第 350 页。

⑤ 参见魏文彬：《浅谈〈周易〉中"中正"与"和合"的辩证关系》，载《陕西社会主义学院院刊》1997 年第 2 期，第 21~23 页。

⑥ 郑熊：《略述〈周易〉"中"的含义》，载《华夏文化》2016 年第 1 期，第 38~39 页。

吉避凶的必要条件。① "中正"在《周易》中的用法也较为特殊,有单独使用,又或二者连称"中正",两者既有联系又有区别。前人对于《周易》的"中正"思想的研究,多集中于象数方面,即从卦的爻位变化讨论中正,过于死板和复杂。另由"卦象"而得真正义理,或者说阐述不够全面。本文从《周易》文本本身出发,从三个层次分析"中正"的内在意涵,注重其义理思想,以及其践行之方。

一、《周易》之"中正"

"中"被释为"中,内也。从口丨,下上通。"② 段玉裁进一步解释其含义:"中者别于外之辞也,别于偏之辞也;亦合宜之辞也。……谓中直或引而上或引而下。"③ 所以,"中"不同于外、偏,它意为"合宜",上下贯通。"正"被解为"正,是也,从一,一以止"④,具有两个含义:一是守道,二是知止。"中""正"两者又可互训,两者连用,便意为无过、无不及。

从《周易》自身文本来看,"中正"作为每一卦主义,表现吉利之兆;从天地万物之性立论,"中正"作为万物本质,树立起了一个根本原则;从"性命之情"来说,"是以立天之道曰阴与阳,立地之道曰柔与刚,立人之道曰仁与义"⑤,"中正"落实到政治社会中,就成了圣人、君王自我修养和治理国家社会的原则。

(一) 卦爻之中正

如上所说,"中""正"解释卦爻辞时有两种含义,其一是作一卦之主,其二是作吉利之兆的原因。先看"中"字,有"刚中""柔中"之分,阳爻处于第二或者第五的位置⑥,则"刚得中",多吉;阴爻处于第二或者第五的位置,则"柔得中",小事吉。再看对于"正"的解释,每卦中的阳位一定是奇数,阴位一定是偶数。若奇数位置是阳爻,偶数位置是阴爻,即当位。当位便是得正,则吉。反之,则不当位也就是不正,为不吉。由此来看,"中正"就是指卦中九五、六二不仅合"中"⑦,并且当位。

另外,中与正内部存在着中优于正的关系。《象传》提道"中则无不正",只要在中位都是吉,哪怕不正位。但是若不在中位,只有正位时才是吉。如此看来,"中"优于"正"。而且朱熹也持同样观点,在解释"中正"时提道:"盖事之斟酌得宜合理处便是

---

① 马俊、高恒天:《〈周易〉中正之道与吉凶关系的形上探讨》,载《云梦学刊》2016 年第 37 卷第 3 期,第 64~68 页。

② (东汉)许慎撰,段玉裁注:《说文解字注》,上海古籍出版社 1981 年版,第 20 页。

③ (东汉)许慎撰,段玉裁注:《说文解字注》,上海古籍出版社 1981 年版,第 20 页。

④ (东汉)许慎撰,段玉裁注:《说文解字注》,上海古籍出版社 1981 年版,第 69 页。

⑤ 黄寿祺、张善文撰:《周易译注》,上海古籍出版社 2012 年版,第 354 页。

⑥ 文章所言中位,即指一卦从下往上数,处于其第二和第五之位的爻,也就是第二爻和第五爻。

⑦ 文章中关于九五、六二等这类表述:在易经中九指阳爻,六指阴爻,九和六后面的数字指一卦从下依次往上数的位置。例如阳爻在卦中处于第五爻的位置就是九五,若处于第三爻的位置就是九三;同理,阴爻处于第二爻的位置就是六二,处于第四爻的位置就是六四。

中，则未有不正者。若事虽正，而处之不合时宜，于理无所当，则虽正而不合乎中。此中未有不正，而正未必中也。"① "中"是得宜合理的，所以一定是"正"。但"正"是不合时宜的，所以"正未必中也"。

（二）君子之中正

依《说文解字》一书，"中"又有"内"的意思，指人内心。天地人三才，天地之道落实在人道就表现为"中正"之道。如《同人》卦曰："文明以健，中正而应，君子正也。"② 孔颖达疏此："谓六二、九五，皆居中得正，而又相应，是君子之正道也。"③ 六二、九五都在中位且正，阴阳相应，守中正之道。再或，"天行健；君子以自强不息。"④ "地势坤；君子以厚德载物。"⑤ 依乾坤两卦来看，君子依照天地之德性，表现为自强不息，又能容纳万物。《周易》文本本身的性质也就决定了其中正思想的复杂性。每一卦的中爻，特别是二、五爻居于本卦的关键位置，所以每一卦在人事上都有其独特的中正思想。再观《乾》文言中讲："子曰'龙德而正中者也。庸信之言，庸行之谨'。"⑥ 此"庸"作平常解，言行是信实谨慎。另如《讼》卦："'讼：有孚窒惕，中吉'，刚来而得中也。"⑦ 此处"中"指处于下卦第二爻位置。"'利见大人'，尚中正也"⑧，这里则是九五既中且正，居尊位，"用其中正，以断枉直。中则不过，正则不邪，刚无所溺，公无所偏"⑨，也就是君子讼事要中正，慎之又慎，最后才能达到吉的状态，否则就会陷入险境。再如《小蓄》卦中讲君子之中正："风行天上，'小蓄'；君子以懿文德"⑩，君子效法此种自然现象，应时势而动，蓄积美德。

直至宋明理学家更是将中正之德从君子上升到圣人。周敦颐认为"中正仁义"为一种实践功夫——践行圣人之道。张载认为："故天地之塞，吾其体；天地之帅，吾其性。民吾同胞，物吾与也"⑪，"中正"在此就是德性和诚道的合一，"至诚，天性也；不息，天命也。人能至诚则性尽而神可穷矣"⑫。从这个意义上来说，中正就是一种精神气质。还有程颐曰："凡学之道，正其心，养其性而已。中正而诚，则圣矣。"⑬ 同样，中正作为

---

① 《朱子语类》，中华书局 1986 年版，第 1669 页。
② 黄寿祺、张善文撰：《周易译注》，上海古籍出版社 2012 年版，第 74 页。
③ （唐）孔颖达撰：《周易正义》，九州出版社 2004 年版，第 176 页。
④ 黄寿祺、张善文撰：《周易译注》，上海古籍出版社 2012 年版，第 4 页。
⑤ 黄寿祺、张善文撰：《周易译注》，上海古籍出版社 2012 年版，第 15 页。
⑥ 黄寿祺、张善文撰：《周易译注》，上海古籍出版社 2012 年版，第 6 页。
⑦ 黄寿祺、张善文撰：《周易译注》，上海古籍出版社 2012 年版，第 38 页。
⑧ 黄寿祺、张善文撰：《周易译注》，上海古籍出版社 2012 年版，第 38 页。
⑨ （魏）王弼撰，楼宇烈校释：《周易注校释》，中华书局 2012 年版，第 29 页。
⑩ 黄寿祺、张善文撰：《周易译注》，上海古籍出版社 2012 年版，第 54 页。
⑪ 《张载集》，中华书局 1978 年版，第 62 页。
⑫ 《张载集》，中华书局 1978 年版，第 63 页。
⑬ 《二程集》，中华书局 1981 年版，第 577 页。

一种德性的修养功夫。

除宋明理学家以外，还有唐君毅先生继续发挥"中正"这一思想："儒者之尽性立命之道，在根本上乃一中正而圆融之道。中则不偏，正则不邪，是见中道之体。"① "中正"是中道之体，也是儒者身上所具有的一种气质。由此可见，君子之中正既是指君子应具有天地之德、刚健之德等内在的德性，又可以作为君子以信实谨慎修、不过不偏、效法自然等方法的一种修养功夫。

（三）政治之中正

正如上文所言，"中正"作为一种修养功夫的方法，不过不偏，即"无过无不及"，任何事物都有个"度"。对国家统治者来说同样如此，最直接的表现就是治理社会国家的时候要秉持中正，中正不偏，为民众作表率，久而久之，民众自然会得到感化，从而信服，便诚心拥戴，统治就会长久，如此社会也会更加和谐稳定。换言之，统治者若做到中且正，谨言慎行，合乎君王之道，自然会感化民众从而达到大治。如《观》卦："大观在上，顺而巽，中正以观天下。'观，盥而不荐，有孚颙若'，下观而化也。观天之神道，而四时不忒；圣人以神道设教，而天下服矣。"② "中正以观天下"，即统治者治理社会就是依照此，而不偏不过。

那么具体统治者如何依照"天之神道"来效法天地之道呢？在《系辞上》中有相关表述，统治者效法天地之道就是要遵循乾易坤简③的法则，顺应天地之道，无所造为，简约不劳。法则中的"有亲"解为百姓自然愿意亲近，社会长久大治，从而德高有功，成就"贤人之业"。如《中孚》卦象曰："'中孚'，柔在内而刚得中"④，只有内心诚信，才能合乎"中道"，实践做人的正道。统治者做到心中有诚，并以此为道德修身，既不耗损"财"，又不损害民众，定能感化像感化兽虫一样的人民，即"孚乃化邦也"。再者，譬如《离》卦所言"重明以丽乎正，乃化成天下；柔丽乎中正，故亨"⑤，内外两卦，都是阴爻居于两阳爻之间，外强内柔，"丽乎正"。就统治者而言，坚守正道，便能"化成天下"。"柔丽乎中正"，阴爻居中位，不偏不倚，中且正，统治者依此统治国家，民众必然呼应，便能亨通而吉。"中正"是天命，是自然规律，是《周易》的代名词，⑥ 所以，在政治上"中正"这一思想对统治者个人修养、治理国家和教育社会民众是极具有重要意义的。

---

① 唐君毅著：《生命存在与心灵境界》，中国社会科学出版社2014年版，第607页。
② 黄寿祺、张善文撰：《周易译注》，上海古籍出版社2012年版，第108页。
③ 参见"乾以易知，坤以简能；易则易知，简则易从；易知则有亲，易从则有功；有亲则可久，有功则可大；可久则贤人之德，可大则贤人之业。"（《周易译注》第333页）
④ 黄寿祺、张善文撰：《周易译注》，上海古籍出版社2012年版，第313页。
⑤ 黄寿祺、张善文撰：《周易译注》，上海古籍出版社2012年版，第158页。
⑥ 许建良：《〈周易〉"刚中而应"的中正论》，载《湖南科技学院学报》2010年第5期，第5~10页。

二、何以中正?

(一)"推天道以明人事"

《周易》一书从理路上被认为是"推天道而明人事",通过观察自然现象来比拟人事。正如朱伯崑先生所言:"《易经》对天帝人鬼的信仰,再加上它本身作为筮书的性质,反映出其主导思想仍然是天命信仰。"① 据《系辞》文本,易道包含天下之道,由天道、地道、人道组成。"天道既构成了人道的历史前提,又表现为形而上的根据。"② 天道和地道在六十四卦中是通过阴阳变化来表示。而处于天地之间的人能够领会这种阴阳消长、变化之气推移形成的天地之变化,从六十四卦的阴阳交感、刚柔相推中体会天地和人事不断变化的道理,参悟变易、简易、不易三种规律,明确人在世间中所处的位置,进而能面对现实生活中的问题,找到合适的化解办法,以达到趋吉避凶。"天地革而四时成",天地变化使得四时之序形成,对于统治者来说就是上顺天道,下应民心;对于社会生活中的人来说,便是要做到顺天道以尽人事。

中正之道于天和人的关系中进行讨论,"大哉乾乎! 刚健中正"③,乾即天(是万物生成之源),中正为天的属性之一。乾象又表征为龙,专指大人君子,"龙德而正中者也。"乾、天、龙、大人君子共同具有中正之德,天人相合相通,天地合德,日月合明,四时合序,④"先天而天弗违,后天而奉天时。天且弗违,而况于人乎?况于鬼神乎?"⑤此处先天和后天是按天时到达的顺序来讲明,遵循天时而动,天都如此,人鬼神更应如此。所以在《周易》中每一爻与卦中都有其特定的内涵和地位。于社会人事中的人而言,同样需要德位相配,即有其德者必有其位,有其位者必有其德。人依中正之道,将天道落实在人事之中,和人道合而为一,指导社会生活。从这个意义上来讲,"中正"便是人合乎天地的纽带与关键,从天道地道来讲,"中正"指天道地道运行,万事万物所遵循不过不偏的法则,从人道来看,"中正"则是天道地道落实人事,自觉与天道地道合,在社会生活中而能时刻坚守中正之道,不过不偏。

(二)"刚柔相推而生变化"

首先,《周易》文本中所出现的"刚柔",大体包含三个层面的含义,就象数层面来说,其既指卦爻之性,亦指涉卦爻之德;从自然层面来说,其是对以往刚柔观念的继承,指自然万物、社会人事等所具有的刚强、柔顺的性质;从宇宙层面来说,"刚柔"往往暗

① 朱伯崑主编:《易学基础教程》,九州出版社 2018 年版,第 43 页。
② 杨国荣著:《善的历程:儒家价值体系的历史衍化及现代转换》,上海人民出版社 1994 年版,第 127 页。
③ 黄寿祺、张善文撰:《周易译注》,上海古籍出版社 2012 年版,第 10 页。
④ 正所谓"夫'大人'者,与天地合其德,与日月合其明,与四时合其序,与鬼神合其吉凶"。(《周易译注》第 11 页。)
⑤ 黄寿祺、张善文撰:《周易译注》,上海古籍出版社 2012 年版,第 11 页。

指两种抽象的且能够在交融时催生万物的力量。① 其次，《周易》中所蕴含的万事万物都是不断变化的。并且此变化并非杂乱无章，而是有规律可循的，"是故《易》有太极，是生两仪，两仪生四象，四象生八卦，八卦定吉凶，吉凶生大业"②。从天地未分、阴阳相柔时的太极到分化出阴阳的两仪，再到四象，接着四象演化成八卦，最后演化成六十四卦。卦爻之间，前后相成，相应或无应，互相变化。这种变化的趋势既体现着自然造化之理，也同易道之理相吻合。最后，这种变化不是割裂的，而是相通的，事物之间可以相互转化，从凶到吉，从吉到凶，从对立到相合，从相合到矛盾。"世间万物，无时无刻不在变动；变动看似繁杂，却有章可循；吉凶悔吝，生乎变化变而化之，乃观其德，乃至君子观象玩辞、观变玩占，是以懂得变通，终得'自天祐之，吉无不利。'"③ 如：否泰、屯蒙、需讼、损益、既济未济、吉凶等，泰卦九三爻辞、家人卦九三爻辞。所以，世间一切本身并不是一成不变，无法则以遵循。正是由于"刚柔相推"，不断变化，有规可循，使得践行"中正"之道成为可能并可行，才具有意义。

三、如何中正？

"乾道变化，各正性命，保合太和，乃利贞。"④ 天道让万物自得性命，并且守持中正，就能得吉。尤其对人来说，更要顺天道，守中正，践行中正。如《家人》卦所言男女遵循天地之理，各得其位，守中正，家道正则天下就安定。"而家道正；正家而天下定矣。"⑤ 又如《渐》卦所言："进以正，可以正邦也。"⑥ 天下定便可端正人心，人心端正又进一步使得天下安定。如何中正？综合来看，只有将中正的思想内化成自身的本性，深入心灵，根植于心灵，才能在言行上符合中正之道，从而达到身修、国治、天下太平的美好结果。从《周易》来看，最主要有四种修养功夫，分别是刚强健劲而自强不息的精神、顺乎自然而蒙以养正的原则、审慎坚持而守正敬慎的行为以及中庸谦和的态度。

（一）自强不息

在《周易》中，《乾》卦象曰："天行健；君子以自强不息。"⑦ 此卦六爻全为阳爻，纯阳之刚健中正。《坤》卦象曰："地势坤；君子以厚德载物。"⑧ 此卦六爻与乾卦相反，纯柔顺承于天。天道运行刚强劲健有力，永不停息，而大地以宽厚德性载育万物，君子自

---

① 杨柳：《中学西渐：〈周易〉"刚柔"范畴英译研究》，载《汉字文化》2020年第16期，第128~131页。

② 黄寿祺、张善文撰：《周易译注》，上海古籍出版社2012年版，第340页。

③ 杨子杰、谢金良：《〈周易〉之"变"析论》，载《闽江学院学报》2021年第1期，第43~51页。

④ 黄寿祺、张善文撰：《周易译注》，上海古籍出版社2012年版，第3页。

⑤ 黄寿祺、张善文撰：《周易译注》，上海古籍出版社2012年版，第192页。

⑥ 黄寿祺、张善文撰：《周易译注》，上海古籍出版社2012年版，第274页。

⑦ 黄寿祺、张善文撰：《周易译注》，上海古籍出版社2012年版，第4页。

⑧ 黄寿祺、张善文撰：《周易译注》，上海古籍出版社2012年版，第15页。

觉应推天道以明人事，依照天地乾坤，将其内化为自我的品格，自强坚韧。又如《需》卦"《象》曰：'酒食贞吉'，以正中也"①，当君子艰苦困难之时，更要守持中正，自强不息，克服各种困难。同时，君子也要注重培养德性，像坤一样，拥有广阔胸怀，容纳世间万物，依此才能成为有才德而行中正之道的大人。

（二）蒙以养正

对人而言，"中正"不是先天就拥有的功夫，需要人在成长过程中，通过不断学习，养其正心。"养正"具有重要的意义，"蒙以养正，圣功也"②，养成中正之德，是成为圣人的方法。其一，不能"'再三渎，渎则不告'，渎蒙也"③。在人的学习践行上体现为端正恭敬，不能轻慢亵渎。其二，"养正"要"付物以能，不劳聪明"④，顺时无为，自然而然。其三，"养正"要"观颐，观其所养也；自求口实，观其自养也"。⑤ "养正"是一种"自养"的践行功夫，仅仅靠外在礼仪等约束是不够的，更重要的是内心要守持中正之道，时刻反省自身。

（三）守正敬慎

养成其正心之后，就需要守正敬慎的功夫。"利者，义之和也；贞者，事之干也。"⑥ "贞"是天道长久正固的德行，也指君子行事时顺乎天时，保守中正。如《大壮》卦九二爻，处于爻位之中，蕴含着持守中正之德的意义和价值，君子能够固守正道，就能得利。另有《需》卦，其本意实为在中正思想指导下的审时度势、待机而为，借用廖名春先生的说法，《需》卦讲的是"守正敬慎以待时的道理"⑦。再者，修养"中正"，没有敬慎的态度，便不能够践行中正之道。"敬"在德性修养中的重要作用，人通过持敬，涵养内心正直这是第一义。再由内而外，由思想到行动，那么其自然就符合中正之道。因此，对君子而言，既要做到"敬"，又要做到"慎"。敬和慎相结合，从卦来说，就不会有凶象，即不败于寇，继而达到中正的境界。

（四）中庸谦和

"龙德而正中者也。庸言之信，庸行之谨。"⑧ 九二到九五便是君子对"中庸之为德"的体认与修养。君子为人处世，应听取中庸之言，践行中庸之德，存诚去妄，兼善天下，施德博厚，则可成德达道。"守谦"君子存养中正之德的功夫。《周易》六十四卦中，《谦》卦是很特别的一卦，宋人胡一桂说："《谦》一卦六爻，下三爻皆吉而无凶，上三爻

---

① 黄寿祺、张善文撰：《周易译注》，上海古籍出版社 2012 年版，第 36 页。
② 黄寿祺、张善文撰：《周易译注》，上海古籍出版社 2012 年版，第 28 页。
③ 黄寿祺、张善文撰：《周易译注》，上海古籍出版社 2012 年版，第 28 页。
④ （魏）王弼撰，楼宇烈校释：《周易注校释》，中华书局 2012 年版，第 23 页。
⑤ 黄寿祺、张善文撰：《周易译注》，上海古籍出版社 2012 年版，第 143 页。
⑥ 黄寿祺、张善文撰：《周易译注》，上海古籍出版社 2012 年版，第 5 页。
⑦ 廖名春：《〈周易〉经传十五讲》，北京大学出版社 2004 年版，第 71 页。
⑧ 黄寿祺、张善文撰：《周易译注》，上海古籍出版社 2012 年版，第 6 页。

皆利而无害。"① 从体悟天道、地道"盈"与"谦"的自然变化，于人事中应效法天地之道保持谦逊之德。君子依照天而行"谦道"，保持谦德，持守内心。尤其统治者以此征伐小国，感化民众，无所不利。

四、小结

本文将"中正"分别置于《周易》文本中从卦爻、君子以及社会政治中讨论何为"中正"的内涵，何以"中正"的依据以及如何"中正"的修养功夫。《周易》中卦爻、君子、统治者这三者紧密相连，先成为君子（即圣人）才可能成为国家的统治者。君子参悟了卦爻之"中正"便能用于立身处世，掌握了"中正"便能用于国家治理。其次，以天地之道和卦爻的刚柔相推阐释"中正"之可能的依据。再者从四个方面来讲修养"中正"之德，需要有自强不息的精神、蒙以养正的原则、守正敬慎的行为以及中庸谦和的态度。此外，"中正"的思想对于当代社会也仍有很多启发。从社会发展层面来说，"中正"所包含的"中正判讼"——公平公正，法治国家的建设，首要就是树立公平公正的意识，继而才能实现社会公平公正。从社会价值层面来说，"中正"所包含的自强不息、中庸谦和的人生态度，蒙以养正、守正敬慎的人生实践，能重塑当代人的人生观和价值观，砥砺人们寻求崇高的人生境界。

---

① 黄寿祺、张善文撰：《周易译注》，上海古籍出版社 2012 年版，第 87 页。

正义原则与道德尊严

——孟子对经济生活的伦理思考

● 郭敏科①

【摘 要】

义利问题是传统儒家伦理的重要议题，学界常以"重义轻利"来概括孟子的立场，但这一概括并不全面准确。从经济伦理的角度来看，孟子并不反对合理的经济利益，而是强调通过正当的方式获取经济利益，以道义原则来指导经济生活，他对经济基础、经济政策以及经济关系的伦理辩护都体现了这一点。他对不合理的利益、经济关系以及经济政策的反对，恰恰是在建构社会经济生活的正义原则，并且力图以此来维护和捍卫人的道德尊严和独立人格。这在当今时代仍具有现实意义。

【关键词】

孟子；经济生活；正义原则；功利

义利问题是传统儒家伦理的重要议题。孔子开义以为质的先河，至孟子仁义并提，突出道义的崇高性，唯义所在。人们通常以"重义轻利"来概括孟子在义利问题上的主要观点。但这一概括只能说明孟子的某些价值倾向，却并不能反映他所关怀的现实问题以及立场背后的价值理据。具体地来讲，我们应当准确区分孟子重视的是何种义，轻视的又是何种利，否则简单化的理解便会带来一些误解：认为孟子重视道德生活而轻视或否定经济生活；认为孟子讲道义就必然地反对和忽视经济利益；认为孟子更多的是道德上的说教者而不关心人们的物质利益。澄清这些误解不仅需要我们从道德本质的角度出发，审视其所立足的时代境况，同时也需要准确地理解孟子义利观的核心思路。如恩格斯所言："一切已往的道德论归根到底都是当时的社会经济状况的产物。而社会直到现在还是在阶级对立中运动的，所以道德始终是阶级的道德。"② 孟子的道德学说更多的是对其自身所处生活的道德认识和道德追求，"义利之说"也不例外。从孟子对经济生活以及经济利益的肯定方面来看，他所崇尚的道义更多的是一种价值性的指导原则，并不与人们正常的合理的经济生活、经济利益相矛盾，相反，它维护的恰恰是国家和百姓合理长远的经济利益。它不仅是经济生活的衍生物，更在理论上对良好的经济生活进行着正义的辩护。

---

① 作者简介：郭敏科，首都师范大学政法学院伦理学专业 2018 级博士研究生。

② 《马克思恩格斯选集》（第 3 卷），人民出版社 2012 年版，第 471 页。

一、经济基础的伦理辩护：制民恒产而有恒心

人们往往在强调孟子崇尚道义的同时而忽略他对经济基础方面的肯定。事实上，孟子在论述道义的时候更多地将对象放在君王和士身上。对于普通百姓而言，他强调满足百姓基本的物质需要是培养道德的前提条件。他认为，使"民"有恒心就需要先"制民之恒产"，满足了百姓维持生活的正常物质需要，"士"与"民"才得以教化而天下归心。而要实现这一恒产，就需要君主心系百姓，真正地从不忍人之心出发，与百姓共患难，始终保护他们的经济利益。君王如果没有关照这一经济基础，就不可能获得人民真正的拥护，就会失去民心，作为民心的恒产与作为物质基础的恒产都将无从谈起。正是在这一意义上，他建议君主制民之恒产，保护百姓根本的经济利益。

孟子这一思想有明显的历史渊源，重视百姓的物质生产活动一直以来为传统思想家所关注。《尚书·五子之歌》中记载："民为邦本，本固邦宁。"① 在传统的农业社会，民之邦本更多地指向农业生产与百姓生计。它不仅关系着百姓赖以生存的基础，也是国家文明风尚与德政制度建设的重要前提。作为政治改革家的管子就从为政者的角度提出了这一点，他认为在仓廪之实与衣食富足的情况下对人们进行道德教化会更为容易，"仓廪实而知礼节，衣食足而知荣辱"。② 孔子则进一步从德性角度来引导人们的经济生活，他提出富而好礼，认为人们在物质生产富裕之后应该更加崇尚礼仪。以此可见，无论是为政者还是思想家，都认为经济与道德之间不可分割，二者应该相辅相成。到了战国时代，社会矛盾更加激烈而紧张，孟子眼见饿殍遍地，人民流离失所，居无所安，于此情况下的第一要务就是让人们能够安定地生存下来。由此，他提出了恒产与恒心之说。

他说："民事不可缓也。……民之为道也，有恒产者有恒心，无恒产者无恒心。苟无恒心，放辟邪侈，无不为己。及陷乎罪，然后从而刑之，是罔民也。"③ 所谓恒心即为恒常的善心。朱熹注解说："恒心，人所常有之善心也。"④ 恒产的一般意义是经常使民维持生活的产业，"恒，常也。产，生也。恒产则民常可以生之业也"⑤。高诱对此注释说："然则恒产者，田里树畜，民则恃以长养其生者也。"⑥ 对孟子而言，恒产即指人民可以维持生活创生财货的产业、百姓自有的财产，这些具体的产业其实就是孟子所说的五亩之宅、树之以桑、百亩之田等。通过这些解读其实不难发现，它们似乎只是简单述及了经济（产）和道德（心）之间的某种关联，"恒"的意义其实被若有若无地消解掉了。综合孟子的思想来看，恒产与恒心的关系重点显然在于"恒"。对"恒"的理解，还需从历史的角度去看。

---

① 李学勤主编：《十三经注疏·尚书正义》，北京大学出版社1999年版，第177页。
② 李山译注：《管子》，中华书局2009年版，第2页。
③ 杨伯峻译注：《孟子译注》，中华书局2008年版，第89页。
④ （宋）朱熹撰：《四书章句集注》，中华书局2011年版，第197页。
⑤ （清）焦循撰：《孟子正义》，中华书局1987年版，第93页。
⑥ （清）焦循撰：《孟子正义》，中华书局1987年版，第93页。

在乱世之中，连年战争致使百姓难以保持恒产，而一般时候又往往会受到豪强大户的掠夺，因而百姓大多数情况下处于弱势地位，国家要真正保证的不是给予定分的田地，而是始终保护百姓赖以生存的经济基础。这才是恒产的真实用意。正因为百姓连基本的生存都无法保证，所以无恒心，"此惟救死而恐不赡，奚暇治礼义哉。"① 所谓"恒"指的可能不是一次性给予的固定的资产，而是在历史的变动中始终维持百姓的生计。恒产并不是分配意义上的静态的恒产，而是国家责任意义上的动态的恒产，即国家要有责任来保持百姓始终有恒产。清代的焦循对此有深刻的阐发，他说："迨古法既坏，但有夺民之产，未有能制民之产者也……盖凡古法变易之初，未尝不于权时制宜之说，是故齐作内政，晋作辕田，鲁作丘甲、用田赋，郑作丘赋，固皆以为制民之产也。李悝之尽地力，商鞅之开阡陌，莫不以为制民之产也。而适使民仰不足以事，俯不足以畜，为其本不从民起见也。民生宅田，一切皆民自营之，上之人听其自勤自惰，自贫自富，自买自卖于其间，而惟征科之是计，安问所谓制民之产。"② 就后世屡禁不绝的土地兼并的历史事实而言，孟子的恒产说无疑正中封建政治之弊。

孟子在看到道德应具有经济基础的同时，也看到了道德之于经济的某种相对独立性，这就是恒心说。从孟子的人性论上来说，恒心并不是天然而成，而是需要后天的培养，也因此受到环境的影响，民与士在这一点是没有分别的，区别的是二者的道德认识、道德信念、道德修养的不同。他说："人性之善也，犹水之就下也。人无有不善，水无有不下。今夫水，搏而跃之，可使过颡；激而行之，可使在山。是岂水之性哉？其势则然也。人之可使为不善，其性亦犹是也。"③ 这句话有两层意思：一是人之善性是其内在的本质规定，与水之就下一样，是其正常的发展趋势；二是这种内在的趋势需要引导且受外部环境的影响。"其势则然也"是说人之善性为内在之势——它一直指向并发展出人内在的本质；也指外部环境是一种"势"，这种"势"可以阻碍也可以帮助人们发展出自己的善性。因此梁启超认为："孟子昌言'性善'，然世间恶人甚多，确为不可掩之事实，故学者疑焉。孟子则以为此恶者非性也，乃习也。"④ 这种"习"就是人们所处的环境，"富岁，子弟多赖；凶岁，子弟多暴。非天之降才尔殊也，其所以陷溺其心者然也"⑤。可见，富岁与凶岁的经济环境影响着人们的才情品性，外在的这种"势"大而不良则会使人们的善性之心陷溺其中，因而他要求人们"求其放心"，把失去的善心找回来。因此，"士"与"民"的道德修养都受到外在环境的影响，只不过"士"在更多的情况下能够使自身之善势在与外部之势对峙的过程中始终占据主动地位，使其道德保持相对的独立性而已。

以此可见，对于百姓而言，恒产才是培养恒心的首要前提，作为民生的经济基础是最大的道义和仁政，因为士与民只是在道德的修养上有别，但在其经济生活的基础上并无二致，无论是何种士，都来自于民，属于民的一部分。而当他把恒产和恒心联系起来，进而

---

① 杨伯峻译注：《孟子译注》，中华书局 2008 年版，第 13 页。
② （清）焦循撰：《孟子正义》，中华书局 1987 年版，第 95 页。
③ 杨伯峻译注：《孟子译注》，中华书局 2008 年版，第 196 页。
④ 梁启超：《梁启超论孟子遗稿》，载《学术研究》1983 年第 5 期，第 77~99 页。
⑤ 杨伯峻译注：《孟子译注》，中华书局 2008 年版，第 201 页。

作为其仁政之始，又表明：百姓之恒产即为国君之恒产，百姓之恒心即为国君之恒心，以物质的恒产作为前提才可以获得精神的恒产——天下归心。

二、经济政策的伦理辩护：公正经界与取民有制

从现实的角度来说，如何使民拥有恒产，这便涉及具体经济政策的问题，这就是"均正经界"与"取民有制"的赋税之法。对经界的均正和赋税的公平之法都体现了他对经济政策的正义辩护，即任何一种经济政策必须合理有道，否则就会损毁国家的根基。

对孟子来说，制民恒产必然要从正经界开始。他说："夫仁政，必自经界始。经界不正，井地不均，谷禄不平。是故暴君污吏必慢其经界。经界既正，分田制禄可坐而定也。"① 朱熹也指出："此法不修，则田无定分，而豪强得以兼并，故井地有不钧；赋无定法，而贪暴得以多取，故谷禄有不平。此欲行仁政者之所以必从此始，而暴君污吏则必欲慢而废之也。有以正之，则分田制禄，可不劳而定矣。"② 可见，均正田地，除了要使百姓有自给自足的田地和产业之外，更重要的是国家要在乱世之中始终保证百姓有生存之本，而不是以制民之产为名行掠夺兼并之事。但孟子的这一想法被诸多学者指为不切实际，如有学者从经济学的角度指出："孟子思想的不合理性在于：从保护小农经济的安全性出发，反对土地的自由买卖"③。从经济学角度来看，这一措施确实与社会发展的自然规律不符。但是孟子看到的是，正是因为土地的自由买卖，百姓无力保护自己的土地，国家又对其缺乏照拂，百姓因此断绝生计、流离失所。换言之，土地兼并这一问题从一开始就是百姓生计的巨大威胁，而正如孟子所洞见的，这也是后世整个封建王朝统治基础的巨大隐患。

均正经界折射出的是一种土地占有制的公平的设计理念，他认为只有从根本上解决土地占有的不公，保证这一经济政策的公正性质，才能抑制土地兼并，使百姓始终有维持自己生计的田地。因此它的重点不在具体操作层面，"可见其所称先王之法，殆不过就古制之轮廓加以自创之理想，熔铸混合而成，不必全有历史之根据"④。它的目的不仅在于使民有自己的固定田地产业，更重要的在于抑制土地兼并。庆历新政时，范仲淹就在《答手诏条陈十事》建议"均公田"。张载更在此基础上直接继承孟子的思想，"先生慨然有意三代之治，望道而欲见。……尝曰：'仁政必自经界始。贫富不均，教养无法，虽欲言治，皆苟而已'"⑤。可见，孟子于此并不迂阔而远于事情，而只是他考虑问题的出发点不同。冯友兰就说："此就其原有之井田制度，转移观点，将其变为含有社会主义性质的经济制度也。……依孟子之理想，乃土地为国家所公有，人民受土地于国家而自由耕种

① 杨伯峻译注：《孟子译注》，中华书局 2008 年版，第 89 页。
② （宋）朱熹撰：《四书章句集注》，中华书局 2011 年版，第 239 页。
③ 周建波：《孟子"迂远而阔于事情"的经济学解析》，载《北京大学学报（哲学社会科学版）》2011 年第 4 期，第 145~152 页。
④ 萧公权著：《中国政治思想史》，商务印书馆 2017 年版，第 104 页。
⑤ （宋）张载著：《张载集》，中华书局 1978 年版，第 384 页。

之。……但农民之助耕公田，乃如纳税于国家之性质，非如农奴为地主服役之性质。此理想中之制度，乃事民'养生丧死无憾'，乃为人民之利益。谓孟子所说之井田制度，即古代所实行者，非也。谓孟子所说之井田制度，纯乎为理想，为创造，亦非也。"①

他的公正理念也体现在对赋税制度的观点上，他强调统治者要"取于民有制"，即征收赋税应有节制，应做到"易其田畴，薄其税敛"。他赞同龙子的说法："乐岁，粒米狼戾，多取之而不为虐，则寡取之；凶年，粪其田而不足，则必取盈焉。"② 可见，这种节制，指的是在遭受自然灾害的时候政府应该少征收，在丰收之年可以酌情多征收，其公正的依据始终在百姓之田产得丰收与否。

在征税的具体对象方面，他认为也应该考虑到不同产业的不同状况，公正节制，使百姓始终有生计。征收赋税主要基于创造财富和从事生产的人，对没有经济收入的人不应征税，"市廛而不征，法而不廛，则天下之商，皆悦而愿藏于其市矣"。③ 这种方式显然照顾到了不同季节和不同产业的不同状况，有利于发展农业生产。任继愈就说："力役地租视年成之丰歉而有所区别，因而较为优越。这说明孟子井田制的理想在于反对杀鸡取卵的剥削方式，从而有利于发展农业生产。"④

孟子坚持认为，统治者制定的公正的经济政策始终都应该立足于保护和支持民之恒产。在他看来，民事就是最大的政事，"孟子平日亦言轻税薄赋，然白圭言二十税一，则斥为貉道者，孟子论政重民事"⑤。这种公正的维度也需要人们来努力回应，即君王视天下为公，人们也当有公心，"八家皆私百亩，同养公田。公事毕，然后敢治私事，所以别野人也"⑥。这一"公"在人性论上来说就是将不忍人之心推广扩充于天下，国君与民同乐，行不忍人之政，人民得利则国君自然得利。以此，孟子之所以强调经济政策的公正，其实是为了维护国家安定，百姓富足，家国文明。他所要劝喻国君的是：家国从来一体，重视百姓之家的生计与恒产就是国家强盛之道，民有恒产则国有恒产，民无恒产则国无恒产。

三、经济关系的伦理辩护：社会分工与道德要求

在经济关系方面，孟子赞同社会分工。他肯定社会分工是经济发展到一定程度的必然趋势，并且认为这种分工与国君、士、民的道德有着密切的联系。他认为作为国君应该从义心出发来制定国策，士人应该上劝国君下安黎民、坚守道义，对于民众则应以利导之，进而提高其道德修养。

以许行为代表的农家认为人人都应该从事农耕自食其力，孟子对此进行了反驳。他

---

① 冯友兰著：《冯友兰文集》（第三卷），长春出版社 2017 年版，第 93 页。
② 杨伯峻译注：《孟子译注》，中华书局 2008 年版，第 89 页。
③ 杨伯峻译注：《孟子译注》，中华书局 2008 年版，第 57 页。
④ 董洪利、方麟选编：《孟子二十讲》，华夏出版社 2008 年版，第 216 页。
⑤ 董洪利、方麟选编：《孟子二十讲》，华夏出版社 2008 年版，第 130 页。
⑥ 杨伯峻译注：《孟子译注》，中华书局 2008 年版，第 89 页。

说："然则治天下独可耕且为与？有大人之事，有小人之事。且一人之身，而百工之所为备。如必自为而后用之，是率天下而路也。故曰：或劳心，或劳力；劳心者治人，劳力者治于人；治于人者食人，治人者食于人，天下之通义也。"① 在孟子看来，社会发展到这个程度已经不仅仅有农耕之事，还有百工之事，不可能人人都去做农耕之事。在社会历史观上，孟子看到了社会分工的必然趋势以及合理性，无疑比许行更为客观。钱穆对孟子批驳许行的并耕之说表示赞同，"孟子则谓既从事于政治，既无暇业生产，其言根据历史事实，无可非难。……然孟子之说，为较切近于人事矣"②。社会分工的不同也对应着不同的道德要求。孟子在论述恒产与恒心的时候就已经说明了这一点。"当时的'士'属于知识阶层，孟子认为这个阶层可以做到没有自己的产业收入却仍然坚守自己的道德信念与价值理想；至于一般老百姓，如果没有固定的收入，就不可能固守好的道德观念和行为准则。"③

对于孟子而言，国君、士、民在获取利益上的动机应该有所不同，他一方面强调统治阶层要先义后利；另一方面，对老百姓则需先利后义。这种区分无疑受到了孔子的影响。有学者在分析孔子的阶层美德中指出："孔子为官员与士人阶层、广大的庶民阶层规定了两条原则，分别为：位居社会上层的官员与士人，伦理活动先于理财活动；而处于社会底层的庶民阶层，则是理财活动先于伦理活动。"④ 孟子继承了孔子这一思路，对国君、士和民进行了不同的道德劝谕，规定了不同的道德要求。对于国君，他要求国君少谈利益而重道义。人人竞相追逐利益是暴乱之始，孔子之所以罕言利，正在于从人心上防此之源。朱熹进一步指出："君子未尝不欲利，但专以利心则有害。惟仁义则不求利而未尝不利也。当是之时，天下之人惟利是求，而不复知有仁义。故孟子言仁义而不言利，所以拔本塞源而救其弊，此圣贤之心也。"⑤

朱熹在这里至少表明了两层意思。一是作为国君做事绝不能从利心出发，因为孔子早有"子帅之以正，孰敢不正"的训诫，在某种意义上，他不仅是一国的实际掌控者，更是万千生民所向的道德榜样。如果他都不帅之以正，那么上行下效，一个国家又将往何处？如果一个国君事事唯利至上，那么又何以教化国民？文明国度又从何谈起？因此，作为一个国君，必须目光长远，即便是危难之际，也应坚持正道。居其位谋其政，居于不同的位置便有不同的道德责任。而孟子在此也并没有否认利益，而是说从道义出发施行仁政依旧能够达到这样的利益最大化，而这种利益更为长远，符合民心民意与历史大势。二是从义利观的角度来说，每个人都不是孤立的人，而是处在社会关系中的人，自身的不义之欲会牵引向社会关系之中，从而形成公私（群己）之辩，对于国君而言，这又牵涉了王霸之辩。孟子所真正担忧的是，如果国君不从民之所利出发，而从自身之利出发，就可能本末倒置，将权力本身变成满足自己欲望的工具，民众成为了满足其欲望的手段。正是在

---

① 杨伯峻译注：《孟子译注》，中华书局 2008 年版，第 93 页。
② 董洪利、方麟选编：《孟子二十讲》，华夏出版社 2008 年版，第 129 页。
③ 冯达文、郭齐勇主编：《新编中国哲学史》，人民出版社 2004 年版，第 105 页。
④ 陈焕章：《孔门理财学》，韩华译，商务印书馆 2015 年版，第 80 页。
⑤ （宋）朱熹撰：《四书章句集注》，中华书局 2011 年版，第 188 页。

此意义上，他强烈地反对以墨家和法家为代表的功利主义原则，人人逐利则"上下交征而国危矣"。如果一个国家以功利作为其指导原则而没有道义，那人人都会铤而走险，国君自身也将有性命之危。历史证实了孟子义利之说的合理性。儒家集大成者荀子隆礼重法，弟子韩非集法家之大成，李斯则行法家之理念。法家重利不重义，后来李斯果然以利侍君，根据自身利益作出各种抉择，直至最后成为了利益的牺牲品。赵高弑君的历史事实则正如孟子所举出的例子一样，一一应验。

孟子从社会分工的角度出发，说明了国君、士、民有不同的道德责任。对他来说，如果国君没有履行这种道德责任，就不为民所承认，就是"独夫"。杜维明对此作出了很好的解释："在'保民'和'爱民'的思想氛围里，孟子的批判焦点是有王侯之名而实际上只配称独夫民贼的人君和只能遵循'妾妇之道'而显赫一时的权臣，因此在和居高临下的政权势力对话时，孟子从不要求、更不斥责士庶人、百姓或天下之民。但这并不表示孟子根本不承认天所降的下民有影响政治的参与精神……《孟子》一书中所显示的民、百姓和庶人，不仅有认识自身利益、判断仁政暴政和品题领导阶层为公为私的能力，而且可以付诸行动，做出同乐同忧、自安生理、逃亡流离，乃至叛乱革命种种选择。"①

四、结语

生活本身呈现出整体性的趋向，道德生活与经济生活只是表现了人们生活的不同维度，这种维度依旧立足于整体性的基础之上，孟子只是从伦理角度出发为其辩护：制民之产体现了对经济基础的伦理辩护，均平田地与公正赋税是体现了经济政策的伦理辩护，社会分工体现了对经济关系的伦理辩护。经济生活环境又与其人性论联系在一起，虽然他从善端上证明了人内在善性的充分，但"求其放心"的道德修养路径则表明外在的环境对人们道德修养产生着重要影响，这其中也包括经济环境。

之所以从伦理角度出发对经济生活进行辩护，是因为人虽然基于物质而生存，但绝不能以此为目的。人之有道，这不仅是其内在本质的要求，更是其应当的道德追求，正如人人皆有良知一样，这是人之实然，亦是人之应然。在孟子看来，这里并不存在从人之所是到人之应是的问题，而是人自身存在的限界就决定了其意义的限界，人无良知就是人在存在上的直接消亡，更无意义世界可言。因此，人之正道，绝不与人的饱食、暖衣、逸居等物质经济利益相违背，它们是人存在的基础，亦是人存在的限界。但也正因为这一存在事实，人们往往可能会忽略这一界限，在某些时候将人与物等同起来，唯利所取。墨家和法家对功利原则的强化无疑显明了这一端倪，"法家认为变法不应受旧制度的束缚，这固然有其历史的合理性，但由此将功利与道德对立起来，以利的追求否定了当然之则的规范功能，这又走向了另一极端。在有利可图就不必遵循礼的主张之下，功利成为人们追求的唯一目标，而人与人之间的关系，也被理解为赤裸裸的利害关系，由此构成的社会，必然将充满冲突和对立"②。这种对功利原则极端化的批判，不仅表明了经济生活和道德生活的

---

① ［美］杜维明著：《杜维明文集》（第5卷），武汉出版社2002年版，第39页。
② 杨国荣著：《孟子的哲学思想》，华东师范大学出版社2009年版，第76页。

界限，同时也表明，正因为人必须是物质的存在，因此更要在精神上、要在对待事物的方式上将人与物区别开来，也正是对待和获取这些事物的方式不同才彰显了人的尊严。这正如美国当代著名学者桑德尔所察觉到现代社会中市场经济与市场社会的混淆一样，"有一些东西是金钱买不到的，但是现如今，这样的东西却不多了。今天，几乎每样东西都在待价而沽"①。因为以利益作为一个事物的发展原则会最终使其沦为利益工具本身，而并不能发展出有利于自己本质的东西。在这一意义上，道义原则不仅代表着长远的利益，并且以其合理的方式维护着人的本质，孟子的这些理念在今天的社会发展和道德人格培养中对我们仍然具有启发意义。

---

① ［美］桑德尔著：《金钱不能买什么：金钱与公正的正面交锋》，邓正来译，中信出版社 2012 年版，第 1 页。

李贽"心"论探析

胡 博①

李贽的"心"论是其哲学思想的重要组成部分。其中,"童心"是李贽"心"论的基础,"真"是其强调的核心,它要求人们写真文、做真人,摒弃过多的遮盖掩饰,也可以作"未发"的解读。"私"是其逻辑的拓展,是对人们感性存在的现实性的关注,它对人的个体性作出了强调,并有着"一物各具一乾元"的宇宙论依据。"童心"的第三层内涵是从本体含义上来谈的,也就是"本心",它是"真心"与"私心"的逻辑统一。

童心;真心;私心;本心

"心"在甲骨文中指人的心脏,作为一种认知器官而存在。而在儒家思孟一系的发挥中,"心"的道德属性逐渐得到凸显,并经由理学向心学的范式转向在南宋陆九渊那里成为形而上的本体。"心"是"我"的内在原点,在这种"主体性转向"② 中其实已内在包含着对个体价值的强调,泰州学派在对阳明学的发展过程中进一步将"心即理"的本体和功夫自然化,突破了传统的理欲之防,在本体上把天理良知演化为自然明觉,功夫上则将"制欲"转变为自然人性的"扩充",突出了"心"的个体性与自我性。

李贽则延续了这一路数,并在一个得天独厚的历史背景下将其发展到中国古代的高峰。与先前的思想家"心"的论述相比,李贽的"心"论更加全面,涉及"童心""真心""私心""本心"等多种形式的表达,同时在个体性的强调上相对泰州学派有了进一步的突破。③

---

① 作者简介:胡博,武汉大学哲学学院中国哲学专业 2019 级硕士研究生,研究方向为明清哲学。

② 傅小凡著:《李贽哲学思想研究》,福建人民出版社 2007 年版,第 5 页。

③ 近年来,多位学者从人文主义视角出发,以李贽"心"的探讨作为基本面,聚焦自由主义、哲学代宗教、主体性哲学、交友观等维度,梳理了李贽思想中的多种现代化元素,对李贽的哲学思想作了新的解读,不过相对而言在李贽"心"思想方面的研究仍不够系统化,在其内在层次的剖析上有进一步提升的空间。参见许苏民:《李贽与西学》,载《北京行政学院学报》2016 年第 4 期,第 110~121 页;傅小凡:《李贽哲学思想研究》,福建人民出版社 2007 年版;吴根友:《利玛窦与李贽的交友观及其异同》,载《当代中国价值观研究》2016 年第 4 期,第 75~86 页;徐其超:《自然人性的发现和表现——李贽"童心说"与欧洲人文主义比较》,载《民族学刊》2011 年第 4 期,第 74~84 页。

一、"夫童心者，真心也"

"童心者，心之初也"①，"童心"是李贽"心"论建构的起点，它指"人之初"即父母未生之前的童子之心。

《童心说》开文明义，伊始便指出："夫童心者，真心也。若以童心为不可，是以真心为不可也。夫童心者，绝假纯真，最初一念之本心也。若失童心，便失却真心；失却真心，便失却真人。"李贽在这里提出了"真心"，他以"童心"说明"真心"，又以"真心"说明"真人"，一步步，逻辑严谨，条理分明。"夫童心者，真心也"，"真"是李贽的"童心"强调的核心，也是"童心"第一层次的内涵，它要求人们写真文、做真人，摒弃过多的遮盖掩饰。

人之初生是天然具有"童心"这样一种"一念之本心"，这是最完美、最美好的一种状态，只是"有闻见从耳目而入，而以为主于内而童心失"②，后天受到名利、权位、道理的影响，人才渐趋失去了最初的纯真。

其中，需要格外指出的是，在李贽看来，后天理学教育不仅于"童心"无益，反而是对其的一种遮蔽："发而为言语，则言语不由衷；见而为政事，则政事无根柢；著而为文辞，则文辞不能达。非内含于章美也，非笃实生辉光也，欲求一句有德之言，卒不可得，所以者何？以童心既障，而以从外入者闻见道理为之心也。"③"童心"容易被外在的道理闻见蒙蔽，一旦坠入那些所谓的道理之中，多读书识义理恰恰是对"真"的损耗，"夫既以闻见道理为心矣，则所言者皆闻见道理之言，非童心自出之言也。言虽工，于我何与"④，在这里，李贽指责这些外在的规定性的知识对人本真的约束造成了一个虚假的时代，人人说假话、行虚事、作伪文，自己的追求与行为一切都是"拿来"别人的，不懂得发掘童心，失却了内在的真，这是何等的悲哀。

与此同时，"真心"也是具有主体能动性的，被遮蔽了的"童心"已是处于一种虚伪的状态，但在一些情况下它可以实现向自身的回转，李贽谈道："比类以观，则晦昧为空之迷惑，可破也已。且真心既已包却色身，泊一切山河虚空大地诸有为相矣，则以相为心，以心为在色身之内，其迷惑又可破也。"⑤晦昧有大小，而当它是由于空的迷惑而产生时，便往往易去破除。具体来说，所谓山河、虚空、大地不过是感知的对象，而心是它们的主体，从这一点出发，就不会再去执着于外在的"空"，心本来的"真"也就回转回来了。

此外，"真心"真诚的含义也可落脚到日常话语的层次，也便是放诸在生活中所常提及的语言、行动符合内心真实的想法："夫舜明知象之欲己杀也，然非真心喜象则不可以

---

① 张建业主编：《李贽文集》（第一卷），社会科学文献出版社 2000 年版，第 92 页。
② 张建业主编：《李贽文集》（第一卷），社会科学文献出版社 2000 年版，第 92 页。
③ 张建业主编：《李贽文集》（第一卷），社会科学文献出版社 2000 年版，第 92 页。
④ 张建业主编：《李贽文集》（第一卷），社会科学文献出版社 2000 年版，第 92 页。
⑤ 张建业主编：《李贽文集》（第一卷），社会科学文献出版社 2000 年版，第 127 页。

解象之毒，纵象之毒终不可解，然舍喜象无别解之法矣。故其喜象是伪也；其主意必欲喜象以得象之喜是真也，非伪也。"① 舜对异母弟象的喜爱固然是发自"真心"的，贴合自己内心的本意，不过这并不是从喜爱象的角度出发而是试图得到象的喜爱。我们可以看到，这里的"真心"是完全形而下的贴近日常生活的语境的阐述，是外在言行与内心想法统一的意思。

而"真"除了本初之真诚的含义外，也可做宋明理学中"未发"的解读，李贽也有关于这一概念的论述："督者，人心未发之中，而吾所以生之主也。知此而顺中以为常，不随知以取困，可谓善养生也已。"② "督"在这里便是李贽谈的"真心"，即是内在的主宰，是"人心未发之中"。《中庸》里有所谓"喜怒哀乐之未发谓之中"的表述，宋明以来，后儒对其作了未发之性与已发之情的区分，未发是心之静，已发是心之动，比如朱熹就谈道"'喜怒哀乐未发谓之中'，只是思虑未萌，无纤毫私欲，自然无所偏倚。所谓'寂然不动'，此之谓中。然不是截然作二截，如僧家块然之谓。只是这个心自有那未发时节，自有那已发时节。谓如此事未萌于思虑要做时，须便是中是体；及发于思了，如此做而得其当时，便是和是用，只管夹杂相滚"③。在李贽这里，其"真心"便也是这样一种静的心，恰表现出人的天性的一面。

此外，李贽的"真心"与罗汝芳的"赤子之心"存在逻辑上的关联，同时与"赤子之心"相比在个体的真诚性上做了进一步的延伸：

"赤子之心"的概念最早见诸《孟子·离娄下》，"大人者，不失其赤子之心者也"。据清代学者杭世骏在《订讹类编》中的考证，"赤"同"尺"，早年"尺"与"赤"通用，婴孩的身高不过尺余，所以也称赤子。而根据儒家的"喜怒哀乐未发"之时是指出生后未穿衣服前的说法，赤子也大抵处于这个时间，而"真心"的时间可以从"童心"处找到依据，是指父母未生之前的童子之心。从这个角度来看，"真心"相对"赤子之心"在时间上会更加提前一点。④

罗汝芳在原始义上进一步拓展了"赤子之心"的内涵，他谈道："大道只在此身，此身浑是赤子，赤子浑解知能，知能本非学虑，至是精神自是体贴，方寸顿觉虚名，天心道脉，信为洁净精微也已。"⑤ 从这里我们一方面可以看出罗汝芳的"赤子之心"是与大道相统一的，已具有了本体层面的含义，这一点是和心学的传统相一致的，而另一方面，这"赤子之心"已不纯粹是完全道德意义上的了，而"此身浑是赤子"，它更多的是侧重自然人性方面的。不过，罗汝芳依旧有所保留，在赤子之心中仍或多或少对儒家的孝悌给予了强调，心仍是具有超越性的。而李贽的"真心"对个体真诚的强调在理论上无疑更加精进了一步，消解了心的超越方面的含义而将其归之于大众的普适性。

罗汝芳将赤子之心理解为自然人性，肯定了欲望的合理性，无疑是对传统的"以澄

① 张建业主编：《李贽文集》（第一卷），社会科学文献出版社 2000 年版，第 69 页。
② 张建业主编：《李贽文集》（第七卷），社会科学文献出版社 2000 年版，第 48 页。
③ 《朱子语类》（第四册卷六十二），中华书局 1986 年版，第 1509 页。
④ 许建平：《李贽思想演变史》，人民出版社 2005 年版，第 65～66 页。
⑤ （清）黄宗羲著：《明儒学案》（下册），中华书局 1985 年版，第 764 页。

澈湛然为心之本"的一种反叛，而李贽在此基础上更进了一步，从个体感受、诉求、利益的角度来谈"童心"，强调了"真"的成分，再次拓展了"赤子之心"的深度。①

二、"夫私者，人之心也"

"童心"固有其在自然生命层面上的含义，但仍可进行深入的探讨，在"真"的一面外，它还有"私"的内涵，这也便是"私心"。

其实，"真"与"私"是同一论述的两面，"真"是指人之初生时一种天然具有的状态，而在那样一种未经教化的婴儿状态下，出于成长和生存的需要人最早萌生的必然是利己导向的"私"。换言之，对自己的"真"在行动上蕴含着"私"的倾向，而强调"私"也便是在落实"真"的观念。

如果说王守仁的"心"更多的还是"人同此心，心同此理"的这样一种形式，本质上仍没有跳出对"理"的依赖。到了李贽这里就完全不同了，心在李贽这里被拉回到个体的视角，虽仍有本体性的意义，但已失去了超越性的内涵，演变成了一种个体的"我"的"私心"。

在《德业儒臣后论》中，李贽谈道："夫私者，人之心也。人必有私，而后其心乃见。若无私，则无心矣。""私"是人的一种天性，人作为感性存在是具有现实性的，往往都是从自身的利益出发去衡量要做的事，这也便是一种内在的真诚，它并不排除"公"的因素，但将"童心"表述成"私心"在逻辑上也是行得通的。

"私"不仅是合理的，而且也是必要的。在李贽看来，"私"是在现实社会中立足的凭靠与依据。他谈道："大圣人亦人耳，既不能高飞原举，弃人间世，则自不能不衣不食，绝粒衣草而自逃荒野也。故虽圣人，不能无势力之心……以此观之，财之与势，固英雄之所必资，而大圣人之所必用也，何可言无也？吾故曰：虽'大圣人不能无势利之心。'则知势利之心，亦吾人禀赋之'自然'矣。"② 他认为"势利之心"是人"禀赋之'自然'"，即使是圣人也离不开财与势，因而"私"应是楔入"童心"内的。

与此同时，李贽也提供了现实生活上具体的例证，他谈道："如服田者，私有秋之获而后治田必力；居家者，私积仓之获而后治家必力；为学者，私进取之获而后举业之治也必力。故官人而不私以禄，则虽召之，必不来矣；苟无高爵，则虽劝之，必不至矣。虽有孔子之圣，苟无司寇之任，相事之摄，必不能一日安其身于鲁也决矣。此自然之理，必至之符，非可以架空而臆说也。然则为无私之说者，皆画饼之谈，观场之见。但令隔壁好听，不管脚跟虚实，无益于事。祇乱聪耳，不足采也。"③ 无论是农民、商人，还是学子其实都期待着一份可期许的收获，不然就失去了做事的动力。为官也是这样，爵位与俸禄这样的私利虽然不见得是最重要的，但却是不可或缺的。无私不见得好，常常会流于空谈，而对"私"的强调却是"自然之理，必至之符"。

① 冯达文、郭齐勇主编：《新编中国哲学史》（下册），人民出版社 2004 年版，第 181~182 页。
② 张建业主编：《李贽文集》（第七卷），社会科学文献出版社 2000 年版，第 358 页。
③ 张建业主编：《李贽文集》（第三卷），社会科学文献出版社 2000 年版，第 626 页。

值得注意的是，李贽曾在个体的"我"上建构过一个形而上的宇宙论上的根据，从而使"私心"的逻辑结构更加系统。

李贽晚年潜心钻研周易，汪本钶在《卓吾先师告文》中说"钶计从师先后计九载，见师无一年不读《易》，无一日无一时刻不读《易》，至于忘食忘寝，必见三圣人之心而后已"①。研究《易》作《九正易因》，是李贽晚年最重要的事情之一，长期以来，《九正易因》在李贽的著作里得到的关注颇少，这是一种错判与误读。②

李贽在《九正易因》中指出："是故一物各具一乾元，是性命之各正也，不可得而同也。万物统体一乾元，是太和之保合也，不可得而同也。万物统体一乾元，是太和之保合也，不可得而异也。故曰：乃利贞。然则人人各正一乾之元也，各具有是首出庶物之资也。乃以统天者归之乾，时乘御天者归之圣，而自甘与庶物同腐焉，不亦伤乎！万国保合有是乾元之德也，何尝一日不咸宁也。乃以乾为天，以万为物，以圣人能宁万国，以万国必咸宁于圣人，不宜伤乎！故曰：乾：元，亨，利，贞。举四德以归乾，而独以大哉赞元，其旨深矣。呜呼！乾之群龙，可得而见也。乾之群龙无首，不可得而见也。故用九者，能真见群龙之无首，则自然首出庶物而万国皆咸宁矣，自然时乘御天而宇宙在吾手矣，自然大明乾道之始终，一元统天而万化生于身矣。故曰：用九：见群龙无首，吉。吉者，元也，亨也，利也，贞也。"③

在李贽看来，"一物各具一乾元，是性命之各正也，不可得而同也"，与自然界的"庶物"相区分，每个人都有一个"乾之元"，而且是"一物各具一的"，由此彰显出个体的价值。更进一步地，李贽指出"人人各正一乾之元，各具有是首出庶物之资也"，每个人只要做出相应的努力，就都有首出万物的可能，不必去钦羡圣贤"统天""御天"的本领。"用九：见群龙无首"，没有"一"的自然状态恰是最好的情形。在这里，统一的"一"被否决掉，个体的"我"得到了推崇。

就这样，"私心"获得了一个逻辑在前的宇宙论的依据，它通过对个体的"我"的强调为"私"的现实流转提供了背景的支撑，使"私心"的正当性得到合理化。

三、"童心者，最初一念之本心也"

前文谈到"真心"与"私心"，其实这里的"真"并不是从认识层面来谈的，它更多的是一种纯自然之性，排除了后天人力干扰的因素，因而"真心"恰李贽常谈到的"清净本原"，它是"山河大地"的依据，也就是"本心"；而"私"作为一种带有价值取向的论断也需要一个形而上的"本心"来获得在现世世界发用的依据，同时"本心"也有一些贴近个体现实的心理表现，便也是"私心"的发用。

因而"童心"第三层次的内涵就是从本体意义来谈的，是"真心"与"私心"的统

---

① 《李贽研究参考资料》（第一辑），福建人民出版社 1975 年版，第 59 页。

② 张建业：《李贽与〈九正易因〉》，载《北京师院学报（社会科学版）》1988 年第 1 期，第 1~9 页。

③ 张建业主编：《李贽文集》（第七卷），社会科学文献出版社 2000 年版，第 94 页。

一的"本心"。

"童心"是心之初，也便是"本心"或"心之本"，首先可以看到的便是"本心"具有的超越性和形而上的特点。

那么，这种形而上的本心是如何发生的呢？李贽指出："真空既能生万法，则真空亦自能生罪福矣。罪福非万法中之一法乎？须是真晓得自无罪福乃可，不可只恁麽说去也。二祖当时说心说性，亦只为不曾认得本心本性耳。认得本心本性者，又肯说心说性乎？故凡说心说性者，皆是不知心性者也。何以故？心性本来空也。本来空，又安得有心更有性乎？又安得有心更有性可说乎？故二祖直至会得本来空，乃得心如墙壁去耳。既如墙壁，则种种说心说性诸缘，不求息而自息矣。诸缘既自息，则外缘自不入，内心自不惴，此真空实际之境界也，大涅槃之极乐也，大寂灭之藏海也，诸佛诸祖之所以相续慧命于不断者也。"①

我们不难发现，在李贽看来，本心是虚空的，不需要人们再用言语去进行解释来说明它无形、无相，它是外在无法干涉的"大涅槃之极乐""大寂灭之藏海"，是一种生"万法"的"真空"。

需要说明的是，李贽这里的"真空"与僧肇在《不真空论》中所说的有一定的出入，僧肇认为"不真"，故"空"，然又不"真空"。万物因缘而生，赋有形象，又因缘而灭，本身无恒性，皆是"假有""不真"。而"空"就在这些"不真"和"假有"里。而在李贽看来，"真空"却是外缘自不入的"本心"的主体状态，先取的是认识义，而且本体与现象的联系被进一步割裂掉了。不过僧肇主张世间参差万象的所谓现象世界就是本体本身，这样一种宇宙生成观是与李贽相通的，李贽谈道："若无山河大地，不成清净本原矣。故谓山河大地即清净本原，可也。……是犹欲取清净本原于山河大地之中，而清净本原已合于山河大地。"② 李贽理解的可以化育万物的"本心"，理应是在万物之中的，所谓"吾之色身泊外而山河，遍而大地，并所见之太虚空等，皆是吾妙明真心中一点物相耳"③，很多时候，李贽谈到"真心"也便是在指"本心"，他在这里便用了"真心"的提法，指出人身、山河、大地、虚空都是"真心"的显相，从另一个角度来看，这无疑是陆九渊的"宇宙便是吾心，吾心便是宇宙"的心学路数的传承与发展。

而"本心"这种含义在行动上也导向了一种去现实的行动取向，李贽说道："公但直信本心，勿顾影，勿凝形，则道力固自在也，法力固自在也，神力亦自在也。"④ 要直接相信"本心"，不迷恋外在的虚幻，不执著肉体的长生，道力、法力、神力自然而然地就得到了。更进一步地，李贽做了一个喻证："是皆心相自然，谁能空之耶？心相既总是真心中所现物，真心岂果在色身之内耶？夫诸相总是吾真心中一点物，即浮沤总是大海中一点泡也。使大海可以空却一点泡，则真心亦可以空却一点相矣，何自迷乎？"⑤ 仍是取

① 张建业主编：《李贽文集》（第一卷），社会科学文献出版社2000年版，第164页。
② 张建业主编：《李贽文集》（第一卷），社会科学文献出版社2000年版，第160页。
③ 张建业主编：《李贽文集》（第一卷），社会科学文献出版社2000年版，第127页。
④ 张建业主编：《李贽文集》（第一卷），社会科学文献出版社2000年版，第112页。
⑤ 张建业主编：《李贽文集》（第一卷），社会科学文献出版社2000年版，第127页。

"真心"的清净本原义,即"本心",李贽认为,在"真心"中放下一点外在的"相",就像大海中少冒了一些泡一样,又有什么值得在意的呢?

"本心"的发生大抵是与"真"相关联的,但在更贴近现实的层面它却显露出个体性来,"私"的成分在这里体现出来,李贽谈道:"若乃切切焉以求用,又不能委曲以济其用,操一己之绳墨,持前王之规矩。以方柄欲入圆凿,此岂用世才哉!徒负却切切欲用本心矣。吾儒是也。"① 这里的"本心"指的是意欲,在李贽看来,急切实现一直追寻的这样一种意欲强烈的"本心"是无功过的,但不懂得变通,用固有的偏见或死板的教条来运用"本心"自然徒劳无功,白白消磨了这种热情。

其次,"本心"也可以从理想、信念的角度来谈:"由今而观,彼其含怒称冤者,皆其未尝识面之夫;其坐视公之死,反从而下石者,则尽其聚徒讲学之人。然则匹夫无假,故不能掩其本心;谈道无真,故必欲划其出类,又可知矣。夫惟世无真谈道者,故公死而斯文遂丧。公之死顾不重耶!而岂直泰山氏之比哉!"②

这里流露出李贽对何心隐蒙受冤屈的愤懑,他认为何心隐是"真谈道者",与耿定向的假道学不同,何心隐始终未丢失自己的"本心",然而却也难免孤独,而在那样一种历史条件下李贽这种把个人生死置之度外的激烈批判也不能不说是对"本心"的坚守。

而这种意义上的"本心"倒也不见得都是有益的,李贽也做了另一种负面情景下的探讨,他说道:"公但知小人之能误国,而不知君子之尤能误国也。小人误国犹可解救,若君子而误国,则未之何矣。何也?彼盖自以为君子而本心无愧也。故其胆益壮而志益决,孰能止之"③,一旦应用不当,"本心"恰会使走错了方向的君子"胆益壮而志益决",对国家造成更大的危害。

四、结语

总之,李贽从"童心"谈起,先发掘出"真心""私心"的含义。其中,"真心"的"真"是真诚的含义,与此同时,"真心"也可作"未发"的解读,并与罗汝芳的"赤子之心"存在逻辑上的关联。"私心"可以作人禀赋之自然的解释,同时,作为一种对个体价值的强调,它还有着宇宙论的前提在。接着李贽在"真心"与"私心"二者的统一中找到了"本心"这样一重内涵,"本心"从发生层面来讲具有超越性和形而上的特点,是与"真"相关联的,而在贴近个体现实的心理表现上,则表征为"私心"的发用。就这样,李贽得以搭建起心的完整架构。这里的"心"虽然仍有本体上的含义,但其中"一"与"理"道德超越性的成分已被剔除出来,代以之个体性的原则,表征出了一种"贵我"的近代性价值。

---

① 张建业主编:《李贽文集》(第一卷),社会科学文献出版社2000年版,第13页。
② 张建业主编:《李贽文集》(第一卷),社会科学文献出版社2000年版,第83~84页。
③ 张建业主编:《李贽文集》(第一卷),社会科学文献出版社2000年版,第204页。

　　而从一种更宏观的全球视角出发，西欧社会与明清之交相仿也同处于中世纪向近代社会转型的时期，在这样一个阶段，李贽的"心"论所流露的主体性哲学与西方近代人文主义思潮交相辉映，为其逻辑与现实上关联的比较研究留下了进一步的研究空间。

试论刘笑敢"两种定向"说
——以《诠释与定向》为中心

● 胥子龙①

【摘 要】

"两种定向",指的是在经典诠释活动中的"历史的、文本的取向和现实的、自我表达的取向"。刘笑敢提出"两种定向"的问题意识在于作为"现代学科"的中国哲学的身份自觉和方法意识,但在应用当中,会遇到无法确定文本本义的困难,即使刘笑敢提出了"素朴性原则"和"相对一致性原则"也无法完全解决。因此,更重要的是要在研究中保持高度的自觉意识。

【关键词】

两种定向;解释学;自觉意识;异向诠释

20 世纪以来,伽达默尔哲学诠释学在研究中国哲学的学者中引起了广泛的关注。他们积极地尝试将哲学诠释学与中国古代长期的注经解经传统结合起来,以此建立中国哲学的诠释学。这一尝试最早由海外学者开始,典型代表如傅伟勋"创造的诠释学"、成中英"本体诠释学"以及黄俊杰"中国诠释学"。而在中国大陆,虽然早在 20 世纪 80 年代就已经开始了对伽达默尔诠释学著作的译介,但学者们普遍都还只是关注这一思想本身。20世纪 90 年代末至 21 世纪初,汤一介发文多篇提倡创建"中国解释学"。随着汤一介的倡导,大陆学者才纷纷开始关注中国解释学的问题。刘笑敢的"两种定向"说正是诞生于这一背景之下,2009 年结集出版的《诠释与定向》一书便是他思考"两种定向"问题的最终成果。

"两种定向",简单来说,就是在经典诠释活动中的"历史的、文本的取向和现实的、自我表达的取向"②。以历史、文本为定向的诠释活动,追求的是文本可能的本义,即"揭示和解释经典本义以及圣人之意"③。这并非单纯地对文字或者是历史典故进行考据和解释,而是包含了解释者本人对于可能的本义的理解。在具体的诠释活动中,这一定向表现为"顺向诠释",即"解释文本固有思想",或"模拟文本可能的思想体系",或"顺

---

① 作者简介:胥子龙,武汉大学哲学学院中国哲学专业 2019 级硕士研究生,研究方向为明清哲学。

② 刘笑敢著:《诠释与定向——中国哲学研究方法之探究》,商务印书馆 2009 年版,第 61 页。

③ 刘笑敢著:《诠释与定向——中国哲学研究方法之探究》,商务印书馆 2009 年版,第 134 页。

着文本固有的思路创造新的思想体系"①。以现实、自我表达为定向，追求的是"建立、表达、论述自己的哲学观点"②，在具体的诠释活动中表现为"自我表现式诠释"③。"自我表现式诠释"又可分为"异向诠释"和"逆向诠释"。"异向诠释"与"逆向诠释"之间的差别在于，"异向诠释"的作品与原作品间只是有"重要的或根本的不同"，而"逆向诠释"则是"否定了原作基本概念、命题"④。

一、"两种定向"的问题意识

其实许多学者都已经意识到了诠释活动中存在的两种不同的取向，也有过各种不同的表述。比如中国古代便有"六经注我"和"我注六经"的区分，现代学者黄勇也提出过"为己之学"和"为人之学"两种解释学⑤。但这些说法，其实与伽达默尔的解释学一样，关注的重点都是人的理解活动，而刘笑敢，正如方旭东所评价的那样⑥，是在方法论的层面上来，试图提出某种切实可靠的研究、评价前人诠释性哲学著作的方法。

因此，正如刘笑敢本人所言，他关注的核心问题是"中国哲学'作为一个现代学科'的基本建设和未来发展的可能性问题"⑦。具体来说，就是中国哲学作为"现代学科"的身份自觉与方法自觉问题。在刘笑敢看来，中国哲学，是要"以西方哲学的概念体系以及理论框架来研究分析中国本土的经典和思想"⑧。所谓"西方哲学的概念体系和理论框架"，指的就是方法自觉问题，所谓"中国本土的经典和思想"，指的就是身份自觉的问题。

先来看身份自觉，也就是研究对象的问题。20世纪之初，随着中国被动的对外开放和西方学术的传入，中国学人仿照西方哲学建立起了中国哲学，希图以之将中国古代的子学、经学、佛学、道学等学问都囊括了进来，放在一个学科体系中加以研究。然而，这一学科的合法性一直以来备受质疑，特别引起争议的就是中国传统的注经、解经著作，既有从西方哲学立场出发批评这些著作不是哲学的，也有从传统立场出发认为没有必要拿中国传统学问去附会西方哲学者。

这两种批评都是有一定道理的。就前一批评而言，在先秦时期，思想家们往往"直抒胸臆"，直接地针对某一问题发表自己的观点，或有引用前人之言，也只是将之作为佐证或批判对象。《孟子》《荀子》《庄子》乃至于《吕氏春秋》等皆是如此。而随着汉代

---

① 刘笑敢著：《诠释与定向——中国哲学研究方法之探究》，商务印书馆2009年版，第136页。

② 刘笑敢著：《诠释与定向——中国哲学研究方法之探究》，商务印书馆2009年版，第134页。

③ 刘笑敢著：《诠释与定向——中国哲学研究方法之探究》，商务印书馆2009年版，第136页。

④ 刘笑敢著：《诠释与定向——中国哲学研究方法之探究》，商务印书馆2009年版，第136页。

⑤ 黄勇：《解释学的两种类型：为己之学与为人之学》，载《复旦学报》（社会科学版）2005年第2期，第45~52页。

⑥ 参见方旭东：《通过诠释以建立哲学：内在机制与困难》，载《南京大学学报》（哲学·人文科学·社会科学版）2008年第2期，第89~98页。

⑦ 刘笑敢著：《诠释与定向——中国哲学研究方法之探究》，商务印书馆2009年版，第1页。

⑧ 刘笑敢著：《诠释与定向——中国哲学研究方法之探究》，商务印书馆2009年版，第4页。

经学的兴起，注解经典逐渐成为了古代学者做学问的主要方式，比如说王弼《老子注》、郭象《庄子注》、孔颖达《五经正义》、朱熹《四书章句集注》、焦循《孟子正义》等。这些注经、解经的著作，其主要内容一般是解释前人的思想。从形式上来看，显然与西方哲学式的表达方式大相径庭。就后一批评而言，中国传统的学问，是按照经、史、子、集的方法来进行分类，任何一部作品，无论是经书、子书，还是针对这些经书、子书的注解著作，都可以在这个体系中找到自己相应的地位，并不需要附会西方哲学。

这就引起两个问题：第一，中国传统的注经、解经著作，在何种程度上具有哲学性？第二，本属于一个体系的注经、解经著作，如何区分何者应当被纳入中国哲学的研究范围，何者又应被排除在外？

对此，刘笑敢区分出了三个概念："非哲学性的注解""哲学性的诠释"以及"诠释性的哲学著作"。[①] 他注意到，在实际情况中，注释文字与表达思想的作品之间，并不存在一个能够使之判然二分的界限。在注释文字的作品中，注释者需要对文义进行必要的疏通，这不可避免地会注入注释者本人的理解；在表达思想的作品中，诠释者不得不对某些关键文字作出注释。因此，他将"完全不能纳入中国哲学史研究范围"的注释作品归为"非哲学性的注解"，将其排除在外，而以是否在原有经典之上提出新概念、新命题，建立完整的哲学体系为标准区分"哲学性的诠释"与"诠释性的哲学著作"。

对于究竟怎样才能算作"哲学体系"，刘笑敢提出了五个条件："一是其思想必须以讨论哲学问题为主；二是有丰富的多侧面的思想内容；三是多侧面的思想之间有内在的统一性、连贯性；四是不同的思想侧面之间有理论结构上的或逻辑上的相互关系；五是这些思想应具有独特性、创造性。"[②]他据此标准列举出王弼《老子注》、郭象《庄子注》、胡瑗《周易口义》、周敦颐《易通》、程颐《易传》、朱熹《四书章句集注》、方以智《药地炮庄》、戴震《孟子字义疏证》等范例。这些"诠释性的哲学著作"，正是满足了以上五个条件，因而它既具有哲学性，也可以与其他注经、解经作品区分开来。

其次再来看方法自觉问题。西方哲学的概念和理论，很难简单直接地作为中国哲学的研究方法来使用，伽达默尔的诠释学理论同样如此。在刘笑敢看来，若将伽达默尔的诠释学理论直接应用到中国哲学的研究中，会面临两个问题。

其一，伽达默尔诠释学理论从性质上来说是一种本体论（ontology），而非方法论。"伽达默尔的哲学诠释学是哲学，是存有论，核心问题是人的此在或亲在，不是方法论，不是任何学科的研究方法。"[③] 伽达默尔诠释学十分契合中国古代以注解经典来表达思想的传统，为这一传统的哲学性提供了有力辩护。正如前文所言，相当一部分人认为，在中国古代思想史中，只有先秦的孔孟老庄算得上是哲学家，后来者都不过是给他们做注脚，自己并不具有独创性的哲学思考。"视域融合"理论，肯定了在诠释作品中，诠释者相对于诠释对象（即文本），并不处于附庸和从属的地位，诠释的结果，是经由诠释者与诠释对象二者"视域"的共同作用而产生的。也就是说，虽然采取了注解经典的方式，诠释

① 刘笑敢著：《诠释与定向——中国哲学研究方法之探究》，商务印书馆 2009 年版，第 32 页。
② 刘笑敢著：《诠释与定向——中国哲学研究方法之探究》，商务印书馆 2009 年版，第 41 页。
③ 刘笑敢著：《诠释与定向——中国哲学研究方法之探究》，商务印书馆 2009 年版，第 13 页。

者依然有可能在这一过程中建立新的哲学体系。然而，"视域融合"理论毕竟不提供任何一种确切的方法供研究者使用，故在进行具体的中国哲学研究时，不能将其作为一种方法论而直接使用。

其二，"视域融合"理论有导向相对主义的危险。"视域融合"理论将理解活动看作解释者的"视域"与文本的"视域"不断接近、融合的过程，在刘笑敢看来，这样容易导致一种观点，即"一切诠释都是视域融合的结果，因而各种诠释都没有高低对错、雅俗精粗的区别，因而都有同等的价值"①。相对主义的指控是一种对伽达默尔解释学的常见批判，他本人对此也有过辩护和反驳。不过刘笑敢在此的批判并不是针对理论本身，而是指出该理论的应用可能导致的破坏性后果：失去对于好坏优劣的评价标准，即使是任意曲说的诠释作品也可能被认为是有价值的，从而消解了学术研究的严肃性。

因此，如果要将诠释学理论应用到具体的中国哲学研究中来，首先要将其改造为一种方法论，其次要克服在应用中可能导致的相对主义倾向。这正是"两种定向"所期望达成的目标。

二、"两种定向"的应用

在《诠释与定向》一书中，刘笑敢尝试用"两种定向"来解决关于郭象《庄子注》评价争议的问题。

历史上，对《庄子注》，称誉者有之，非毁者有之，两极分化颇为严重。其书之所以引起争议，是因为郭象并未忠实地解释《庄子》一书本来的思想，而几乎处处发挥自己的理解。当然，他的发挥和注释是十分精彩的。因此，古代学者对待《庄子注》的态度，很大程度上还是取决于个人对郭象注释中的观点言论的好恶，若喜好之，便说《庄子注》是一部好作品，反之，则诬其为一无是处。

古人可以仅凭个人喜好对《庄子注》作出评价，但今人却不能简单地顺遂古人的争议，而是要去探索争议背后的东西，也就是去探索这些不同的评价所依据的标准是什么。从与《庄子》的本义相契合的程度来看，郭象的注释与之相去甚远。从这个角度来看，则难免以郭象之注解为不可接受的曲说。从思想之创发来看，郭象又确实对《庄子》中的"道""性""逍遥""齐物"等概念提出了相异而又富有创见的新观点。从这个角度来看，郭注是为一难得之佳作。将这两种角度区分清楚了，下一步就可以将《庄子注》划分为自我表达取向下的逆向诠释的作品，以是否成功地建立了新的哲学体系为标准来衡量之，而不是纠结于郭象注是否符合庄子本义，从而更进一步地，就可以对其进行更深入、更具有学理性的研究。

这是刘笑敢所希望达到的目的。然而，问题在于，大多数的诠释作品，都不会像郭象这样"旗帜鲜明"地进行逆向的诠释，在序言中就对原作展开批判。大多数作品，尤其是对儒家经典的诠释作品，总还是在阐明"圣贤本义"的思路指导下完成的。况且，即使是对郭象的《庄子注》，也不是没有人认为其注解十分符合《庄子》本义。因此，区分

---

① 刘笑敢著：《诠释与定向——中国哲学研究方法之探究》，商务印书馆 2009 年版，第 16 页。

"两种定向",分别顺向和逆向诠释,关键还在于确定所谓的文本的"本义"。

希望以经典的"本义"去衡量经典诠释作品的定向,事实上需要对两个"本义"都有准确的把握,即诠释作品和它诠释的对象两者。无论是被认为是逆向诠释典型代表的郭象也好,还是被认为是顺向诠释典型代表的王弼也好,他们固然是在通过文本试图理解《老子》《四书》,今人又何尝不是试图通过诠释者的文本来理解诠释者呢?伽达默尔诠释学理论认为,读者对于文本本义的理解只能无限接近,而永远不可能完全理解本文。今人甚至连诠释者的"本义"都未必能够理解,又如何既理解原本的"本义",又理解诠释者的"本义",还对这两者的关系做出分辨呢?

刘笑敢提出了两个原则来解决这一问题:"素朴性原则"与"相对的一致性原则"。"素朴性原则"即"对原典只做文字学、语法规则所允许的最朴素的解释","相对一致性原则"即"反对过分地强调逻辑的一致性"。[1] 刘笑敢希望通过这两个原则来排除文本含义的丰富性,将其可能的"本义"缩小到最小的范围,从而构建出能够区分两种定向的"实验室条件"。

然而,事实上,这两条原则,都只能说是一种理论上的设想,而在刘笑敢本来所强调的方法实践层面,都将会遇到困难。

"素朴性原则"要求"只做文字学、语法规则所允许的最朴素的解释",这一原则,的确一定程度上能够解决古文中因句读而产生的歧解。典型的例子就是《论语》中"民可使由之,不可使知之"一句,可以断为"民可,使由之,不可,使知之""民,可使由之,不可使知之""民可使,由之,不可使,知之"等数种。不同的断句,指向了不同的含义,并且都可以进行相应的有解释力的义理阐释。但若根据语法规则来作最朴素的解释,则似乎第二种的句读最符合先秦时期的一般语法规则,这样就能确定这一句的本义。

然而,这一原则对于古代典籍中的"微言大义"现象似乎就没有那么好的解决能力了。最典型的例子就是《春秋》中"郑伯克段于鄢"一句,若对此句作最朴素的理解,那么这无非是讲了郑伯在鄢地打败了段的事情。然而,通过《左传》《穀梁传》《公羊传》的解释,可以发现,此一句的内涵并不这样简单。比如说为什么要用"克"字,《左传》说:"如二君,故曰克。"《穀梁传》说:"克者何?能也。何能也?能杀也。何以不言杀?见段之有徒众也。"《公羊传》说:"克之者何?杀之也。杀之则曷为谓之克?大郑伯之恶也。母欲立之,己杀之,如勿与而已矣。"[2]《左传》说的委婉,《穀梁传》和《公羊传》说的直截了当,都指出"克"字不仅有战胜和打败的意思,还表示段在郑国势力强大,更深一层还表示段的势力是郑伯故意放纵才成长起来的,而郑伯的用意正是为了杀死段,从根本上消除段的威胁。因此,"克"字的使用,并不仅仅是描述一个事实,还包含了对郑伯险恶用心的批评。当然,也可以说《春秋》确实只是在记述一个史实,"克"字所包含的批评意味是《左传》等诠释的结果,且"微言大义"尚且是史学领域的问题。但在哲学领域中,《庄子》的寓言也将对这一原则构成挑战。因此,无论是"微言大义"还是《庄子》的寓言,文本本身很可能就不是在最朴素的意义上使用字词,如果按照文

---

① 刘笑敢著:《诠释与定向——中国哲学研究方法之探究》,商务印书馆 2009 年版,第 144 页。

② 《春秋三传》,上海古籍出版社 1987 年标点本,第 37 页。

字学上最朴素的解释来理解多义字，将会错误理解文本意图表达的"本义"，进而错误判断诠释的定向。

"相对一致性原则"，意在提醒研究者，不要去做诠释者的工作，不要去试图通过解释的方式去修复文本中的逻辑不统一，而是在承认其存在的前提之下，去把握文本的本义。可以确定的是，任何文本或者思想体系的内部，都必然存在或大或小的逻辑张力。作为诠释者，一个重要的工作就是弥合这种张力，尽力地将文本解释为一个具有一贯性的系统。于是诠释者就不得不在诠释中注入自己的理解，而对文本中的某一些方面作出改变。比如朱熹在《四书章句集注》中，将"仁"解释为"爱之理，心之德"①，就是为了解决孔孟以仁为情和二程以仁为性的张力。但研究者在肯定孔孟、二程之间存在分歧的前提下，可以更客观地把握住其文本的本义。

然而，问题在于，这个"相对"究竟是何种程度上的"相对"？一方面来说，如果研究者过分强调逻辑统一性，难免会过度理解文本而错失其"本义"，但另一方面来说，如果研究者不强调逻辑统一性，不去理解文本中表面冲突的背后深层的联系，则又会因对文本理解过于肤浅而错失其"本义"。这之间的程度应当如何把握？刘笑敢未能给出一个确定的答案。

三、"本义""前见"与"自觉意识"

那么，这是否就意味着理解文本的"本义"是不可能的？回答这一问题，必须要回归到伽达默尔诠释学理论中去。

"视域融合"理论认为，"视域"由"前见"构成，"前见"即"解释者理解某一事物的先行立场或视角"②，而理解活动则是"视域的融合过程"③。因此，"视域融合"的结果在很大程度上受到"前见"的影响。"前见"可以分为两种，一种是"得以进行理解的真前见"，另一种是"产生误解的假前见"④。这就表明，任何人，对于任何文本的理解，都不可能达到所谓的"本义"，而必然是"视域融合"的结果。因此，两种定向所孜孜以求的"本义"，实际上是伽达默尔所谓的"真前见"。

这二者之间又如何区分？伽达默尔认为，解释者自身无法认识到自己的历史处境，因而不能对这两者作出区分，只能依赖于"时间距离"的作用将两者分开。这种方法的确是有效的。自先秦以来2000余年的历史中，学者著书、立说何止亿万字，但被奉为经典而为历代学人苦读不倦之书，不过寥寥十数本。围绕这些经典的诠释作品也是浩如烟海，不可计数。但经过历史的汰渍和"时间距离"的作用，充斥着"假前见"的低劣烂俗之

①　《四书章句集注》，中华书局 2016 年版，第 48 页。
②　洪汉鼎：《伽达默尔的前理解学说（上）》，载《河北学刊》2008 年第 1 期，第 43～52 页。
③　[德] 汉斯-格奥尔格·伽达默尔：《诠释学 I 真理与方法 哲学诠释学的基本特征》，洪汉鼎译，商务印书馆 2010 年版，第 433 页。
④　[德] 汉斯-格奥尔格·伽达默尔：《诠释学 I 真理与方法 哲学诠释学的基本特征》，洪汉鼎译，商务印书馆 2010 年版，第 423 页。

作自然消失在漫漫的历史长河中，保留下来的大多是由"真前见"而得来的理解。应该说，这一方法是有效的。但问题是，作为一个现代学科的中国哲学，当下便需要给出，或者起码需要试图给出适当的评价，而不能寄希望于数百年历史之汰渍。

因此，在《诠释与定向》一书中，刘笑敢多次强调"自觉意识"。"自觉意识"是对于"两种定向"的"自觉意识"。刘笑敢并不苛责古人在进行诠释活动时需要有着对"两种定向"的自觉认识，虽然古人可能做的比他想的要好一些。刘笑敢更强调的是，作为现代学科的中国哲学研究者在研究、评价古人的诠释作品或是自己在诠释古代经典时，需要保持对于"两种定向"的自觉意识，只有这样才能不断提升研究和诠释的水平，避免两种定向的混杂所导致的矛盾和冲突。

对"自觉意识"的强调，一定程度上来说，的确解决不能达到文本"本义"所引起的问题。文本的"本义"不能达到，这已成为一个事实，但不能认识到这一事实和能够认识到这一事实之间，还是有差别的。不能认识到这一事实，则"真前见"与"假前见"混杂于一起，人云亦云，不知何谓；能够认识到这一事实，可以"加快""时间距离"的作用，使"真前见"显露出来，从而在当下得出一些具有价值的研究成果。

四、余论

在《诠释与定向》书中，还存在一个问题，就是刘笑敢对于"异向诠释"的观点前后颇不一致。如前文所述，在正式给出定义时，他将"异向诠释"看作从属于"自我表现式诠释"之下的概念，但有些时候又将"异向诠释"与"顺向诠释""逆向诠释"并提，似以其为居二者之间而具有平等地位者。① 因此，"异向诠释"在"两种定向"中到底居何种地位，应当加以详究。

"两种定向"说意图克服不确定性，自然需要一个具有确定性的标准，这个标准就是文本的本义。为确定文本的本义，刘笑敢提出了关于"实验室条件"的设想。"实验室条件"的局限，在前文已有所述。但假设我们接受这样一种理想条件的可能性，承认可以确定文本本义最小的可能范围，就将导致另一个问题。在"顺向诠释"中，诠释者对文本进行"历史的、文本的定向"的诠释。如果文本本义是可以被确定的，那么，对该文本"顺向诠释"的结果或许已被预先圈定了。也就是说，"顺向诠释"在致力于克服不确定性的同时，也排斥了诠释活动的开放性和无限的可能性。

如果走出"实验室"，情况就发生了改变。在实际的诠释活动中，文本的本义是只能够无限地接近而永远不可能达到的。因此，无论保持怎样高度的"自觉意识"，如何苦心孤诣地意图以"历史的、文本的取向"来发明圣贤本意其结果，都不可能是纯粹的"顺向诠释"，诠释者自身的理解将会不可避免地掺杂进来。

"逆向诠释"也是同样的道理。"逆向诠释"所谓"否定了原作基本概念、命题"②，也是建立在可以确定文本本义的预设之上。在实际的诠释活动中，即使诠释者追求自我表

---

① 刘笑敢著：《诠释与定向——中国哲学研究方法之探究》，商务印书馆 2009 年版，第 139 页。
② 刘笑敢著：《诠释与定向——中国哲学研究方法之探究》，商务印书馆 2009 年版，第 136 页。

达，也不得不受到诠释对象的影响。

因此，无论是意图进行"顺向诠释"还是"逆向诠释"，在实际的诠释活动中，其结果都只有一种表现，那就是"异向诠释"。"异向诠释"的含义出现前后不一致，也正是因为刘笑敢先是在"实验室条件"下定义"异向诠释"，后又脱离"实验室条件"来使用"异向诠释"一词。不过，这并不否定"两种定向"说本身的合理性以及其作为一种方法论的有效性。所谓"定向""取向"，本来就是在意图和目的的层面上来讲的，而不是从结果的层面上来讲。即使结果上只表现出"异向诠释"，意图发掘文本本义而表现出的"异向诠释"与借文本进行自我表达而表现出的"异向诠释"，也还有"异向"的程度的差别。刘笑敢自己也指出，"两种定向"，是"同一个诠释过程中同时存在的两种定向或进路……简单来说，这就是一个过程，两种定向"①。

这一认识的意义在于提醒研究者，不能刻板地区分顺向和逆向诠释，也正是在此意义上，刘笑敢"两种定向"确实成为一种具有实践性的中国哲学研究方法论。

---

① 刘笑敢著：《诠释与定向——中国哲学研究方法之探究》，商务印书馆 2009 年版，第 135 页。

外国哲学

康德论道德进步与理性信仰
——以《纯然理性界限内的宗教》为中心

● 马 明①

【摘　要】

康德基于人之向善的原初禀赋与心灵的道德次序，论述了根本恶的理知根源。由于恶的不可根除，有限的理性主体在德性实现的过程中，不得不面对超时间的道德意念与具体时间中的道德行动、理性无条件命令和不可避免的感性偏好之间的张力与断裂。借此张力，康德一方面给予了道德主体以无限进步和提升的可能性，另一方面为了使我们的道德完善获得最终的实在性，康德导向了对于宗教的讨论。他以"善的生活方式"作为真宗教的基本原则（其对于上帝之国、历史信仰与道德信仰之关系、虔敬教义与德性教义、神恩等的讨论皆贯彻了这一基本原则）建立起一种道德信仰。通过这一信仰，康德为有限的理性存在者提供了一条凭借实践理性就能为上帝所喜的道路。但上帝的引入更多的是为主体的道德进步背书而主观设定下来的，因而很可能导致主体理性的自我封闭。

【关键词】

康德；道德；宗教；信仰

近代欧洲社会在经历了中世纪晚期唯名论思潮的影响之后，对于绝对者的看法早已不同于中世纪上帝既内在于世界因而保证整个宇宙的和谐秩序的同时又超越于世界因而具有存在上的绝对优先性的格局。② 唯名论开始强调上帝的绝对超越性，此世中各种事物并非依照共相与普遍形式而存在，而仅仅是为神的意志随意支配的个体性偶然性存在，上帝的全能意志可以使一切事物都处于变化之中。所谓普遍语词不过是人们在经验之中相互约定的产物，整个世界毋宁是为一个不关心人类福祉与生存的神之随意意志所支配着。③ 这样一位绝对超越的任意之神对人而言变得如此遥远和不可知，人们丧失了对于世界至善秩序的信任，也不再坚信通过内心回转与自我的不断操练就可能更新自身向绝对者提升，而是陷入了恐慌和不确定之中。"人失去了自然秩序中的尊贵地位，被抛入一个无限的宇宙而

---

① 马明，陕西师范大学哲学与政府管理学院外国哲学专业 2019 级硕士研究生，主要研究方向为德国古典哲学。

② 具体参见吴功青：《内在与超越：奥古斯丁的宇宙目的论》，载《哲学研究》2020 年第 11 期，第 94~104 页。

③ 这种无序观念渗透在方方面面：自然不再把人导向善，也没有普遍目的；在道德上，一切律令唯有通过上帝启示才能够知晓；在政治上，上帝也不再作为政治的基础。

漫无目的的漂泊，没有自然法则来引导他，没有得救的确定道路。"① 随之而来的便是教会在人们赎罪得救、通往上帝的道路上发挥着越来越重要的作用。唯有通过教会这一中介（赎罪券、特殊的弥撒、事后的忏悔、神职人员的人道许诺等），人们才能够得到救赎。

在这样的背景之下，重新思考人与上帝、自然之间的关系是近代人所面临的重要问题。可以说，整个近代哲学都是在不同程度上对唯名论所塑造的这种混乱无序的世界作出回应。② 例如，宗教改革家路德强调外在恩典和归算称义，称义不但不需要任何事功，反而要通过人性不断地自我否定和彻底虚无化才可能进行"无中生有"的恩典拯救，以此来反对教会的种种腐败；③ 霍布斯从人的自然状态出发，以自然法作为人类社会不言自明的前提，建立了一套政治科学，使人类可以在唯名论塑造的这个无序的世界之中保护自身；莱布尼兹在其《神正论》中通过最好世界、形而上学的必然性和道德必然性之间的区分、上帝容许恶作为善的伴生而存在以成就更大之善等为世界普遍秩序做出论证，以对抗唯名论绝对全能之神——"他就是无缘无故的活动，而他对宇宙的治理就会像某些游戏或赌博一样，同等地依靠理性和运气。"④

作为启蒙哲学家的康德也不例外，在人之主体性和有限性的张力之中思考上帝与人之间的关系，为启蒙时代的人们寻找一条凭借自身理性就可导向信仰，成为让上帝所喜悦之人的道路，这是康德道德宗教思想的主要任务。

就国内外目前的研究现状来看，康德在《纯然理性界限内的宗教》中的根本恶及上帝思想，常常会引发其是否与理性、主体性原则相容的问题。例如，如果人在根本上是恶的并且这种恶不可根除，那么在《实践理性批判》中论证的善良意志还是可能的吗？康德的上帝观及道德信仰思想是否和他的批判哲学相容？康德对于神恩必不可少的设定又与其坚持道德的自足性问题如何一致？至善概念对于幸福的引入与其基本的道德原则（只有当行动是出于普遍的道德法则时才具有道德性）是否一致？对此，学者们的研究或者强调康德思想的启蒙特色即对于主体性原则的强调，而忽视了其思想中体现出来的更为深刻的世界秩序层面与对人的有限性一面的洞察。例如，格林（Greene）把康德的上帝观作一种功利化的理解，将其理解为"救急神"（deus ex machina），上帝依然保留在康德的论证中，作为一个救急神被引入，以解决我们的道德困境，且作为一个奖赏我们道德努力的后台大老板。或有学者将康德视为一个新教改革家，强调康德的道德信仰思想与基督教信仰一致的一面，淡化了其思想的启蒙理性一面。例如，施特普斯（Staeps）将康德视为"新教的哲学家"，认为他通过道德人格性的自律学说把新教置于一种哲学基础上。⑤ 里奇尔（Alkbert Ritschl）认为康德第一个觉察到了基督教"上帝之国"作为完善的道德宗教的表现，看到了上帝之国对于伦理学的重要性。还有学者将道德信仰与康德目的论联系起

① ［美］迈克尔·艾伦·吉莱斯皮著：《现代性的神学起源》，张卜天译，湖南科学技术出版社2019年版，第40页。
② 对于这一问题的论述详见［美］迈克尔·艾伦·吉莱斯皮著：《现代性的神学起源》，张卜天译，湖南科学技术出版社2019年版，第6~26页。
③ 孙帅：《马丁路德论称义与运动》，载《哲学研究》2019年第7期，第87~98页。
④ ［德］莱布尼茨：《神正论》，段德智译，商务印书馆2016年版，第600页。
⑤ 具体参见 Staeps. H, *Das Christusbild bei Kant*, Kant-Studien, 1907, pp. 104-116.

来，例如，德克（Pereboom Derk）在其《康德的上帝、恶和目的论》（*Kant on God*，*Evil*，*and Teleology*）一文中认为康德实际上主张一种消极的神义论，以表明传统哲学家们的积极神义论（这种神义论企图解释世界上的恶如何与上帝的存在相容）的失败，而这一消极的神义论主要表现在其第三批判的目的论证明中：尽管我们有认识上的有限性，但我们对于经验世界中的合目的性可以有理性的一瞥。① 而本文试图从《纯然理性界限内的宗教》一书的具体文本出发，旨在通过有限的理性主体在道德进步过程中所呈现出来的种种张力格局，呈现康德在此书中由道德引出宗教的内在必然逻辑，并以中世纪奥古斯丁的思想为例分析康德道德宗教思想的古典一面及其启蒙特质。

一、善恶共存的心灵结构

如果说康德在"第二批判"中通过区分质料原则和形式原则，表明自由作为理性的事实，当我们的意志以纯粹实践理性的法则作为规定根据时，我们就是自由的行动主体，从而道德善就是可以被成就的。那么康德在《纯然理性界限内的宗教》一书中，则立足于善恶共存的心灵结构来考察我们对于自由意志这一能力的具体应用，以为我们达到至善的生活寻找一条现实的道路。

需要指出的是，虽然我们的经验世界中存在着各种具体的恶行，但是康德在这里所要探讨的是恶的心灵，即立足于我们的心灵内部来探讨各种恶行得以可能的理性根源。

首先，恶的原因不可能从我们的自然的感性偏好和外在于我们的客体中寻找。"自然的偏好就其本身来说是善的，也就是说，是不能拒斥的，企图根除偏好，不仅是徒劳的，而且也是有害的和应予以谴责的。"② 康德批评斯多亚学派，认为他们虽然强调我们在道德改善过程中要勇敢地与恶斗争，却找错了敌人——偏好。在他看来，虽然我们必须承认一种感性偏好确实会激发恶的产生，但却并非恶的根源。如果我们把恶直接归咎于感性以及由之所产生的自然偏好，这就意味着恶是人之自然存在的必然结果，因而人无需为此承担责任，这无疑是对道德和自由的一种败坏。

那么对人而言，道德上的恶何以可能？恶只能源于人的心灵，即人对于自由意志这一能力的运用。"人被造就为善的，人的原初禀赋是善的，但人还没有因此就已经是善的，而是在他把这种禀赋所包含的那些动机接纳或不接纳入自己的准则（这必须完全听任于他的自由选择）之后，他才使自己成为善的或者恶的。"③ 立足于《纯然理性界限内的宗教》一书，我们主要从善的原初禀赋和人的心灵结构这两方面做出论述。

康德认为在我们的本性之中有原初的向善禀赋，这种禀赋具有绝对的被给予性，我们

---

① 具体参见 Derk Pereboom，*Kant on God*，*Evil*，*and Teleology*，Faith and Philosophy，1996，pp. 508-533.

② ［德］康德著：《纯然理性界限内的宗教》，李秋零译，中国人民大学出版社 2012 年版，第 43 页。

③ ［德］康德著：《纯然理性界限内的宗教》，李秋零译，中国人民大学出版社 2012 年版，第 30 页。

不能再去追问我们为什么有这种原初禀赋，它也不可以被根除掉。它表现在三个层面：动物性的禀赋——一种出于自然必然性的自我保存的能力；人性禀赋——服从于自爱原则，是人利用自己的理性欲求自身幸福的一种能力；人格性禀赋——出于对道德法则的敬重而以法则作为意志规定根据的能力。这三种禀赋作为被给予的能力是源始的善的，前两种禀赋有可能被恶用而嫁接出恶习，而第三个禀赋仅仅具有善的特性，从这种能力中不可能产生出任何的恶习。同时我们必须强调，它们都只是在可能性上的善，还并不就是现实的善。①

这些善的原初禀赋要借助于人的心灵结构才能实现出来。"人是善的还是恶的，其区别并不在于他纳入自己准则的动机的区别（不在于准则的这些质料）而是在于主从关系（准则的形式）即他把二者中的哪一个作为另一个的条件。"② 伍德将之称为"人类意志对其自由的现实而主观的使用中所展示出来的特性"③。具体而言，当我们的任性把纯粹实践理性产生的道德法则置于自爱原则之上，纳入行动的最高准则时，我们在道德上就是善的；相反，如果我们让道德法则从属于自爱原则，这时候就是颠倒了道德次序。即便我们在经验世界中可能做出善的具体行为，但是由于在心灵结构上已经败坏了，因此在根本上仍然是恶的。由此，康德在这里区分了合乎法则和出于法则。我们的一切行为只有是在内心出于法则的，才真正是善的，"对于任何合乎法则但却不是为了法则而发生的行动，人们都可以说：它仅仅是按照字句，但并非按照精神（意向）是道德上善的"④。

康德把这种对于心灵道德次序颠倒的倾向称为根本恶。它有三个特点：心灵的这种纵向结构与人的感性存在表明我们始终具有一种滑向恶的危险。一旦我们运用自由的时候，就会有这种颠倒道德次序的倾向，因此这种倾向是不能被根除的，它普遍地存在于作为族类的人身上，即便我们在每一次具体的行为中采纳了一种善的准则，也无法根除掉它；它是由我们自己的任性所招致的，因而必须被归咎于我们自身；由于根本恶已经追溯到任性的主观根据处，不可再追问，因此这种恶具有一种原初性，康德也将其称为"本原之罪"，它是一切具体经验时间中种种恶行（"派生之罪"）的理性根据。

因此，我们并不存在恶的理性，即一种绝对恶的意志，这种意志以一种与法则相背离

---

① 张荣教授在其《爱，自由与责任：中世纪哲学的道德阐释》一书中，将奥古斯丁对于自由意志的观点概括为"有恩典但不完全"，康德在这里对于善的原初禀赋的观点与奥古斯丁有相通之处，即在人这里，善只是一种潜在的能力——"被造成的向善的道德禀赋"，这是上帝的恩典，但是这一恩典必须通过人对于自由意志的应用才能够实现出来。我们需要区分自由、善的概念所涉及的这两个维度。具体参见张荣著：《爱，自由与责任：中世纪哲学的道德阐释》，社会科学文献出版社2015年版，第1~5页。

② ［德］康德著：《纯然理性界限内的宗教》，李秋零译，中国人民大学出版社2012年版，第22页。

③ ［美］伍德著：《康德的道德宗教》，李科政译，中国人民大学出版社2020年版，第174页。

④ ［德］康德著：《实践理性批判》，李秋零译，中国人民大学出版社2011年版，第68页。奥古斯丁在驳佩拉纠派的时候，也做过这种区分，在他看来人在原罪之后遵循上帝的法则仅仅是在外在地作为诫命遵循，而非出自内心，而真正地遵循上帝的法则必须是从人的内心出发，将其作为心灵的根据，即所谓"文字使人死，精神使人生"。

的原则来规定任性；也不具有一种神圣意志，这种意志与道德律完全符合，即任性的主观准则同时就是客观的道德法则，我们始终是一种中间存在者——"这种恶的心灵，能够与一个总的来说善的意志共存"①。我们行为的善恶区别不在于我们以感性欲求还是道德法则作为唯一的动机，而在于我们将二者中的何者置于优先地位。一切恶都只源于我们心灵次序的颠倒，将感性欲求置于道德法则之上。因此，康德绝非道德狂热者，他并非是要否定我们的感性存在的一面，而是要求我们发挥理性的主动性，用道德法则来引导限制我们的感性欲求，从而成全出更符合人的尊严的道德存在。

二、有限理性存在者道德进步过程中的张力局面

康德在《实践理性批判》中通过对实践能力的批判性考察，以道德法则为核心表明了道德对我们的自足性。"道德法则就像它通过实践的纯粹理性而是行动的形式上的规定根据一样，就像它以善和恶的名义也是行动对象的质料上的，但却只是客观的规定根据一样，它也是这个行动的主观规定根据，亦即动机，因为它对主体的感性有影响，并造成一种能够促进法则对意志影响的情感。"② 虽然我们没有对于自由的任何理论知识，但是通过一种理性的事实——任何人都可以意识到自己能够按照纯粹实践理性的立法形式来行动，自由对于我们而言就是客观实在的③；其次，从法则出发而行动，意志所欲求的对象——善的理智世界，也获得了一种实在性。

而在《纯然理性界限内的宗教》一书中，以善恶共存的心灵结构为基点，康德则具体地向我们展示了有限理性主体的德性必然要通过一种与恶不断斗争的状态才可能实现出来。由于善之原初禀赋的被给予性、道德法则以及自由的客观实在性，因此我们完全有能力从自身作为自由的道德主体出发，成就道德之善，但又由于恶的不可根除性与人的时间性存在，因此，对于有限的理性存在者而言，德性只能实现为在时间序列中与各种恶的倾向不断斗争的过程。

我们将会看到，正是主体道德实践上的这一特性，使其在道德完善的过程中形成了理性无条件命令（义务）和人的有限性之间的张力局面。一方面，就人是自由的道德存在者而言，人凭借自身实践理性的无条件立法就能够在道德上自给自足。道德完善本就作为义务而包含在我们的理性之中，我们应该也必定能够以道德完善的理想来思考自己的行动。"理性自身就规定了一个欲求对象，对它的追求本身就是为理性所推动的。抛弃这一理想的目的，限制或者控制一个人要确立起这一理想目的的欲求，因为其可能性似乎为现实所威胁，这在康德看来，无异于抛弃理性自身，这种做法断然是非理性的与道德上可谴

---

① ［德］康德著：《纯然理性界限内的宗教》，李秋零译，中国人民大学出版社 2012 年版，第 23 页。

② ［德］康德著：《实践理性批判》，李秋零译，中国人民大学出版社 2011 年版，第 71 页。

③ "道德法则是自由的认识根据。" ［德］康德著：《实践理性批判》，李秋零译，中国人民大学出版社 2011 年版，第 2 页。

责的。"① 另一方面，由于人的有限性、时间性的一面，不仅单凭个体无法实现持续的道德进步，而且理性最终想要达到的道德完善性对人而言也仅仅是遥远的彼岸目标，人最多只能在不断进行道德努力的道路上。这种张力在《纯然理性界限内的宗教》一书中具体表现在三个方面：人的时间性存在导致对于超时间道德意念的彻底变革难以实现；人从恶开始的道德改善与在实现道德幸福上的无能使完善的人性理念仅仅通过道德主体无法获得实在性；由于社会状态中的个体容易遭受恶的侵袭而使我们常常处于堕入恶的危险之中。以下分别阐述：

（1）由于我们自身所具有的源始性人格禀赋，因此虽然我们有无法根除的恶，但是始终都具有义务与能力不断地改善自身。具体而言，成为一个善人需要我们的心灵进行道德革命和改良。道德革命指的是人之道德意念的革命，是一种思维方式的彻底转变。道德意念是一种超越于时间的理智概念，即"采纳准则的原初主观根据，只能是唯一的意念，并且普遍地指向自由的全部应用"②。道德改良则是针对我们作为时间中的感性存在者而言的，正如上文所言，善的实现需要我们在时间序列中与各种想要颠倒道德次序的恶之准则不断斗争。而就两者的关系而言，道德意念对于我们在时间中的具体道德行为具有一种范导作用，在康德看来，只有通过这种唯一意念的变革，我们才能够作为一个接纳善的主体，自由在经验世界中的落实，即一切具体行动中准则的采纳才会获得一种统一性。

因此，由二者的关系不难看出，要成为一个道德上的善人（而不仅仅是律法意义上的善人）必须是先有意念的革命才有改良的可能性。唯有一种意念的彻底变革，改良才能够使这一变革的意念在时间中得到具体的展现与贯彻。康德认为这二者皆出自我们义务的命令，而"义务也仅仅命令我们作自己力所能及的事情"③，这种论证是一种从应该到能够的论证。正是由于我们的纯粹实践理性自身命令我们应该进行道德意念的革命和道德的改良，以使自身成为更善的人，因此我们必定也能够这样做。

但既然人是时间性的存在并且从一开始就带有不可根除的恶，那么一种超越于时间的道德意念之彻底变革怎么可能凭人自身就实现呢？就实践上而言，作为时间序列中的存在，我们的道德努力只能以一种"个别地与各种恶斗争，却不触动它们的普遍根据"④的形式实现出来；就认识上而言，即便假设人真的能够实现道德意念的革命，但由于我们的认识也仅仅是在时间中的认识，因而只可能获得对于自己或者他人的经验性行为或品格的评价，对于无法直观到的超时间道德意念，我们又如何给出一种理论上的证明？

由此可见，道德革命似乎对于有限的主体而言不再可能。成为一个更善的人对我们而言只能由"必然能够进行道德革命和改良"变成通过"从恶到善的时间中的无限进步"以希望"凭借运用自己的力量来达到一条通向那里的，由在根本上改善了的意念为他指

---

① ［美］伍德著：《康德的道德宗教》，李科政译，中国人民大学出版社2020年版，第150页。

② ［德］康德著：《纯然理性界限内的宗教》，李秋零译，中国人民大学出版社2012年版，第9页。

③ ［德］康德著：《纯然理性界限内的宗教》，李秋零译，中国人民大学出版社2012年版，第33页。

④ ［德］康德著：《纯然理性界限内的宗教》，李秋零译，中国人民大学出版社2012年版，第33页。

明了的道路"①。

（2）除了我们自身需要作出道德意念的变革之外，在我们的理性之中还蕴含着一种完全圣洁的意念作为原型。这种意念意味着我们的意志与道德法则的完全同一，即意志仅仅以道德法则作为唯一充足的规定根据而彻底根除掉其余的感性动机。不同于基督教中借助于耶稣这一感性形象来进行经验性的证明，在康德看来，这种完全圣洁的意念作为超感性的概念是不需要借助于外部经验得到证明的，而是它本就存在于我们的立法理性之中。因此"即使从未由一个人对这一法则做出无条件的顺从，作这样一个人的客观必然性也是毫不减少，不言而喻的"②。

但同时康德指出，这一圣洁理念在实现过程中却会遇到由于我们自身有限性而导致的困难。这具体表现在三个方面：由于我们的一切行动都是在经验世界的时间序列中被认识和实践的，并且由于我们的道德努力是以恶作为出发点的，也就是说，人的感性存在表明意志的每一次具体运用都会伴随着在感性偏好与道德法则之间的选择。因此，一种意志与法则的完全一致对我们来说如何可能实现呢？"作为从有缺陷的善向更善的永无止境的不断进步的行为，按照在因果概念方面不可避免地局限在时间条件上的我们的评价，永远还是有缺陷的，以至我们必须把显像中的，即就行为而言在我们里面的善，在任何时候都看作是对于一种圣洁的法则来说有欠缺的。"③ 第二个困难是德福的一致性，虽然幸福本身不能作为我们道德行动的规定根据，但是我们必然会希望或者要求自己的道德行动在经验世界中的落实，即要求道德动机与目的的协调一致性，这种道德上的幸福能够不断增强我们朝向圣洁意念的坚定信心，促进我们持续不断的道德进步。④ 结合第二批判的辩证论，我们可以知道，德福的一致性不是通过有限的理性存在者能够实现的，那么这样一来，一种朝向圣洁意念的持续努力仅仅凭借主体自身还能够达到吗？第三个困难是我们如何释罪从而与上帝和解的问题。康德指出，关于我们的道德审判一定是整个生活方式的审判，即使我们通过道德意念的变革走上了一条不断朝向圣洁意念前进的道路。然而我们"毕竟是从恶开始的"，因而必须要为这种恶承担责任，"每一个人都要对受到一种无限的惩罚和被从上帝的国中驱逐出去有所准备"⑤。那么已经改善了的意念如何能够与上帝对我们的惩罚相一致？如果主体必须要为根本恶承担责任，那么不断朝向圣洁性意念的道德努

---

① ［德］康德著：《纯然理性界限内的宗教》，李秋零译，中国人民大学出版社 2012 年版，第 37页。

② ［德］康德著：《纯然理性界限内的宗教》，李秋零译，中国人民大学出版社 2012 年版，第 49页。

③ ［德］康德著：《纯然理性界限内的宗教》，李秋零译，中国人民大学出版社 2012 年版，第 53~54 页。

④ 但这并不意味着对于幸福的追求是意志的规定根据，"尽管至善是一个纯粹实践理性，亦即一个纯粹意志的全部客体，但它却并不因此就能被视为纯粹意志的规定根据，而唯有道德法则才必须被视为使至善和至善的造就和促成成为自己客体的根据"。参见 ［德］康德著：《实践理性批判》，李秋零译，中国人民大学出版社 2011 年版，第 103 页。

⑤ ［德］康德著：《纯然理性界限内的宗教》，李秋零译，中国人民大学出版社 2012 年版，第 59页。

力，以希望获得上帝的赦罪从而获得幸福对人而言还是可能的吗？

对于第一个和第二个困难，与道德革命和改良的论述类似，康德认为我们只能通过在时间序列之中不断地将善的原则纳入准则，并将其作为我们向着越来越善进步的生活方式，以推测意念圣洁性的彻底变革，以合乎理性的方式希望善的力量不断增强和道德幸福的到来。而对于第三种困难，康德认为从作为一个有责任的道德主体出发，我们无权要求上帝对于我们罪的赦免，而只能是通过善的意念的不断发展和促进来设想一种神恩的赦免。即使我们受到了惩罚，那也应该将其看作被归诸我们自身的，并且将其自愿地接受下来作为我们"考验和锻炼自己趋善意念的如此多的机会"①。

（3）按照康德的道德哲学，每一个道德个体只要通过向内自省就可以反思到自己的义务，从而按照道德法则来行动。也就是说，道德进步其实单凭个人是可以实现的。但是康德同时又认为这种伦理的自然状态事实上很难自足地实现善。这是由于人总是社会中的人，只要人与人在这样一种相互关系中就会使原本有节制和平静的心态落入充满嫉妒、统治欲、占有欲的激情状态，并且这种状态是社会群体生活的常态，我们根本不需要假定这些人只是一部分已经极端堕落的人及其对他人的教唆。"他们在这里，他们包围着他，他们都是人，这就足以相互之间彼此败坏道德禀赋并且彼此使对方变恶了。"② 因此，在这样的一种状态之下，单个的人即便竭尽全力想要摆脱恶的统治，却依然总会处在"返回到恶的统治之下的危险之中"③。那么这样一来，持续不断朝向至善的道德进步又如何可能呢？

对此，康德引入了伦理共同体的概念，它是由善的原则所统治的联合。在这样一个共同体之中，普遍的立法理性不仅仅对于个体发挥作用，更重要的是，它能够使一切热爱善之人聚集起来，"竖起一面德性的旗帜，并且这样才对不间断地侵袭他们的恶获得优势"④。而这样一个普遍的立法者就是上帝，每一个道德个体凭借着上帝所立法则与道德法则的同一性在其中作为上帝的子民而存在。

"人的有限性与其有理性之间的对立，他的感性欲求和偏好与其无条件的道德目标之间的对立，为康德对于人与其条件的见解来说具有重要意义。"⑤ 通过这种张力，康德给予了一切有理性的存在者向着道德完善不断进步的可能性。尽管由于自身的有限性，我们很难达到道德完善，但却无法否认我们具有进行自我提升的义务与能力。但同时也不得不面对由这种张力所体现出的超时间的道德意念与时间中的具体道德行为之间的断裂、有限的理性存在者在道德上的无能和软弱等困境。而对于这些困境的解答，正如上文所简要谈

---

① ［德］康德著：《纯然理性界限内的宗教》，李秋零译，中国人民大学出版社 2012 年版，第 62 页。

② ［德］康德著：《纯然理性界限内的宗教》，李秋零译，中国人民大学出版社 2012 年版，第 81 页。

③ 这与上文"恶乃是源于人的自由意志对于行动准则的采纳"之间并不矛盾，无论这种社会状态多么危险，都只能作为引发恶的外在机缘而非根本原因。

④ ［德］康德著：《纯然理性界限内的宗教》，李秋零译，中国人民大学出版社 2012 年版，第 82 页。

⑤ ［美］伍德著：《康德的道德宗教》，李科政译，中国人民大学出版社 2020 年版，第 170 页。

到的，无论是道德意念最终的实现要寄托于彼岸的希望、圣洁意念的实现要借助于神恩的赦罪，还是伦理共同体的联合要引入上帝作为神圣的立法者等，都必须要走出有限理性主体的道德性，导向一种对于宗教的讨论。①

三、一切真宗教的基本原则：善的生活方式

基本原则（primary principle）在康德哲学中具有开端、条件之义。以这一基本原则为出发点，道德宗教的体系才得以建立起来。这一基本原则就是人的道德性（善的生活方式）。这里还需说明的是，宗教并非我们常识意义上的一种组织，在康德这里，宗教首要的含义是对于上帝的一种侍奉。"宗教就是把我们的一切义务都认作是上帝的诫命。"② 而这里的义务在康德看来就是人的道德实践或者一种善的生活方式的不断践行。

康德认为，一种真正的宗教只能是出于纯粹理性的道德宗教。③ 这种宗教以每个理性主体都具有的道德禀赋为基础和前提，以主体的道德改善作为一切信仰得以确立的最高条件，是一种普遍地因而向每个自由主体开放的，是每个人凭借自身的理性就可以信仰的宗教。通过这种宗教，康德试图重新建立人与上帝的关系：理性主体以一种道德上善的生活方式的主动变革来侍奉神，以期望我们成为上帝所喜悦之人。如果联系康德的第一批判和第二批判，我们便不难理解，为什么唯有道德信仰才是康德所认可的唯一真信仰：在理性的理论应用之中，我们所能表象到的只有有限的经验世界，去思考上帝、神恩这些超自然的存在就是理性的僭越；而唯有理性的实践应用才为我们提供了进入本体世界的狭窄通道。因此，唯有从主体的道德性，从自由意志这一不可置疑的理性事实出发，我们才能够导向绝对者这一理念。

不仅如此，康德还认为，自己所确立的这种真宗教能够解决宗教中的二律背反的问题，即信仰和事功何者在先的问题（因信称义还是因德称义）。关键在于"我们把对于圣子耶稣的信仰与道德的理性理念相联系，并将之当作我们的行动准绳和动机"④。具体而言，如果我们从主体的道德性出发，把耶稣基督当作不过是完善的人性理念的一种感性形象表达，如我们在第二部分谈到的，这样一种圣洁的人格理念其实就源自于理性自身，那么无论我们是从信仰这样一种完善人格性理念，还是从主体的道德事功来出发，其唯一的意义都是相信人可以凭借自身矢志不渝的道德努力来令上帝喜悦。因此只要我们坚持从主体的道德性这一基本原则出发来进行理解，信仰在先还是事功在先所表达的都是同一种信仰。

接下来，我们以上帝之国、道德信仰与历史信仰之关系、虔敬教义与德性教义何者优

---

① 即所谓"道德必然导向宗教"。

② ［德］康德著：《纯然理性界限内的宗教》，李秋零译，中国人民大学出版社 2012 年版，第 140 页。

③ 康德也称之为"一种建立了在心灵和诚实道德意念之中的宗教"。

④ 舒远招：《康德如何看待恩典对克服"根本恶"的作用——与韦政希博士商榷》，载《中南大学学报（社会科学版）》2020 年第 5 期，第 24~34 页。

先、神恩为例①来说明康德是如何具体将善的生活方式这一基本的原则贯彻到其宗教学说之中的。

（1）在第二部分我们简要提到，为了应对个体善在实现过程中遭受到恶的侵袭，康德引向了一种伦理共同体的讨论。这样一个伦理共同体就是上帝之国。在这样一个共同体之中，上帝所具有的诸多属性是通过与人之自由意志的属性相对应而设定出来的。例如，上帝作为神圣的立法者，其意志并非全能随意，而是与主体的道德法则具有一致性。这是由于唯有上帝立法是道德立法时，这种法则才对于每个人都具有普遍必然的约束性，而非外在的规章性法则那般偶然，而此时上帝的意志就是每个人凭借实践理性就可以达到的。因此让上帝喜悦的方式就是一种对于善的生活方式矢志不渝的追求，主体越是按照道德法则行动，就越能够成为上帝子民。"虽然每一个人服从的都是他自己为他自己规定的，但他同时也必须把这法则看作通过理性为他启示的世界统治者的意志。这意志在一个不可见的共同政府之下，把所有的人都联合在一个国中。"② 上帝在其中还作为知人心者和公正的审判者，而这是对应我们自身认识上的有限性③作出的设定，我们只能觉察到自己在时间中的逐步道德改良，最多可以推测一种善的道德意念的变革。但是上帝却不同，他作为绝对者能够以一种超越于时间的统一的方式透视到我们内心意念的变革、我们一切行为的主观根据，从而对我们的行为做出公正审判。上帝的这些属性虽然不是作为我们意志的规定根据，但是设定这样一位立法者、知人心者和公正的审判者的存在，却无疑能增强我们不断进行道德改善的信念。

（2）以"道德法则与上帝诚命的一致性"为出发点，康德对于建立在启示基础上的历史信仰做出了一番改造。历史性的信仰指的是依赖于《圣经》，建立在经验启示之上的一种信仰。在康德看来，这种信仰往往对于上帝的诚命没有进行一种理性的考察就直接服从，是一种奴性十足的信仰。他与真正的道德信仰关系表现在两个方面：一方面，历史性信仰以及可见教会是由于人不可避免的有限性（例如人对于理性理念的理解总是需要借助一些感性方式来进行）而必然要先于纯粹信仰和不可见教会所确立的信仰形式。但是另一方面，更为重要的是，这样一种启示性信仰就其自身而言并不具备实在性，而唯有在朝着真正信仰不断接近和发展的间接的、历史的意义上才有实在性。并且一切历史性信仰及其建立所依据的诸多外在的规章诚命将会随着道德信仰的最终确立而彻底消除。也就是说，启示信仰及其所建立的侍奉上帝的方式只能看作更好地促进理性主体道德侍奉的手段或者工具，它们必须以"成就人的道德价值"为其存在的合理性根据。例如，一切历史性的信仰都应该作出有利于道德信仰确立的诠释。"彻底地解释为与一种纯粹理性宗教的

----

① 通过这四个例子，我们其实就能够类比性地理解康德对于其他宗教教义的论述，也就是一切宗教教义在康德看来都应该以成就人的道德进步为其最高宗旨和目标。

② ［德］康德著：《纯然理性界限内的宗教》，李秋零译，中国人民大学出版社2012年版，第109页。

③ 我们只能根据时间中的具体行为来评价自身，"甚至人对自己本身的内部经验也不能使他如此看透自己心灵的深处，以致他能够通过自我观察，完全确定无疑地认识到自己所信奉准则的根据及其纯粹性和坚定性"。参见［德］康德著：《纯然理性界限内的宗教》，李秋零译，中国人民大学出版社2012年版，第50页。

普遍的实践的规则一致的意义。"① 而对于其中无关道德信仰建立的因素则都可以忽视掉。基督教中的天国、来世和酬报这些宗教教义，康德仅把它们看作能够更好地激励主体进行道德努力的"表象"和唤醒主体内部原初向善禀赋的工具；在一定程度上，建立于权威之上的规章性法则能够使人在一种启示的威望之中更好地进行道德努力；在历史性信仰之中所确立的种种感性仪式（祷告、前往教堂、洗礼、领圣餐等）有利于保持和促进一种真正侍奉上帝的方式——道德之善，而它们也仅仅就其促进行动中善的因素而言才是令上帝喜悦的。

与此相对应，康德用大量篇幅批判了一种把历史性信仰直接当作侍奉上帝的唯一信仰形式（而非在导向道德信仰的手段的间接意义上）的观点，这种信仰又可以被称为一种"物神信仰"，它遵循的是一种神人同形同性论。② 康德承认，我们在理论上表象上帝会不可避免地导致神人同形同性论，但关键在于我们是否将这一理论引入我们与上帝意志的实践关系之中，从而把有限理性存在者对于上帝的感性表象当作上帝本身（康德称之为宗教妄想）。这就意味着我们把道德原则置于信仰原则之后，而企图把表象经验世界的自然因果直接应用到对于绝对者上帝的侍奉之中（这是理论理性对于本体世界的狂妄僭越），企图通过某些宗教庆典、牺牲忏悔、狂热的虔诚情感等非道德的方式直接使上帝喜悦。这对人的道德改善没有任何帮助，而仅仅会助长人在道德上的懒惰，同时也是对于上帝的一种贬低，将其设想为尘世的主人或者一种尘世统治者，成为主体谄媚的对象。而我们对于上帝的侍奉要么是出于对这样一位统治者的恐惧，要么是把他当作满足我们愿望的手段，这在康德看来完全是对上帝的一种伪侍奉。只要不把道德作为使上帝喜悦的唯一原则，那么无论是粗劣的还是精巧的，口头牺牲还是人格牺牲……这些伪侍奉的方式之间由于丧失了道德性这一宗教的基本原则，因此相互之间没有什么优劣之分，全部都是"一路货色"，使信仰和宗教沦为一种主观任意的状态。

因此，一切真正的信仰所确立的形式就在于"人们应该把两个原则（这两个原则指的是建立于启示之中的外在规章性法则和由人的内心产生的道德法则）中的哪一个置于首位，承认为最高的条件（另一个原则是从属于这个条件的）"③。而一切奴役性信仰产生的根源就在于颠倒了这种次序，而没有把道德法则作为信仰的最高条件。

（3）虽然康德有虔敬派的信仰背景，但是从其道德宗教的基本原则出发，康德认为与虔敬的情感相比，德性教义仍然应该被置于首位。具体来说，康德认为我们在道德上崇

---

① ［德］康德著：《纯然理性界限内的宗教》，李秋零译，中国人民大学出版社 2012 年版，第 97 页。

② 笔者认为，我们不能直接将中世纪基督教全部作为康德所批判的那种神人同形同性的历史性信仰。康德所面临的宗教背景更多的是在引言中所提到的唯名论塑造的那个全能的上帝而不能够涵盖信仰充沛的中世纪信仰形态。并且在这里也可以略微比较一下路德和康德，二人都反对那种中世纪晚期到近代文艺复兴所盛行的赎罪券、教阶制等教会腐败与专制的现象，不过在重新思考上帝和人的关系上，二者侧重却有不同，相比路德更加强调神恩，康德则站到了主体性这边。二者产生此种差异的原因恐怕还在于旨趣的根本差异，路德所维护的是上帝之道，而康德则是要为主体的道德性提供基础。

③ ［德］康德著：《纯然理性界限内的宗教》，李秋零译，中国人民大学出版社 2012 年版，第 166 页。

敬上帝的信仰之中包含着虔敬教义和德性教义两种。而德性教义是我们每个人凭借理性自身就能够反思到的，因而是自存自足的；而虔敬教义则在其中包含了上帝这一超出道德性本身的理念以及对于上帝的爱与敬畏。这是由于我们在追求至善这一道德终极目的方面的有限性，因此必须引入上帝作为补偿原因。就此而言，虔敬教义并非自足。它之所以引入上帝理念，首先是由于我们在道德关系中设想自身德性和上帝。因此，正确的路径应该是由一种自足的德性自然地导向一种对于上帝的虔敬，即人首先进行道德努力之后，再由"虔敬教义为德性意念预示和保证了对终极目的的期望"①。唯有如此，这种期望才能够进一步促进和激励主体朝向至善的道德进步，上帝这一概念才能够作为影响人道德性的力量。② 相反，如果我们把包含着对于上帝之爱和敬畏的虔敬置于首位，由于人和上帝之间的距离，很容易导致人对凭借自身进行道德教化的勇气被挫败，陷入一种道德上的消极状态，最终落入神人同形同性论。把自己对于上帝的虔敬行动降低为"在一种专制地发布命令的权势面前阿谀奉承奴颜婢膝地屈从"③。

（4）关于神恩与人的道德改善谁在先的问题可以说是宗教哲学中重要的问题之一。所谓神恩，康德将其定义为"对一个主宰者关于分配一种善的旨意，子民除了（道德上的）接受的能力之外，别无所有，这种旨意就是神恩"④。在他看来，对于二者究竟应该谁在先的问题，首先要区分究竟是在物理即时间意义上的在先还是在道德上的在先。在物理意义上，这个问题本身超越了理性的思辨应用，我们能够在时间意义上所认识到的仅仅是有限的经验世界，而神恩作为一个超验的概念，理论理性当然无法对其作出一种理论上的认知，因此在理论层面对于神恩德性作出一种区分、对立或者追问谁在先的问题都是理性的僭越。但在理性的实践应用中，即对于自由的运用之中，追问二者谁在先的问题就是问"我们应该从哪里开始？"结合康德的"第二批判"，对此所作出的回答毫无疑问就是，人的道德改善一定是在先的。也就是说，作为一个能够以普遍道德法则作为意志根据的自由主体，我们一定应该也是能够首先从自身出发进行道德改善的。

而对于神恩，康德则认为我们唯一的态度就是相信为了弥补我们德性的不完满，神恩的作用必然存在。"要相信可能有，而且为了弥补我们德性追求的不完满性，还必须有神恩的作用，这就是我们对此所能够说的一切。此外，我们没有能力就神恩作用过的特征规定任何东西，更不用说为导致神恩的作用做某些事情了。"⑤ 具体来说，康德认为，不同

---

① ［德］康德著：《纯然理性界限内的宗教》，李秋零译，中国人民大学出版社 2012 年版，第 169 页。

② 力量并不意味着规定根据，康德始终坚持意志的规定根据（动机）只能来自主体自身的实践理性，而上帝理念、神恩等只是能够激励和鼓舞主体的道德努力。这种区分在康德道德哲学和宗教哲学中经常出现。

③ ［德］康德著：《纯然理性界限内的宗教》，李秋零译，中国人民大学出版社 2012 年版，第 169 页。

④ ［德］康德著：《纯然理性界限内的宗教》，李秋零译，中国人民大学出版社 2012 年版，第 62 页。

⑤ ［德］康德著：《纯然理性界限内的宗教》，李秋零译，中国人民大学出版社 2012 年版，第 160 页。

于自然必然因果性，我们无法凭借自身来在德性和上帝之间必然"造成"一种神恩。这是由于，神恩、奥秘、奇迹都是"只有上帝才能够做到的事情"，是我们只能接受的一种东西，它们超出了我们实践理性的能力也超出了我们的义务，而我们能做的唯一的事情就是从自身出发不断进行道德努力，以使自己"配得上"这些东西。例如，第二部分我们提到，理性在追求一种圣洁意念的过程中会遇到释罪何以可能的问题，对此，康德引出了"一种出自神恩的判决"。但是他同时指出，上帝对于我们罪的赦免是有条件的，即必须是我们首先做出一种善的道德意念的变革，我们才能够去设想这一赦免的可能性。"不能把真正的宗教设定在对上帝为我们获得永福或者已经做了的事情的认识和信奉之中，而是应该把它设定在我们为了配享那些东西必须做的事情中，这种事情在任何时候都只是某种自身就具有无可置疑的、无条件的价值的东西，因而也只有它才能使我们让上帝喜悦。"①不难看到，虽然康德强调神恩的必不可少，但同时作为主体只能希望超自然存在，康德其实淡化了神恩，强化了主体的道德性。神恩虽是上帝白白给予的，对于它我们只能被动地接受。但是我们不能忽视康德在定义中提到了"道德上的"，也就是对人而言，我们没有自然的能力直接导致神恩，只有首先从人的道德存在出发，不断提高自己道德上的接受能力，一种神恩对我们而言才是可以希望的。

通过以上论述，我们可以看到，从善的生活方式这一基本原则出发，康德确立了一种彰显主体性的道德宗教思想，为有限的理性存在者提供了一条凭借实践理性就能够通往上帝的道路。正如康德自己所说，宗教启蒙的任务正在于使人们区分对于上帝的伪侍奉和真正的侍奉，去除掉历史、启示信仰外在强加给理性主体的束缚，建立一种从主体性出发的普遍、自由、道德的侍奉和信仰！

四、结语

笔者认为，康德的道德宗教思想的意义有如下几个方面：

首先，康德所确立的这样一种实践信仰及其对启示信仰所作的理性改造在一定程度上纠正了常人过度依赖于神恩、拣选、宗教感性仪式和情感而忽视了自身道德提升与进步的想法。有限的理性存在者无需恐惧和焦虑于唯名论的任意之神，这种对于上帝的看法毋宁是一种容易产生道德懒惰的神人同形同性论。上帝诚命和道德法则的一致性、上帝作为公正的审判者与知人心者向我们表明，只要从自身的良知出发，竭尽全力践行一种善的生活方式，就能成为令上帝所喜之人。

其次，康德的道德宗教思想乃是建立在人的道德性基础之上的，而道德性的根基则是人之自由。可见，自由意志不仅仅作为康德道德哲学之核心，它同时也是使人得以向绝对者提升的能力。在康德看来，我们自由意志的应用是具有道德次序的，它既可以向上攀升不断实现自己善的原初禀赋以成为"上帝所喜悦的人"，也可以滑入个别的断裂的经验偏好之中以低级的欲求来奴役自身。这两种选择代表着两种不同的生活方式和存在方式。因

---

① ［德］康德著：《纯然理性界限内的宗教》，李秋零译，中国人民大学出版社2012年版，第120页。

此，真正的自由是有规定有方向的，"自由不是脱离一个现成的 A 寻求一个现成的 B 那么简单，在 A 和 B 之间一定存在着高—低，永恒真理—感性流变，本真—陌异或者内—外的分别，否则自由便不值得追求了"①。在康德这里，这种自由就表现为意志必须以道德法则（纯粹实践理性）作为规定根据，一切感性偏好（质料）都必须受到法则（形式）的引导与限制，就是按照我们实践理性的命令所成全出来的善的道德特性。这种对于自由的看法相比于对于现代自由主义者们 "把自由或自发性直接等同于不确定性"② 无疑更具有深刻性。③

尽管如此，在笔者看来，康德的道德宗教思想还是表现出很强的近代特质与局限性：康德为了解决主体道德进步过程中所呈现出来的张力局面，弥补我们道德上的有限性而导向了绝对者上帝。"神的概念本来就只是出自对这些法则的意识和理性要假定一种力量的需求，这种力量能够为这些法则带来一个世界上可能的，又与道德上的终极目的一致的全部效果。"④ 可以说，上帝的存在深刻地关涉到我们 "道德完善之实践可能性" 的问题，关涉到超越于有限的道德主体之上的至善理念。如果没有主体的动机和道德目的的必然结合，我们的一切道德上的关切与努力都将变得无效。"如果一个人追求一个目的 E 却根本不相信 E 有可能达成，他就是在非理性的行动，并且让自己陷入某种实践上的自相矛盾之中。"⑤ 在此意义上，我们不能够仅仅将康德简单理解为一个强调主体性的世俗主义者，其思想中包含着人要向绝对者不断提升的更高维度。

但同时也要看到，由于康德的主体性立场，绝对者上帝的引入更多的是为有限的道德主体进行背书而主观设定下来的，因而仅仅具有一种主观上的必然性。"整个彼岸及其对于个人意识的接纳赐福都是道德世界观本身投射出来的纯粹思维本身。"⑥ 例如，为了弥补个体在社会共同体中容易受到恶的侵袭，因此康德才要求引入了上帝作为神圣立法者所建立的不可见教会这一理念，却没有解释为什么在第二批判之中只能出自纯粹实践理性的道德立法在这里却和上帝的意志立法具有了同一性？其次，他对于上帝作为道德世界统治者的诸多论述（上帝作为圣洁的立法者、人类道德上的照料者、公正的法官、知人心者等）都是与主体的意志属性相对应的，康德始终强调其所论述的上帝属性仅仅在与主体的道德关联中来谈的，而绝非对于上帝本身的神正论意义上的论证，"一个道德的世界统

① 庄振华：《自由、形式与真理——黑格尔与谢林的自由观浅析》，载《哲学动态》2019 年第 1 期，第 94~102 页。

② ［美］伍德著：《康德的道德宗教》，李科政译，中国人民大学出版社 2020 年版，第 177~178 页。

③ 自由的方向性始终是关注世界整体秩序的哲学家们所强调的。例如，莱布尼茨就在其《神正论》中反对一种无差异的自由，认为这种自由其实是一种偶然性，无论是上帝意志还是人类意志都不可能是无差异的，这将会导致世界的虚无。

④ ［德］康德著：《纯然理性界限内的宗教》，李秋零译，中国人民大学出版社 2012 年版，第 91 页。

⑤ ［美］伍德著：《康德的道德宗教》，李科政译，中国人民大学出版社 2020 年版，第 18 页。

⑥ 庄振华：《道德是否有界限——以黑格尔的 "道德世界观" 论述为例》，载《道德与文明》2020 年第 5 期，第 100~109 页。

治者这一理念，是我们实践理性的一个课题。我们感兴趣的并不是知道上帝就其自身而言（就其本性而言）是什么，而是知道他对于作为理性存在者的我们而言是什么"①。而对于神恩、奥秘，康德一致的看法始终是一方面承认为了弥补人在道德上的无能软弱，以及我们在思考道德的最终目的和客体（至善）时，一定会引向这些超越性存在，但另一方面站在守卫主体理性自足的角度认为他们绝不可以被纳入我们道德行动的准则之中去，"这些仿佛是纯粹理性界限内宗教的补遗：它们并不属于纯粹理性的界限之内，但却与它接壤"②；站在经验实在性的角度声称对于这些超越之物我们只能断定其存在但却无法洞察它们中的任何一个，形成对于它们的任何认识。对它们的正确态度就是"敬而远之"。

相比于道德不可避免地导致宗教、无理性就无宗教的主体性思想，即从主体出发逐渐往外推展出绝对者及信仰的做法，③ 奥古斯丁在其《论秩序》一书之中，却把真宗教定义为"敬拜一位上帝，以最纯洁的虔敬认识到这位上帝就是一切存在之物的开端，借着他，宇宙得以开始、成全并存续"④。也就是说，他将对于绝对者上帝的虔敬信仰置于首位。从这种充沛的信仰出发，奥古斯丁对于奇迹奥秘等超越之物的看法并非如康德所批判的那种导致道德懒惰、奴役自由信仰的独断宗教教条，而仅仅是考虑到一些愚拙之人无法直接认识到真理，因此可以通过权威的激发作用使其从尘世之中转向和归附于上帝，因而仅仅具有教化和引导之用。而其对于恩典的强调，认为具有原罪的人若无恩典就不可能得救，并非要否定人之自由意志，而是要使人警醒自身意志的有限性而对超越于主体性之上的上帝留有一定的空间，保持对于绝对者的谦卑。

而在康德的道德宗教思想中，人只有道德这一条通往绝对者的狭窄通道，并且从主体性出发所设定出来的上帝也仅仅是经过理性考察与承认的，而没有为上帝的超越性留有空间。也就是说，表面上看来康德似乎为超越之物留有了余地（"敬而远之"），但实际上它们仅仅是服务于康德从主体性出发所构造起来的一幅封闭的道德世界图景。康德无意于关心上帝本身、事情本身究竟如何，他所心心念念的是有限的但同时又具有理性的主体在这个世界上如何能够有尊严、有希望地成全自身。

在二者的比较之下，主体道德是否有更深的根据、主体理性是否自足、对于绝对者我们是否只能将其主观设定为远远希望的存在，这或许是需要我们重新思考的问题。

---

① ［德］康德著：《纯然理性界限内的宗教》，李秋零译，中国人民大学出版社 2012 年版，第 127 页。其实，康德在《宗教》中的这一说法可以类比参照其《纯粹理性批判》"先验方法论"部分，"所以一种防止一切损害并提供一种不惧怕任何外在僭妄的合法占有权的辩护就人而言是成立的，尽管这种占有权就真理而言并不能得到充分的证明"。［德］康德著：《纯粹理性批判》，李秋零译，中国人民大学出版社 2011 年版，第 475 页。

② ［德］康德著：《纯然理性界限内的宗教》，李秋零译，中国人民大学出版社 2012 年版，第 38 页。

③ 庄振华：《自由、形式与真理——黑格尔与谢林的自由观浅析》，载《哲学动态》2019 年第 1 期，第 100~101 页。原文为："由于他坚持认为人只能遥望事情本身，实际行动的时候终究还是要以主体为立足点，只能站在人的立场上往外推展。"

④ 奥古斯丁：《论秩序》，石敏敏译，中国社会科学出版社 2017 年版，第 205 页。

"诗"与"死"的内在渊源
——海德格尔后期思想中的死亡问题

● 林於明①

【摘　要】

"向死而生"是海德格尔存在论中的一个重要命题。目前的有关研究大多基于《存在与时间》中的相关思想而展开。实际上，此问题在海德格尔后期思想中得到了更深刻的探讨。这种探讨已经超越以时间性结构为核心的此在形而上学，而与"诗意栖居"的本真维度紧密关联。源初性的"死"，不再意味着有死者与不朽者之间的相互封闭，而是凡人与诸神之间的相互敞开。这个意义上的"死亡"彰显着作为"四元整体"的两个重要向度的"人"与"神"之间的本质关联。诗意栖居的本质维度就暗含在在这种相互敞开中。在这个意义上，向死而在的更源初意义即"返乡"的意义才能真正凸显出来。

【关键词】

死亡；有死者；诗意；返乡

洛维特在《关于海德格尔的存在问题：人的自然和自然的世界》一文中，对海德格尔进行了一系列发难，其中最重要的一点直指海德格尔《存在与时间》中的那句著名的口号："向死而在"。洛维特认为，海德格尔的"向死而在"使世界缺乏一种生机勃勃的创造力。② 洛维特进而声称，由于海德格尔那种生存论构建与"向死而在"紧密关联，孤立于"非自然"状态，因而本质上是虚无主义的。③ 诚然，如果单就《存在与时间》来看，洛维特的质疑是有道理的，也具有代表性。如果要真正回应这个问题，需要将相关探讨延伸到海德格尔后期关于死亡问题的运思中才有可能。迄今对海德格尔关于"死亡问题"之论述的探讨虽已不少，但大多将着眼点放在《存在与时间》。由于海德格尔在这一时期作出的相关论述较为局限于基础存在论的时间性结构，确实会呈现出虚无主义的面相，因而常常被冠名为"死亡本体论""死亡哲学""死亡现象学"，等等。事实上，海

---

① 作者简介：林於明，武汉大学哲学学院外国哲学 2020 级博士研究生，研究方向为现象学。

② ［德］洛维特著：《海德格尔：贫困时代的思想家——哲学在 20 世纪的地位》，彭超译，西北大学出版社 2015 年版，第 372 页。

③ 洛维特对此的主要看法是："自然"的存在是通过一种事不可控的或难以筹划的方式在其自身之中展现出来的，而非通过人对其施加某种生存上的先行领会和筹划而凸显。对于海德格尔提出的"为了（Umzu）、用于此（Dazu）、何所向（Woraufhin）、何所凭借（Womit）以及所用（Wozu）意义上的结构"，他认为，人在源始意义上与世界的关系是十分疏松的，就自然的而非历史的情况看"这个世界不是我们的世界，也不为我们而是只为其自身而指引它的'为何之故'"。

德格尔在其后期的运思中是把"向死而生"的问题作为超越于在世之在的现象来看待的,相关运思乃是在"四元整体"的基本维度以及"诗意栖居"的本真内涵之上展开。

一、彼岸性视域中的凡人之"死"——人与神之间的相互封闭

海德格尔后期有关"向死而在"的探讨,不再局限于世界性视域的层面。他已经意识到,人们在这个层面对"向死而在"的理解很容易受到各种"世界观"的干扰。因此,他明确说:"在世界观的意义上,向死而在始终是不可通达的,而且如果向死而在如此这般地被误解,就仿佛它是要传授一般存在之意义,进而试图传授通常意义上的存在之'虚无状态',那么一切就都从本质性的关联中被割裂开来了。"①

一般对"死亡"的理解往往与此在的时间性中内在包含的虚无维度相关。海德格尔前期也经常是在这个意义上理解死亡。但后期海德格尔发现,这种理解是偏颇的。因为这种理解在很大程度上受到中世纪教义学对"有限性"问题之改造的影响。在 1929 年的"形而上学基本概念"课程讲座中,海德格尔专门对此予以澄清。据海德格尔的看法,从中世纪开始,"有限"与"不朽"之间开始具有某种后来一直被流俗看法所坚持的关系,亦即俗世与天国的关系:天国之所以永恒,乃是因为与有死者相对的诸神是"不死"的。神之不死必使天国不灭,这个意义上的有限就是"不朽"的反面,亦即"有朽"。在此意义上的"不朽"素来被视作神区别于人的一个最关键要素。然而海德格尔要问:神的不朽究竟是何种不朽?

海德格尔看到:对于"不朽"的流俗理解往往以流俗世界观所预设的空洞"无限性"为前提。这种无限性其实是中世纪神学将自身教义与亚里士多德的"第一哲学"进行杂糅之后形成的一种特殊产物。② 这样的不朽最终又以信仰的名义,在教义学的彼岸建构中走向传统形而上学的极致,并由此深刻影响后世对于相关问题的理解。在这种视域中,原初的人与神的本真关联被遮蔽了。这同时意味着,人的死亡与神的不朽的真实意义被遮蔽了。进一步地,海德格尔从世界性和时间性两个层面对这个问题进行了细致分析。

首先,从关于"世界"的流俗理解来看,海德格尔指出:神的不死性是教义学之中涉及彼岸事物的两种本质性名义中的一种。在死亡中相互隔绝的天国与世界、此岸与彼岸,奠基了传统的形而上学。所有这一切,归根结底又是基督教教义学以带着明确倾向的对古代哲学——特别是亚里士多德哲学——进行选择性采用的结果。基督教将神视为最高"超感性事物",并将其与亚里士多德第一哲学的"最高种属"杂糅,由此构造出神之不死性。在此基础上,基督教就塑造出一种彼此相互分裂和封闭的"人神关系"。在海德格尔看来,这种做法恰恰导致了问题的进一步遮蔽。原因是"超感性事物或形而上学的东西,是其他存在者之中的某一个存在者的领域。形而上学由此就降到了与诸科学或实践-

---

① 海德格尔著:《哲学论稿》,孙周兴译,商务印书馆 2016 年版,第 340 页。

② Martin Heidegger, *Die Grundbegriffe der Metaphysik*(GA29/30), Frankfurt: Klostermann, 2010, p. 64.(凡标注(GA)的引文皆从德文版译出,译文参考了商务印书馆《海德格尔文集》译本,下同,不另注)

技术性知识中有关于存在者的其他知识的同等级别"①。这里的"存在者领域""知识的同等级别"等表述表明了上述关于"不死性"问题之探讨的要害。就是说，通过诉诸"超感性事物"重构起来的人神关系，导致了双重的遮蔽：不仅遮蔽形而上学本身，更遮蔽了真正的"人神关系"。这种做法不仅没有使神的"不朽"得到真正说清，反而使之由于这种不恰当的教义学转化而成为一种存在者层面的知识性的东西。

其次，从流俗的时间观上，神之不死无非意味着，神凌驾于我们这些有死者沉溺其中的时间性之上，不灭不生，照临下土。然而，如果从存在论的意义上来说，神既然从未离开，也就根本无所谓到来，反之亦然。真正的在场者不是任何意义上现成于时间性之中的东西，而始终是以不在场的方式来临着。荷尔德林对此看得清楚，因此他说："呼唤那高空的天神么/但神厌弃这失当之举/我们的欢乐似乎过于渺小了/不能把他容纳/我们不得不时常沉默/神的名字付诸阙如。"② 海德格尔对此同样看得清楚，因此他也说"神固然显现出来，神圣者却是缺席的"③。众所周知，海德格尔的"神圣者"是比"神"更具源始性的神性之物。随后他又话锋一转："'神圣者之缺失'并非什么缺陷。国人也不可企图用狡计把它造作出来，以此强行消除这所谓的缺陷。但国人同样亦不可勉强迁就，乞灵于某个惯常之神。"④

在《致一位青年学生的信》中，海德格尔曾把上帝和神圣者的缺失作为一种恰恰是首先要居有的在场状态的不在场状态（Abwesenheit）。他强调说，此"不在场"并非一无所有，而反倒是"隐蔽而丰富的曾在者以及如此这般地聚集起来的本质现身者（das Gewesene und so versammelt Wesende）的在场状态"。他进而说，这种"尚未"实则是不可穷尽的但却在隐蔽地到来着的尚未。他由此进一步提醒道：对存在的守护绝不是盯着某个现成之物不放。就其本身来看，在现成物之中绝不可能找到存在之要求。守护就是留神关注，关注曾在的和将来的存在之命运。就是说，一切的降临都必然是再临，因为只有尚在来途中缺席着的未来才有可能重来。不过这里的"重来"也绝非流俗时间性意义上的存在状态的"重复"，而是一种召唤着的"暗示"的持续重新生成。

二、"有死者"之"死"——凡人与诸神的相互敞开

在海德格尔看来，"死亡"是构成此岸世界与彼岸世界相互分隔的关键。人与神恰恰就是在死亡之中并通过死亡而相互封闭的。这种封闭成全了宗教神学对形而上学的超感性世界的维护。这种被篡改了的人神关系，正是海德格尔试图澄清的。这种澄清基于这样的

① Martin Heidegger, *Die Grundbegriffe der Metaphysik*（GA29/30），Frankfurt：Klostermann，2010，p. 66.

② Martin Heidegger, *Erläuterungen zu Hölderlins Dichtung*（GA4），Frankfurt：Klostermann，1996，p. 11.

③ Martin Heidegger, *Erläuterungen zu Hölderlins Dichtung*（GA4），Frankfurt：Klostermann，1996，p. 27

④ Martin Heidegger, *Erläuterungen zu Hölderlins Dichtung*（GA4），Frankfurt：Klostermann，1996，p. 28.

立足点：有死者与不朽者恰恰是在死亡中相互敞开着的。

虽然"相互敞开"这种说法并非由海德格尔首先使用，但在 1966 年关于赫拉克利特的讨论班上，海德格尔关于人神关系的看法，却是可以用这种说法来概括的。在那个讨论班上，海德格尔把人神关系表述为："凡人于诸神之生中死。"① 讨论班的名义主持者欧根·芬克（Eugen Fink）进一步将上述关系解释为一种"相互敞开"。值得强调的是，芬克的这种解释，恰恰是建立在对终有一死者之"死"的深刻理解之上的。如芬克所说："不死者固然脱离了死亡，不会落入死亡之掌控，但他们却是由死亡决定的。作为不死者……他们知道自己是向死亡敞开，但不是遭受死亡的存在者。这种存在者看到了凡人之死，并在目击譬如朝露的凡人之死时，认识到自己的不逝性。"②

芬克的说法得到了海德格尔有条件的认同：一方面，他同意芬克对人与神之间的"相互敞开"的说法，并在随后也使用这个说法；另一方面，他批评芬克将神确认自身的不朽性的方式表述为"认识"。海德格尔补充说：人与神之间的持久敞开关系并不是"像打开的窗户或者像一条通道之类的东西"，亦即不是某一方对于另一方——例如人对于物——单方面的关涉存在（Angegangensein）。③ 芬克接受了海德格尔的提示，并据此将他的说法修正为："就诸神对终有一死者保持持久敞开状态而言，他们只能有自己的存在。而基于终有一死者的消逝性的持久敞开状态，对诸神而言也是不可或缺的。"④

人与神之间这种基于"死亡"的相互敞开的关系，在"四元整体"之中得到了虽然隐秘但并不隐晦的说明。所谓"四元整体"，波格勒称之为一种本质意义上的"时间-游戏-空间"，天与地构成了四元整体中的时间维度，而"人与神"则构成了四元整体中的空间维度；所谓"游戏"则是指天地人神在共同的纯一性中相互居有着的"映射游戏"⑤，其中包含着语言的本质。这种时间-游戏-空间是海德格尔后期关于存在之思的一种拓展，它要表现的是一种更源初的"前世界"的存在论结构。在这种结构中，时间与空间乃是游戏般地相互共属的，这种游戏通过源初语言的诗性本质来加以呈现。虽然"四元整体"是由四个维度共同构成，但神与人这两个维度尤为关键，因为"'在大地之上'就意味着'在天空之下'；两者一道意指'在神面前停留'并包含一种'向人之并存的归属'"⑥。这也意味着，人与神之间的相互亲近构成了"四元整体"的关键，这种亲近担保着天与地的展开。正是在此意义上——亦即只要"四元整体"得到了守护——洛维特所说的"世界与自然的分裂"这一问题，显然就不再是问题。

正是由于有死者与神之间的相互敞开是可能，真正意义上的"诗意栖居"才是可能的。一方面，有死者栖居，这栖居同时又是守护。另一方面，鉴于栖居与"筑造"之间的关系，守护也同样关乎于筑造。因而就有死者这一维度来说，栖居就是守护着的筑造。

① Martin Heidegger, *Seminare* (1951—1973) (GA15), Frankfurt：Klostermann, 1986, p. 155.
② Martin Heidegger, *Seminare* (1951—1973) (GA15), Frankfurt：Klostermann, 1986, p. 160.
③ Martin Heidegger, *Seminare* (1951—1973) (GA15), Frankfurt：Klostermann, 1986, p. 202.
④ Martin Heidegger, *Seminare* (1951—1973) (GA15), Frankfurt：Klostermann, 1986, p. 202.
⑤ Martin Heidegger, *Vorträge und aufsätz* (GA7), Frankfurt：Klostermann, 2000, p. 181.
⑥ Martin Heidegger, *Vorträge und aufsätz* (GA7), Frankfurt：Klostermann, 2000, p. 151.

这也意味着，栖居并非是筑造之后才有的事，而是当有死者在进行守护和筑造之时，他便已然栖居着了。栖居同时又是把四元整体保藏在终有一死者所逗留的"物"之中的"保藏"。这种"保藏"是有条件的，即"只有当物之为物被允许在其本质之中存在，物本身才庇护着四元整体"，并且物之为物又是与"世界之世界化"密不可分的。正如海德格尔所说，只有让"物化"中的物从"世界化"的世界而来成其本质，才能算是思及了物。①所谓"保藏"，其实就是指天地人神之纯一性在"映射游戏"之中的自我保藏，这种保藏本身暗含了源初语言的诗性保真。维系这种"映射游戏"的关键在于：作为守护者的"人"对自身的本质性保持。然而人的本质是什么呢？对此，海德格尔的回答是："人之所以被叫做终有一死者，乃是因为人能够赴死。赴死意味着能够承受作为死亡的死亡。"②

实际上，"有死者"（die Sterblichen）之死——亦即那"终有一死"——总是以"有死者"的能够赴死为前提的。正因为如此，这里的"死"（sterben）无论是从德语的用词上还是存在论意味上都与《存在与时间》中的此在之死（Tode）不同，这一点，王庆节先生已经发现了，并进行过一些论述。③ 更具体地说，因为"有死者"（die Sterblichen）的这个"死"（sterben）在德语中实际上总是深刻关涉着某种触发死亡的机缘，而不仅仅是一种像 Tode 一样的"不可能的可能性"。就此而言，它真正要表达的"死于……"，这不仅是说死亡现在是以动态形式出现，更意味着它不再只是关涉某种深不可测的时间性结构，而是人在神面前的本真显现。这样的"死"与活生生的有死者相互关联，它是更源始的人神关系的发生之所，因而也是"诗意栖居"的重要条件。

三、"作为死亡的死亡"——诗意栖居的一个隐秘维度

终有一死者始终栖居着，亦即"把他们本己的本质——也即他们有能力承受作为'死亡'的死亡——护送到对这种能力的使用中，借以得一好死"④。这里的"好死"也值得注意，虽然究竟何为"好死"，海德格尔并未明言，只说是由此可以"把终有一死者护送到死亡的本质"。但海德格尔为这个"好死"提供了两个反例：把作为空洞之虚无的死亡设为目标；盲目地死盯着死作为终结的意义，而使栖居变得暗沉不堪。就此而言，并且考虑到四元整体中的人神关系，那么海德格尔所说的"好死"不是别的，就是"死于

---

① Martin Heidegger, *Vorträge und aufsätz* (GA7), Frankfurt：Klostermann, 2000, p. 182.

② Martin Heidegger, *Vorträge und aufsätz* (GA7), Frankfurt：Klostermann, 2000, p. 152.

③ 王庆节先生认为，海德格尔在谈到"有死者"时往往使用复数。这也许说明，海德格尔在思考人在四方域中的地位和关系之际，并非仅仅从一个个体，甚至一个单个民族，而是从作为曾经、已经乃至将要生存和赴死的所有人在神灵前的"栖居"来考察这个问题。《存在与时间》中的 Dasein 之"死"乃是一种无所关联的、无可逾越的可能性。"会死者（die Sterblichen）"的"死"，则天然地关涉着一个隐含的"他者"，此"他者"对应于"不死者"（die Unsterblichen）即四方域中的"诸神"。故此，会死者才得以在四方之间镜象嵌和的"圆舞"之中"柔和地、轻巧地"成其"向死而在"。详见（王庆节：《道之为物：海德格尔的"四方域"物论与老子的自然物论》，《中国学术》2003 年第 3 期，第 19~57 页。）

④ Martin Heidegger, *Vorträge und aufsätz* (GA7), Frankfurt：Klostermann, 2000, p. 152.

死亡本身"。

死亡本质上是与栖居紧密相关的，而非如流俗所认为的那样，是相互回避甚至对立的，因为真正的死亡不仅关乎人自身。反过来说，如果它只关乎人自身的终结，那它就还并不是真正意义上的死亡，而只是一种虚无，亦即一种不可能的可能性。这样一来，死亡就失去了它作为"终有一死"的那个本质性的维度，而正是这个维度才使栖居能呈现为守护和保藏。值得强调的是，这个隐秘的维度已经超越时间性的意义，因为它已不再是此在的一般性生存活动所能承担的，而是需要通过"作诗"（Dichten）来彰显。

在海德格尔那里，栖居始终离不开筑造。无论是身处于四元整体之中担负起守护保藏之责也好，还是在一种诗性境域之中的"让栖居"也好，"筑造"始终都是必不可少的环节。真正的筑造是什么？首先就是"作诗"，如海德格尔所说："作诗反而是原初性的筑造。"① 这并不意味着，所谓的"栖居"因此成了某种诗化生活的构建，情况毋宁是，真正的"作诗"首先是一种对"尺度"的运用。所谓"运用尺度"，从根本上意味着一种"本真的测度"，这是进行栖居意义上的"本真筑造"的前提。这种尺度应当与筑造合起来理解。任何形式的筑造首先都必然需要尺度，即使"本真的筑造"也是如此。也正是在这种不同尺度的采取上，一般筑造与本真筑造之间的区别也显示出来：前者所用的尺度乃是一种"凿凿在握的标尺"，后者的尺度则是"不可知的神作为不可知之物通过天空之显明而显现的东西"。② 这种听起来有些神秘的东西，海德格尔解释为：人之本质如何归本（Vereignet）于那本身喜好着人，因而需要人之本质的东西。③ 由此可见，所谓的本真筑造，可以被更深刻地概括为名词性的 Vereignung。④

"人之本质的'归本'（Vereignet）"这种表述意味着以"终有一死"展现的有终性，作为在世着的有死者之本质，还具有一种更源初的意义。这种意义通过"归于……而死"来体现，这里显然不涉及任何存在者意义上的东西。正是在这个意义上，使有死者真正能够承担"终有一死"的条件凸显出来：能够归本。这就意味着能通过本真的尺度而承担本真的筑造，进而能在这种筑造中归于自身的本质。正是由于这种"归本"，上文的"得一好死"就可以理解了，这种"死于死亡"的"好死"，无非就是指有所归地死，而这里的有所归也就是归于本真尺度。就此而言，真正的"诗意栖居"首先意味着承担起"作为死亡的死亡"：有死者因此才能成为真正的赴死者。换言之，只有在"作诗"之中承受了本真尺度者才能够真正承担"终有一死"，亦即才能够"死于死亡"。

---

① Martin Heidegger, *Vorträge und aufsätz* (GA7), Frankfurt: Klostermann, 2000, p. 206.

② Martin Heidegger, *Vorträge und aufsätz* (GA7), Frankfurt: Klostermann, 2000, p. 201.

③ Martin Heidegger, *Vorträge und aufsätz* (GA7), Frankfurt: Klostermann, 2000, p. 207.

④ Vereignung 的翻译并不止"归本"一种，这是由于该语词与 Ereignis 之间的词源关系造成。王庆节先生曾指出，包括"Vereignung"在内的一系列与此均与 Ereignis 属于同一词簇。鉴于这层关系，王庆节对诸如"Vereignung"这类词的翻译都是以 Ereignis 的翻译为基础。按王庆节所说，由于他将 Ereignis 译为"自在发生"，相应地便也将 Vereignung 译为"得其自在"。但即使从这个翻译看，其中依然包含着一种"归于……"的意味，这种"归于……"就其与 Ereignis 之间的关系来看并非单向性的。详见王庆节：《也谈海德格尔"Ereignis"的中文翻译和理解》，载《世界哲学》2003 年第 4 期，第 2～9 页。

值得强调的是，作为死亡的死亡不是通过任何终结的虚无来通达，而是通过"先-行"（Vor-lanfen）而抵达。按海德格尔所说：这种"先行向死却并不是到达一种单纯的'虚无'，而倒是相反，是为了使敞开状态完全地并且从其极致而来为存有开启自身。"①实际上，作为死亡的死亡在最本真意义上是与存有的发生相互关联的。这种关联也是那个"喜好着人"并以"天空之显明来显现"其尺度的神秘之物之所指。在此基础上，作为本真筑造的 Vereignung 与有死者之赴死的本质关联就在于：这种本质关联发端于存有并维系于存有。这种关联性构成人栖居和筑造的根本可能性。人的这种栖居的筑造在本有的层面上有其最源初的渊源。

四、"死于死亡"——有死者的"思乡"与"返乡"

由上可见，有死者之死亡之所以能"作为死亡的死亡"，乃是因为这是一种期求着归于可死之所的死亡。诗意栖居与死亡之间有着一种本质性关联，也正是在这个意义上才谈得上人的"不断地赴死"②，这种不断的赴死，究其根底无非就是一种本真性的"作诗"的展开。"死"实则就是作诗本身的最隐秘的那个"返乡"的维度。海德格尔显然意识到了这一点，这正是他在对诺瓦利斯那句话——"哲学是真正的思乡/一种随处都要返乡的冲动"③——所隐喻的东西。正是因为人本质上是"思乡"的，他才能拥有家乡，而不是反过来——就如流俗所认为的——人是先有一个家乡才懂得思乡。"家乡"始终是与"诗意栖居"紧密相关的。正如海德格尔所说，家乡并不是单纯作为出生地或作为熟悉的景致而提及，而是如大地一样"以历史性的方式得到提及"；它是"作为人类各自依其历史性此在而在其上'诗意居住'的大地之力量"而存在。④就此而言，这里的家乡本质上即与"诸神"一样是始终处于持续来临的"缺失"和"尚未"之中，因为家乡乃是比世界更源初的生存境域。

上述的"死""诗性之思""家乡"，就它们与"诗意栖居"这一主题的关系来看，构成了海德格尔之"诗意栖居"的三个内在向度。这三个维度与有死者的本质关联在源初的意义上构成"思乡"的根本内涵。联系前面关于有死者的讨论，那么此在作为有死者与其作为思乡者的双重身份就显现出来：此在之所以是有死者乃是因为他首先是思乡者，而正因为他是思乡者，他才作诗，亦即能运用"尺度"，进而才能筑造。正因如此，在海德格尔后期思想中，人作为思乡者收敛了其作为此在的锋芒，他不再是一味地去揭示、去筹划、去决断，而是去承担、去期待、去栖居，去静候诸神的暗示。这是一种触发有死者之"期待"的暗示——"期待着诸神到达的暗示，并没有错看诸神缺失的标志。"

---

① ［德］海德格尔著：《哲学论稿》，孙周兴译，商务印书馆 2016 年版，第 337 页。

② Martin Heidegger, *Vorträge und aufsätz*（GA7），Frankfurt：Klostermann，2000，p. 200.

③ Martin Heidegger, *Die Grundbegriffe der Metaphysik*（GA29/30），Frankfurt：Klostermann，2010，p. 7.

④ ［德］海德格尔著：《荷尔德林的颂歌〈日耳曼尼亚〉与〈莱茵河〉》，张振华译，商务印书馆 2018 年版，第 104 页。

有死者的期待也不是偶像化的期待，因为真正的期待者"并不为自己制造神祇，也不信奉偶像"①，例如荷尔德林。

《存在与时间》将死亡刻画为每个人必须独自承担且无可逃避的"亏欠"（Ausstand）。②这很容易使此在的生存性构建被理解为一种必然导向虚无的时间性结构。然而，如果洛维特看到了在上述环节之中展示的从"向死而在"到"诗意栖居"的必然返归，或许他就不会再认为"向死而在"是为了导向一种"缺乏创造力"的虚无主义深渊。毋宁说，这恰恰是创造力的原始跃动的由来之所。源初的——超越时间性结构的——"向死而在"实则就是"返乡"。所谓返乡，无非就是"返回到本源的近旁"③。这也是为什么海德格尔会说"作诗中包含着最初的返乡"。

死亡如果仅仅是作为一种虚无与终结被看待的话，当然无任何诗性可言，但若没有思乡者的向死而在，从根本上也无所谓诗性。或许正是在这个意义上我们才能真正理解，为什么在海德格尔所崇敬的"黑森林的农家院落"中，作为"死亡之树（Totenbaum）"的棺材会在其中占据重要位置。这种死亡之树除了与屋里的摇篮一同构成了生与死的源初关联性之外，更重要的还在于，它们还与"公用桌子背后的圣坛"共同形成了一种本真的诗性场域。这就意味着真正意义上的死亡，是必须总是借由神之召唤才能成其自身为"终有一死"的死亡。因此，真正的死亡乃是关乎于"神"的。这种神性往往又构成一切民族的最源初的精神家园。之所以说真正的有死者必须是能赴死者，最主要的乃是因为，他能够"思乡"并且已然思乡。这也意味着有死者始终——并且能够和愿意——期待一种来自于自身命运的召唤着的暗示。这种暗示并不是从某种神秘现象而来，而是从承担起了终有一死的有死者的诗意栖居中来。

五、结语

应该看到，与前期《存在与时间》中的"向死而在"相比，海德格尔后期关于"死亡"的理解有一个很大升华。在海德格尔后期的思想中，死亡已经不只是一种生存论结构的依托，亦即"在世之在"那种晦涩的"不可能的可能性"，它首先乃是活生生的"有死者"之"死"。这种"死"被视为关乎"天地人神"的四元整体的隐秘维度。承担这种"死"的有死者也不再只是操劳着的此在，而是思乡者。这种思乡者通过对其自身的"终有一死"的主动承担，而等待一种归乡的召唤，并在这种等待中安于大地之上的"劳绩"。

有死者之"死"，综合海氏前后期的相关思想来看，其意义首先并不在于为此在的时间性结构提供某种先行担保，虽然它确实可以作出这种担保——这也是它在《存在与时

---

① Martin Heidegger, *Vorträge und aufsätz*（GA7），Frankfurt：Klostermann，2000，p. 152.

② ［德］海德格尔著：《存在与时间》，陈嘉映、王庆节译，生活·读书·新知三联书店2014年版，第279页。

③ Martin Heidegger, *Erläuterungen zu Hölderlins Dichtung*（GA4），Frankfurt：Klostermann，1996，p. 23.

间》中的意义。然而，死亡的更源初意义在于，它是维护诗意栖居之可能性的重要维度。这听起来似乎是悖论：这似乎是说，正是死亡在担保着诗意栖居。然而，如果生存始终被视为无诗性的沉沦被抛或无休止的筹划操劳，那么这确实就是悖论。否则，如果看到了有死者与思乡者之间的本质关联，那么这或许才是两者的真实关系。唯有在此意义上，我们才能明白为什么海德格尔说："向死而在的实行唯对于另一开端的思想家而言才是一种义务，而置身于这些未来的创造者中的每一个本质性的人都会对此有所知晓。"①

---

① ［德］海德格尔著：《哲学论稿》，孙周兴译，商务印书馆 2016 年版，第 339 页。

"清醒"着沉沦
——论技术社会中人的主体式沉沦

● 邹　珊①

【摘　要】

　　海德格尔在其早期著作《存在与时间》中对"此在"（在世界中生存的人）进行了深刻的生存论解析。此在在日常生活中陷入常人的平均状态，而这种陷入世内存在者和他人中间的倾向即是沉沦。但在海德格尔后期思想中却对这种此在最基本的生存方式悬而不谈了，转而对技术进行追问与反思。海德格尔相信现代技术的发展加深了常人的平均状态，因此对技术社会中常人的平均状态的探究，为借海德格尔后期对技术的沉思揭露技术社会中人的沉沦的表现方式开辟了一条少有人走的道路。本文则旨在围绕现代技术重塑社会与个人的种种现象，结合海德格尔后期对技术的追问，揭示其在《存在与时间》中所阐述的沉沦状态不仅没有成为对社会现状的误判，反而在现代技术的帮助下获得了更安定和稳固的表现形式。现代技术在赋予人高度主体性的背后实则使人更平均地消散于常人之中，技术的本质日益隐蔽，意识到本己能在的觉醒也越发珍稀。

【关键词】

　　沉沦；现代技术；主体性；平均状态

绪论

　　在前期的生存论分析中，海德格尔放弃了"纯粹之物"在存在论上优先的存在者地位，转而从平均化的日常在世入手。他首先描画了此在最通常所身处的日常生活，在这种最切近的生存方式中，此在受闲言、两可和好奇的引导而消散于公共意见中，此在的一切都由"中性"的常人掌握，这种取消掉个性差异的平均状态即是沉沦。他通过对此在的这种日常展开状态的剖析来追问"此之在"的问题，借以把握此在的生存论结构的整体的主要特征。然而随着社会问题的暴露，海德格尔研究"存在"的进路发生了转向。其后期不再以"此在"的存在为基础展开，而是尝试从"真理""技术""语言"等通达"存在"。他借着对现代技术之本质的沉思，批判了传统形而上学作为一种统治性的哲学形态遗忘了"存在"，遮蔽了事物本身，使人陷入一种无家可归的状态。这种理论的明显嬗变使得现在学界据此大约以20世纪30年代为分界，将海德格尔的思想分为前后期两部

---

①　作者简介：邹珊，武汉大学哲学学院外国哲学专业2019级硕士研究生，研究方向为文化哲学。

分，对于海德格尔哲学的研究也多分别局限于某一时期。然而一旦我们将视野拓展到海德格尔毕生的探索，一条贯穿始终的对于人的生存境况的关注和追问之路就向我们敞开了。结合海德格尔后期对技术的追问所揭示出的人的生存困境，探究技术社会中的人日常沉沦的表现形式发生了何种改变成为可能。尽管对于现代技术如何在抬升人的主体地位的同时又使人更加安定和稳固地处于沉沦状态这一问题的关注寥寥无几，但是鉴于人停留于技术工具表面、无视技术的本质，向着本己能在的筹划已经变得空前困难，并已经造成了一种实际严重不平等的生存状态。本文的主旨即在于探索技术社会中的常人状态，揭示人被技术赋予的假象主体迷惑的现状，从而警示人们更多地沉思技术背后的本质，真正将技术置于大部分人的控制之下。

一、海德格尔论沉沦和技术的本质

在《存在与时间》中，海德格尔为与传统意义上对人的生物学或心理学等界定相区别，把作为存在者的人称为"此在"，同时借对"此在"的探讨来追问源始的存在。其前期对此在生存论分析的入手点为平均化的日常在世。此在在世界中并与世界内的其他存在者打交道，而这种打交道已经分散在形形色色的诸操劳方式中了。每一个此在都处于这种被抛入世界中的日常共在，这种日常共在的生活是此在最切近的生存方式，海德格尔将处于这种生存方式中的此在称为"常人"。常人受闲言、好奇和两可的引导以开展出自身日常存在的基本方式——沉沦。沉沦是此在消散于其所操劳的"世界"的状态，是此在非本真的存在方式。"此在首先总已从它自身脱落、即从本真的能自己存在脱落而沉沦于'世界'。"① 所谓"本真的能自己存在"，即是指"人能超越他的物质生命活动理解他自己和别的存在者的存在。"② 生存就意味着一种可能性，死亡则是此在最本己的可能性，它将人的可能性全部个体化，成为与他人无关的可能性，这种可能性无可寄托，只能自己去把握。而摆脱沉沦状态，直面这种最本己的可能性，在对自身何以整全的反思中达到自由地做自己而非其他任何集体中的一个，从而积极地、原创地、以自己的方式去投开存在和展开自己，就是此在最本己的能在。

但由于此在的在世本身具有引诱作用，作为公众意见的闲言引诱此在沉溺于无根基状态。两者配合着闲言使常人在公众意见中获得自身存在之可能性的确定，与公众意见保持一致培养出常人的自信与坚决，并因此将此在带入一种自以为是的安定之中，"其引诱作用的安定加深了沉沦"。此在由此趋向一种异化，此在本己的生存方式被遮蔽，自身能存在的一切可能性都被挤压到一种看似确定实则无所领会的非本真的平均存在之中了。引诱、安定、异化与自拘正是沉沦这种此在日常存在方式的表现，此在的最本真的能在掩埋在这些现象之下，转而呈现出平均的常人状态。平均状态是常人的一种生存论性质，常人本质上就是为这种平均状态而存在。而在技术社会中，现代技术的发展为人的存在展开了

———————

① ［德］马丁·海德格尔著：《存在与时间》，陈嘉映、王庆节译，生活·读书·新知三联书店2012年版，第204页。

② 张汝伦著：《〈存在与时间〉释义》，上海人民出版社2014年版，第17页。

更多的可能性，科学技术乃至文学艺术都朝着精密化、专业化不断深入，更加细化的职业分工为人在世存在提供了更多可供选择的扮演角色，在生存论的意义上扩展了人存在的可能性。然而海德格尔所说的日常生活中人的"前存在论"状态却并未被改变，人仍旧将对存在的理解当作理所当然之事。并且科学技术的发展对人主体性的抬升使得人们更加难以分辨常人状态与本己能在之间的界限，这也是海德格尔后期对技术的追问所旨在揭示出的人的生存困境。

"技术"一词以其自身高度的模糊性和包容性而获得了来自不同学科的广泛的研究和定义。"'技术'在17世纪的早期使用中意味着技术工艺的研究，只是在20世纪30年代，这个词才开始指使用技能生产的物品。"[①] 当下被人们视为技术的典型代表的诸如手机、电脑以及其他由芯片和电路组成的"硅合体"正属于这一定义。法国科学家狄德罗曾在著作《百科全书》中将技术定义为：为某一目的共同协作组成的各种工具和规则体系。这种界定基本上指出了现代技术的主要特点，即目的性、社会性、多元性。

以上所提到的关于技术的界定，在海德格尔看来都可以归类于两种流俗的技术观：一种认为技术是合目的的手段，一种认为技术是人的行为，这两种通行的技术观也被称作工具的和人类学的技术规定。这些规定将技术问题转移为人的问题，技术成了一种设置，一种手段和人类行为，这种对技术的工具性规定在海德格尔看来是正确但不真实的。如同"贯穿并支配一棵树之为树的东西并非一棵存在于平常树木中的树"[②]，技术也并不等于技术的本质。在《技术的追问》中，海德格尔认为技术不仅是一种手段，其本质是一种解蔽方式，一切生产制作过程的可能性都基于解蔽之中。由此，建造、制作过程以及作为手段和结果的工具之外的理论、灵感到现实给予的物料等从质料因到效果因的部分也共同构成了作为产出的技术。

通常意义上的现代技术在海德格尔看来仍然是一种解蔽，但不再以产出为展开意义，转而成为了一种促逼的解蔽。促逼着的解蔽的主要特征在于控制和保障。一切都成为可订造的，机器本身一马当先，它作为一种目的的持存之物而必须首先是可订造的。例如一架飞机，其机翼、滑轮等组合零件、飞行所需要的燃料等能源包括机长的一系列操作等人为活动都必须是可订造的。这种可订造一方面作为控制或者是持存，另一方面也是对各种可能性的维持，即保障。组合零件提供了飞机被制作出来并进行符合规律的飞行的可能性；燃料保障了飞机在飞行过程中的能量来源；机长的一系列有据可循的操作使得飞机遵照固定航线飞往既定的目的地。这些方面统持了飞机成其为飞机的可能性。然而这些保障又反过来要求对每一环节的促逼，从自然到人无一幸免。"人通过从事技术而参与作为一种解蔽方式的订造。"[③] 这种解蔽从对自然的无节制的摆置开始，自然被要求成为某种可以通

① ［美］希拉·贾萨诺夫著：《发明的伦理：技术与人类未来》，尚智丛、田喜腾、田甲乐译，中国人民大学出版社2018年版，第6页。

② ［德］马丁·海德格尔著：《演讲与论文集》，孙周兴译，生活·读书·新知三联书店2005年版，第3页。

③ ［德］马丁·海德格尔著：《演讲与论文集》，孙周兴译，生活·读书·新知三联书店2005年版，第17页。

过计算来确定的信息系统。"惟就存在者被具有表象和制造作用的人摆置而言，存在者才是存在着的。"① 这种一味追逐在订造中被解蔽是一种危险，技术的本质被长久地遮蔽起来，人也实际上身处悬崖边缘了。面对这种现状，海德格尔后期将现代技术的本质描述为"集置"，借此来形容人被促逼着去挑战自然的境况。

本文即立足于现代技术这种表象一切、计算一切、促逼一切的特点来研究技术社会中人的生存境况，探索处于危险中的人们如何不自知地安定于日常的沉沦状态中，现代技术如何制造假象主体来加深平均化以至实现全方位的生活入侵。同时也力求遵循海德格尔所指出的救渡之路，反思作为一个倾听者而非一个奴隶而言才拥有自由的人，如何在对技术的本质保持追问和思考的基础上维护自身作为真理守护者的最高尊严。

二、技术社会中的常人状态

在《世界图像的时代》一文中，海德格尔将"世界成为图像和人成为主体"视为"对于现代之本质具有决定意义的两大进程"。② 自笛卡儿赋予存在者表象的对象性，同时规定真理为表象的确定性之际，人迎来了向自身解放自己的"主体时代"。在人成为真正的一般主体之际，其他存在者成为了人表象活动的对象，原始的存在从存在者中被抽离了，价值成为存在者如此这般得到解释的新的原因，而价值本身也就顺理成章地成为一切行为和活动的目标。在世界因此被根本把握为图像后，人的本质也发生了变化。人有意识地将自身的主体地位视作由其自身构成和确立的，并且进一步将这种地位作为人性得以发挥和社会得以进步的基础。人以自身为尺度获得对存在者整体的支配，将自身对存在者整体的基本态度称为"世界观"，人狂妄地计算和摆置一切，全然无视了被自身通过现代技术开展出的"庞大之物"越是唾手可得，则越是不可控制的事实。人作为主体用现代技术摆置世界，世界也反之利用现代技术麻痹人，在为人编织的假象主体的美梦中无声入侵，人由此越发安稳地沉沦在常人状态之中了。

（一）工具的统治和沉默的缺失

随着科学技术的迅速成长，当今时代已然成为现代技术起基本作用的时代。跨越时空的交通工具和通信设备、打破隔离的显微镜和生物医学射线、突破形态的人工材料复合物和克隆技术，科学技术的进步充分满足了人类自身的生存需要，也在很长一段时间内满足着人作为一般主体的自尊和虚荣心。这使得沉溺于"便利"的人们几乎没有意识到，现代技术所支配的已不再单纯是烟囱林立的工业城市，个人的行为和期望都早已处于其统治之下了。技术社会中的常人是在无意识中被现代技术攫获的非本真存在者。

以大行其道的数字算法为例，随着大数据技术的进步，一个庞大的对人的生活方式、行为习惯、喜好倾向的采集和预测系统得以建立起来。通过数据整合对人类行为和偏好进行预测，从概率角度分析个人乃至社会中存在的潜在隐患，从而帮助人们作出下一步选择

---

① ［德］马丁·海德格尔著：《林中路》，孙周兴译，上海译文出版社 2004 年版，第 91 页。
② ［德］马丁·海德格尔著：《林中路》，孙周兴译，上海译文出版社 2004 年版，第 94 页。

和决定是大数据技术的初衷和益处。然而在人以沉沦状态的日常存在中，大数据技术却更多以替人决定而非帮助人决定的角色出现。人的每一个原初意愿成为大数据预测、引导甚至控制人的奠基石，特别是在商业消费行为中，对人原初自由选择的搜集和概率学分析，大数据技术能为商家提供更加切合消费者偏好的广告思路。再经由媒介霸权将人在某一阶段的需要包装为长久需要，或将人某一时刻的一时兴起渲染为其真实需求，并用多平台多形式多种类的手段加深对人的引导。而基于人原初意愿的这些消费引导又更容易使人相信这确实是自己的需求，这使人们难以深入思考自己究竟需要什么，而是被媒介信息所操控，被给予需要，人们的决定并非真正由自己作出，而是以假象主体的身份被决定、被操纵而不自知。而大数据技术背后所关涉的资源分配、社会管理以及各种大型生产系统背后所涉及的政治判断和技术整合均是与商业消费相同，本质都是对人的一种促逼的"摆置"，常人正是在这种促逼中被订造着自己的存在方式。

在对人行为模式的搜集整合基础上，大数据技术还对人的心理规律发起了冲击。这种现代技术对人心理活动和无意识领域的操纵更加让人的处境变得岌岌可危。现代技术的发展为人的自我实现创造了可能，却也在这种对人个性主体的抬升中损害了人独特的能存在，使人在假象主体的迷惑中遮蔽了其实际沦为平均的现实。"作为技术统治的牺牲品，它暗淡无光或杂色纷呈，人在其中已不再能辨认出自己，他被剥夺了他的作为人的个性。"[1] 以当下流行的短视频软件抖音为例，《2020抖音数据报告》显示，截至2020年8月，抖音日活跃用户突破6亿人，截至2020年12月，日均视频搜索次数突破4亿人。[2] 人们花费大量时间制作、观看短视频，跨越时间和空间界限地分享、了解不同生活，将网络技术的运用发挥推向一个新的高潮。然而在这些分享日常生活、观看喜爱视频、获取热门新闻的"自由"背后，却仍无法掩盖个人生活不断牺牲、人们不断被塑造为平均的共性这一现状。"抖音在设计时吸收了赌场的诱惑方式并加以改进：软件的视频界面占用了整个屏幕，让用户沉浸其中；通过快速切换视频，它能迅速找到用户的喜好并强化；不分时刻，只要用户在使用它，就永远有新奇有趣的东西冒出来刺激用户的兴奋点。成瘾之后，人们会习惯性地沉迷于这种高频度的兴奋状态，而不太能从中理性逃离，开展日常生活。"[3] 而大数据技术对人性的充分发掘正是设计这些高成瘾的产品的前提。

而网络成瘾带来的思考缺位是沉默缺失的一种典型表现。人们纵容他人的生活、明星的八卦等占有自己的生活时间，将自己的主体行为筹划寄托在选择是否喜欢他人分享的视频、是否就某个明星的行为发表言论、是否购买智能推荐的商品等，数字自我取代了真实自我，个人被算法整合和排序后的喜好成为其真实喜好，更加遮蔽了对本质的探索和思考。当热点和潮流出现时，人们像无头苍蝇一样四处寻觅，一旦接触到本质一类的东西便觉索然无味，连思考都被人工智能工具化，"不可避免地，交往的现代技术导致一种对我

① 林琳著：《现代科学技术的伦理反思：从"我"到"类"的责任》，经济管理出版社2012年版，第14页。
② 《2020抖音数据报告》，载199IT官网，http://www.199it.com/archives/1184841.html，2021年1月5日访问。
③ 谭笑、许鹏飞：《大数据世界中的自由意志》，载《中州学刊》2020年第6期，第121~127页。

们头脑的越加有力的操作"①。人们不再以筹划自身独特的才能来确证自己的存在价值，而是依赖于在喧嚣的网络世界中表明自己的"态度"来寻找存在感，热衷于依靠各种模版来进行快餐式的信息输出，连文艺创作也没能幸免于难。自身沉默的本性语言被机械化的产出遮蔽，本应作为宁静排钟的道说②也早已无从寻觅，在现代技术的诱惑中饰演自我塑造和控制的剧目成为了技术社会中的常人日常生活的主要表现。

（二）权利的让渡和责任的逃避

现代技术顺应着人将其视为自身创造的聪颖的机械产品，并由此抬升人们虚假的主体地位。与此同时，它还极其隐蔽地使人无意识地转让了自己的内在生命——人们引以为傲的筹划自身能存在的权利。常人在技术社会中既无掌握命运的权力，也缺乏为自身负责的意识和信心。个人能为自己命运负责的空间被大幅压缩，小部分掌握知识的团体及大数据技术接管了整个人类的命运。技术专家决策是现代技术控制的一大保障。技术社会中的人坚信自身对技术的控制和管理能力，但是这种能力并非人人都具备，只有少部分具有专业知识和技能的专家才能担此重任。社会管理需要科学的办法，相应经过专业学习的专家因此被赋予了权威的地位，"在这个社会中人们求助于专家，并指望他作出他们要作出的实际的、政治和经济的决定"。③ 并且不同于可能会被质疑为大数据技术滥用结果的短视频、商业广告等带来的危害。在技术专家决策这一过程中，人们对专家的相信在某种意义上也来自于人们对技术中立的看法。技术中立并非认为技术不会造成有好坏之分的结果，而是将技术看作独立于社会和文化基础，只是纯粹为人类服务的工具。独立于私人欲望的技术成了公平的象征，因为在社会系统空前复杂的当下，如何使得资源最佳调配、如何使得利益最大化，已经不是传统中依靠专业人员凭经验就能妥善解决得了，而大数据在概率上的成功会使得采用其结果以节约成本这种诱惑无法被拒绝。把事件的相关信息交付于大数据并以此求得最优解就会成为必需。"一旦开始这样的社会集体行动，人类就不得不逐渐整体让渡自己的自由意志。单个的人将需要适应大数据广泛而深入地参与到其中的社会体制，过一种大数据算法所期待的生活。"④ 而随着生活的各方面都数字化、技术化，公众意识心甘情愿抑或是迫于无奈地不得不转向科学和技术，由自身设计个人生活的权利服从于了无差别的技术统治的平均的安全。

① 林琳著：《现代科学技术的伦理反思：从"我"到"类"的责任》，经济管理出版社 2012 年版，第 15 页。

② 后期海德格尔在语言的维度追问存在的意义，认为思考语言的本性不在于提出一个新的语言观，重要的是倾听语言并诗意地居住，海德格尔批判形而上学和技术化的语言观将语言视作存在者，把语言当作记录、表达思想情感的陈述符号和信息交流的工具。海德格尔走向语言自身深思其的本性，区分神言、人言与语言自身道说，认为本性的语言自身沉默，道说为宁静的排钟。语言之道说作为指示即林中空地，亦即存在之让，让万物显现，让物物化，让世界世界化，存在立于语言的林中空地显现和遮蔽。语言成为对存在和思想的事情的规定。

③ 林琳著：《现代科学技术的伦理反思：从"我"到"类"的责任》，经济管理出版社 2012 年版，第 15 页。

④ 谭笑，许鹏飞：《大数据世界中的自由意志》，载《中州学刊》2020 年第 6 期，第 121~127 页。

无论是在个人事务还是公共事务中，进行个人的选择筹划意味着需要承担更大的责任。就像拥有专业知识的专家也会饱受质疑。"专家看不见自己所做的决策并不是纯粹的自然事实，这带来了一系列没有正确答案的价值观问题。"① 而本身对于飞速发展的技术就无法做到全然了解的个人更是难以比较个人的生物算法和大数据算法之间的优劣。而如果拒绝接受大数据预测的建议，那么人们一旦在选择失败时，在承担失败的责任之外，还需要额外承担"拒绝大数据意见"的责任和由此带来的懊恼。同时，随着技术创新速度越来越快，社会程度越来越复杂，人们更加意识到没有任何机构或组织能够为风险负全部责任。例如，美国在经历了多起校园枪击案后，部分群体仍然认为"枪支暴力"是一个误称，只是美国枪支文化的意外产物。所以他们提出的解决方案之一不在于禁枪，而是为教师配枪。② 这些"低可能性、高灾难性"的事件及其背后无从问责的尴尬境况使人们最终放弃了以原初意志的生物算法进行选择，而是广泛依赖大数据来决定集体和个体事务。社会系统的总体改变以此深刻地改变个体的生存方式，"人们或社会机构倾向于相信，由于有更宏观的信息来源和更客观的判断程序，大数据提供的是更理性的建议，当然，这里所说的理性是从后果主义的角度来看。因此，人们也会倾向于在作最终决定时，不仅仅参考大数据的建议，更是直接交付给它去做。也就是，人类主动地让渡了自由意志。在更复杂的社会状况中，这种让渡并不总是主动的选择，很多情况下是被动决定的"。③

三、技术社会中的沉沦

此在作为被抛入世界的"在之中"，其首先与通常就寓于它所操劳的世界。他人和世界随此在与周围上手事物打交道的过程向此在敞开。在这种源始的被抛中，此在向着"本来就属于它的存在的那个世界"沉沦。此在与世界的这种源始的敞开和领会无关主体和客体，作为技术而发挥作用的器具在此只是辅助此在领会的手段，将世界带到此在面前来照面，亦即海德格尔所言的作为产出的解蔽。"不仅手工制作，不仅艺术创作的使……显露和使……进入图像是一种产出。甚至自然，即从自身中涌现出来，也是一种产出。自然甚至是最高意义上的产出。"④ 此在与其他存在者基于这种产出而处于和谐的共处。作为此在日常存在的基本方式的沉沦也是基于这种共处，此在首先消散于其中，消散于日出而作日落而息的作息规律，消散于四季轮回的草木生长，消散于这种顺其自然的产出，此在此时被世界所攫获。

然而到了现代技术这里，境况则迥然不同。技术不再以产出为展开意义，转而变成了蛮横地向自然索要能量的促逼。和谐的敞开与领会被强横地订造和集置替代，此在日常生

---

① [美] 希拉·贾萨诺夫著：《发明的伦理：技术与人类未来》，尚智丛、田喜腾、田甲乐译，中国人民大学出版社 2018 年版，第 15 页。

② 美国时间 2019 年 5 月 1 日，佛罗里达州通过"教师配枪法案"，允许教师持枪上课。

③ 谭笑、许鹏飞：《大数据世界中的自由意志》，载《中州学刊》2020 年第 6 期，第 121~127 页。

④ [德] 马丁·海德格尔著：《演讲与论文集》，孙周兴译，生活·读书·新知三联书店 2005 年版，第 9 页。

活的基本方式也被技术无孔不入地渗透包裹，人和世界被分裂为主体和客体，人向之沉沦的世界变成了图像，价值转而攫获了人。在技术塑造的假象主体中将一切工具化、加速不平等生存环境的同时平均化个人，进而使人身处无根的漂浮之中成为技术社会中人引诱、安定、异化与自拘这些沉沦表现的新形态。此在最切近的生存方式成了空前远离本真能在的庇护所。

（一）将一切工具化

计算是技术社会得以运作的重要基础，是使得一切成为可利用的工具的保障。精密的数学计算为人们确定了风和流水的速度，矿产资源分布的广度和深度，天体运行轨道和周期的精确度，自然首先成为可计算、可摆置的工具。与此同时，控制生物体生长发育的基本物质①结构的神秘面纱也被揭开，生命密码由此也成为利益的博弈场。在计算机建立起的网络空间的辅助下，进行自我塑造的思想也未能幸免，订造思考成为可能。将他人看作与自身并行的主体以及将其他存在者视为可表象的客体使得人和世界都成了可物化的。少数掌握尖端技术的人容许了人类生殖周期的初始阶段被转移到实验室的人工设置的玻璃器皿②中，并从自身出发使人们相信这是人类主体地位的又一次确证，是为无法孕育的夫妻带去希望的福音。由此开始，人已经不仅通过从事技术而参与作为解蔽方式的订造了，人自身成了被解蔽的物，成了设计、选择生命市场上的商品。尽管从不同程度上这种出于资本利益的物化人受到谴责与批评，然而这种随着一切可以工具化而发展起来的现代技术，以及随着现代技术发展而进一步加剧的对人自身的工具化却是实实在在地发生着。在资本的控制下，技术为将他人作为自身谋利的工具创造了更大的可能性。海德格尔后期将这种现实的总体客体化，一切都成为可订造和操作的现代技术的本质称为"集置"。

（二）不平等生存环境下的平均性

现代技术的发展实现了人类跨越时空交流的梦想，网络空间的建立为人们提供了自我塑造的广阔平台。人们可以自由地展示自己的生活，足不出户即可遍览群山、游历世界。人与人之间的距离被缩短，我们有了多种途径去更好地理解他人。但是在拉近人们距离的同时，现代技术却也悄然加剧了人与人之间的不平等，使得置于不同立场的人之间的鸿沟不断扩大。常人状态下的操劳也随着这种不平等的加剧而悄然改变了其日常生活的筹划。

技术社会中人与世界、人与他人的分离和疏远往往以国与国、阶级与阶级不平等的现象呈现出来。现代技术进步带来的利益并未如每一项技术设计之初所言平等地惠及所有世内存在者，反而越发扩大了人与人之间的差距。"《2013 年联合国世界死亡率报告》显示：富裕国家的人均寿命超过 77 岁，而在落后国家仅为 60 岁，相差 17 岁。1990—2015 年间

---

① 指脱氧核糖核酸，即 DNA。
② 指试管受精（IVF）技术。

的婴儿死亡率急剧下降，但是据世界卫生组织估计，非洲的婴儿死亡率几乎是欧洲的 5 倍。"① 而即使在同一个国家，境况也并未改变。从区域宽带普及状况来看，我国东部地区的固定宽带家庭普及率高达 98.8%，而中部仅为 76.7%，② 而作为衡量地区经济发展状况的重要指标的宽带普及水平在揭示出这种经济不平等的同时，又遗憾地预告了这种不平等加大的可能。③ 除了收益上的不平等，对现代技术发展带来的灾难的承受可能性也同样不平等。博帕尔事件④是一个典型的缩影，现代技术从工业革命开始就奠造起了国与国之间的不平等。率先取得技术发展的大国为获取更多资源开拓了众多殖民地。而被殖民国家在长期的技术依赖中难以真正拥有自己的技术现代化，这导致即使在去殖民化之后，印度也只是转换了对发达国家的依赖方式。这使得急需解决人民吃饭问题的印度政府容许了 UCC 在博帕尔设立一个危险的技术黑箱，而博帕尔的市民直到被泄漏的毒气吞噬了生命之时才意识到自身被作为赌注的命运。

现代技术造成的不平等已是不争的事实，令人遗憾的是这种不平等的境况并未让人们更加意识到自身已然置身危险的悬崖边缘，反而使人们更安定地置身于日常操劳的沉沦中了。如同在《存在与时间》中海德格尔对死亡的探究中所揭示的那样，在大部分情况下，人们非但不能在本然意义上经历他人的死亡，至多只是在侧，更有甚者长期处于逃避掩盖这一最本己的可能性并且与他人"互相欺瞒"的常人状态中。现代技术的发展将这种沉沦在日常状态中对死亡的逃遁扩展开来。在利益的巨大诱惑下，难以证实的众多技术风险被"受害者是他人而不是我"的侥幸遮蔽。即使发生了像博帕尔事件这样巨大的悲剧，人们也至多谴责类似 UCC⑤ 等机构的冷漠与疏忽，再透露出技术总是有许多意外结果的悲天悯人，喊响严惩悲剧酿造者的口号，得出的却是为了摆脱技术依赖，为了获得更高地位，必须承受一定风险的结论。在悲剧发生后才去反思和补救的习惯使得人们最终丧失了反抗的能力和信心，身处技术社会的常人最终选择了迎合这种快速发展到不受控制的技术浪潮，像庆幸死神并未降临于自身一样庆幸自己是现代技术的宠儿，继而迅速消散在技术统治下的操劳活动中了。

（三）无根的漂浮

现代技术的发展的确为人们带来了空前的便利和美好，"利用技术，我们已成功将饥荒转变为富余，消除了许多致死疾病，探索了海洋和平流层，将外层空间也纳入人类的想

① ［美］希拉·贾萨诺夫著：《发明的伦理：技术与人类未来》，尚智丛、田喜腾、田甲乐译，中国人民大学出版社 2018 年版，第 4 页。

② 《宽带发展联盟报告》，载 199IT 官网，http：//www.199it.com/archives/848742.html，2020 年 8 月 19 日访问。

③ 世界银行一项研究表明，一个国家或地区宽带人口普及率每提高 10%，将平均带动国内生产总值增长约 1.38%。

④ 1984 年 12 月 3 日凌晨，印度中央邦首府博帕尔市的美国联合碳化物属下的联合碳化物（印度）有限公司设于贫民区附近的一所农药厂发生氰化物泄漏，造成 2.5 万人直接死亡，55 万人间接致死，20 多万人永久致残。

⑤ Union Carbide Corporation （美国联合碳化物公司）。

象视野之中，打开了人类心灵深处的思维"。① 人们惊叹于宇宙的浩渺，感受着自然的恢宏，一点点地拓展着自身的生存可能。然而随着这颠覆认知的新世界大门的打开，人曾经用以确立自身成其为自身的种种可能性被一一瓦解。地球不再是人唯一和全部的可活动领域，从人类登上月球开始，迈向太空的脚步就从未停止，随着地球生态环境的恶化，寻找另一个居住地的尝试一直在进行。这是一条隐蔽而危险的进路，人们希望使用现代技术以确证和保障自身的主体地位，创造更美好的生存家园，因此人们开发了自然资源，建造了大型技术系统，开拓了太空中的外层空间。然而发展结果却有些出乎意料了，自然环境被破坏，大型技术系统入侵了人的生活，探索宇宙的技术反过来将人甩出了地球。"我们根本无需原子弹。人的连根拔除之事已经发生。我们惟一剩下的东西，只有技术的关系。这已经不再是人生活于其上的地球了。"②

外在的生存家园首先变得模糊不清，人类自身也开始难以辨认了。随着人类生命密码的解锁，人体变得空前透明，我们在利用种种生物医学技术抗击致死疾病的同时，也一步步容许了自身置于移植他人器官、安装机器芯片、提取人类胚胎干细胞等修补人体以致难以确证人自身范围的境地。机器人的发展同样冲击着对人的界定，机器如果拥有与人同等的公民权，那么人和机器该如何分别。也许思想会成为人最后的标识，然而悲观的是，在技术的飞速发展下，人们还来不及更新自己的思想系统，从家园到人体的界限就变得无从寻找了。技术社会中的常人在计算一切之后终于发现自己已陷入对自身的无法确证。技术不顾一切地向前发展，引领了人们的生活方式，却没能同样带动人的思维方式。现代技术让人们知道了能如何去做，却从未留给人解释。于是茫然无措的常人最终在无确定性的恐惧中将这种"能做"视为自己生存筹划的"该做"，用非本真的操劳遮蔽自身无从寻找根基的事实，在忙碌的机械系统中无根地漂浮。

技术社会中的常人就身处自己工具化一切之后变得无从确证的世界中，在对现有不平等境况的错误改变方法引导下，陷入现代技术抬升起的假象主体，把平均化的能做当作自己独特的该做。一旦接触到与现有安逸生活相悖的东西便迅速逃离，这使得常人事实上并非不负责任，而是早已不知道该负什么责任，将自己的根基建立在现代技术带来的人工智能上，勇敢承担起以自己为根基的畏在技术社会的沉沦中真正完全被遮蔽了。

结论

从上述分析中可以看出，技术社会中的人并没有因为自身创造出的方便智能的生活环境而脱离常人状态，抑或改变海德格尔早期所描画的沉沦的引诱、安定、异化与自拘等此在日常存在方式。相反，现代技术为人们创造出的更多实现自我的可能性被误解为最高目的而非手段。作为闲言的公共意见改头换面，转而以一个个"独立自由"的声音被呈现

① ［美］希拉·贾萨诺夫著：《发明的伦理：技术与人类未来》，尚智丛、田喜腾、田甲乐译，中国人民大学出版社 2018 年版，第 188 页。
② 艾秀梅：《日常生活的沉沦与拯救——海德格尔哲学中的日常生活批判思想》，载《求是学刊》2003 年第 5 期，第 51~55 页。

出来，消散在错误筹划方向的操劳中的常人已经远离真理了。本应作为人解蔽真理的方式的技术被人用以满足自身无休止的虚荣，对技术本质的追问和思考被人抛在脑后。技术社会的常人状态正在于此：将自身对技术性工具的使用作为自己对技术本身的创造，以表面的主体身份被裹挟进促逼的订造中，越是将技术看作对象化的工具，实则越无意识地被对象化为技术社会中世界大机器的一部分。这种主体式的沉沦状态使人们失去了自己对技术运行机制的决定权，失去了对技术本质的思考，而是被技术迷惑，让技术自身规定了其用途和来源。人自身和世界交互的灵活性丧失，无目的的平均化的操劳成了常人确证自己主体地位的安稳的支撑，被促逼着挑战自然，挑战自我成了技术社会中的人日常生活的切近表现方式。

对这种常人状态的拯救方式无从得知，然而海德格尔对技术沉思的号召已是迫在眉睫了。只有时刻保持追问，保持思考而非在无从确证的两可中失去信心；只有时刻将极端的危险保持在视野中，此在才能在常人的非本真状态中有所觉醒，在危险中间把救渡带向最初的闪现。

为什么复杂行为不是"应该蕴含能够"原则的反例？

● 牟俐东①

【摘　要】

　　"应该蕴含能够"原则指出，如果一个行为是我们的义务，那么我们就能够完成这一行为。亚历克斯·金认为，复杂行为是该原则的反例。复杂行为的完成需要伴随特定的精神状态，而我们不总能控制自己的精神状态，所以在某些情况下，我们应该，但不能够完成一个复杂行为。金的论证的问题在于，她在将"应该"理解为道德义务的同时，忽略了以下两个区别：一是完成某一行为和履行对该行为的义务的区别，二是义务和履行义务的手段之间的区别。明确了这两个区别，复杂行为就不构成"应该蕴含能够"原则的反例。

【关键词】

　　应该；能够；义务；OIC 原则；复杂行为

　　"应该蕴含能够"原则（Ought Implies Can，以下简称 OIC 原则），首先由康德提出，康德在《实践理性批判》中将其表述为"如果我们应当做某事是一种命令，那么我们就能够做某事"。② 关于这一原则在道德领域是否成立，学术界存在许多争论。亚历克斯·金（Alex King）指出该原则面临一类反例，即复杂行为（complex action）。根据金的定义，完成复杂行为需要在特定精神状态（mental states）的伴随下做出行动（behavior），这类行为包括：假装（pretend）、同意（agree）、安慰（console）、尝试（try）、侮辱（insult）、感谢（thank）、专注（focus）、祈祷（pray）等。金认为，复杂行为可以作为我们义务的对象，也就是说，在某些情况下，我们应该完成一个复杂行为。但是，因为我们无法完全控制自己的精神状态，所以存在一些情况，我们应该、但不能够完成一个复杂行为。金具体分析了道歉和专注这两个复杂行为，小女孩做错了事应该向奶奶道歉，但她道歉时并没有真正感到懊悔，由于缺少了这种精神状态，她虽然说了对不起，但没有真正完成道歉这一复杂行为，即没有做到她应该做的事情。相似地，安全员应该在简报会上保持专注，但他太心烦意乱以至于无法集中注意力，即无法做到他应该做的事情。

　　本文将论证，金提出的复杂行为不是 OIC 原则的反例。笔者认为，复杂行为可以被

---

　　① 作者简介：牟俐东，武汉大学哲学学院外国哲学专业 2019 级硕士研究生，研究方向为伦理学。

　　② 《康德文集》，改革出版社 1997 年版，第 161 页。

分为两类：一类是道歉这样的行为，履行完成这些行为的义务要求我们直接与他人互动；另一类是专注这样的行为，履行完成它们的义务不要求与他人直接互动。本文第一部分，将重构金的论证。第二部分，将通过在完成某一行为和履行对该行为的义务之间做出区分，说明金的论证对于第一类复杂行为来说不可靠，所以这类复杂行为不是 OIC 原则的反例。第三部分将通过区分高阶应该与低阶应该，即区分义务与履行义务的手段，说明金的论证对于第二类复杂行为来说也不可靠，所以这类复杂行为也不是 OIC 原则的反例。因此，金提出的复杂行为不是 OIC 原则的反例。本文最后，将对可能存在的反驳做出回应。

一、亚历克斯·金的论证

金将 OIC 原则表述为：

如果 S 在 t 时间应该做 ϕ，那么 S 在 t 时间就能够做 ϕ。

其中，S 是行为人，"应该"是表示道德义务的应该，它对某人做某事提出规范性要求。

在 OIC 原则中，"能够"通常被理解为能力加上机会。[1] 在此，"能够"还与时间有关，即如果行为人现在应该做某事，那么他现在就能够做此事。

ϕ 是一个行为，金正是在探讨行为性质的基础上提出反例。她区分了三种类型的行为：（1）简单的、表面的行为（bare, surface behavior），如眨眼和活动手臂。（2）有意的行为（intentional behavior），如打开窗户和穿上衣服。（3）动机行为（motivated behavior），如道歉和专注，这类行为在意图（intentionality）之外，还包含一种精神状态（mental states）。[2] 其中动机行为就是复杂行为，完成这类行为需要在真实的相关精神状态的伴随下行动，例如，要道歉，我们需要在说对不起的同时感到真诚的歉意。

金认为，当 ϕ 是一个复杂行为时，OIC 原则有时并不成立。我将她的论证重构如下：

前提 1：为了完成复杂行为 ϕ，行为人需要在真实的相关精神状态的伴随下行动。

前提 2：存在一些情况，行为人应该在 t 时间完成复杂行为 ϕ。

前提 3：存在一些情况，行为人无法掌控自己的精神状态。

结论 2：因此，存在一些情况，行为人在 t 时间无法拥有真实的相关精神状态。

结论 3：因此，存在一些情况，行为人不能够在 t 时间完成复杂行为 ϕ。

结论 4：因此，存在一些情况，行为人应该，但不能够在 t 时间完成复杂行为 ϕ。

显然，这一论证是有效的。金分别辩护了上述三个前提。前提 1 是金对复杂行为的定义。对于前提 2，金认为我们在日常生活中的确有履行复杂行为的义务。首先，就像我们有避免杀人（kill）的义务一样，我们也有避免谋杀（murder）的义务，后者包含一种谋杀的感觉（murderous feelings）。其次，权利赋予我们义务。当我们受到伤害时，我们有要求道歉的权利，这种权利让我们在伤害了他人后有道歉的义务。最后，只有当别人做了

① Alex King, *What We Ought and What We Can*, New York：Routledge, 2019, p. 11.

② Alex King, "Actions That We Ought, but Can't", *Ratio*, 2014, No. 27, p. 318.

超出义务范围的事情时，我们表达感激才是合理的。比如，没有人应该对专注于简报会的安全员心存感激，因为他只是在履行义务。

金还指出，我们对复杂行为的义务不能被分解成对行为（behavior）的义务和对相关精神状态的单独道德陈述，因为这样分解会产生反直觉的义务。比如，如果将"不应鲁莽驾驶"这一义务做如上分解，就会得到我们有不驾驶的义务，并且，我们会因为鲁莽地这样做而受责备。在金看来，特定的精神状态对于如何在道德意义上刻画一个行为至关重要。

金通过区分"应该蕴含能够"和"应该蕴含本能够（ought implies could have）"辩护前提 3。后者意味着，如果过去的事情不一样，那么行为人现在就可以做他应该做的。比如，如果他过去接受了足够的训练或养成了良好的习惯，那么他现在就能够控制自己的精神状态。但是，严格的 OIC 原则不接受这样的假设，它要求行为人在现实情况下就能够行动，而现实情况是，我们并不总能掌控自己的精神状态。

二、区分完成某一行为与履行对该行为的义务

在这一部分，笔者将论证对于第一类复杂行为，即要求直接与他人互动的复杂行为，如道歉，金的论证不可靠，因为前提 2 不成立。本文的论证建立在区分完成某一行为与履行对该行为的义务的基础上。对于这类复杂行为，履行对它们的义务（这正是"应该"所要求的）不需要完成这些行为。完成这些行为意味着像复杂行为所要求的那样，在真实的相关精神状态的伴随下行动。笔者将论证真实的相关精神状态对于履行对这类行为的义务来说不是必要的，表面的精神状态就足够了。表面的精神状态是我们展示给他人的精神状态，它在我们控制之下。所以，对于道歉这类复杂行为，如果我们应该做，那么也就能够做，因此，这类复杂行为不是 OIC 原则的反例。

笔者的论证基于这样一个前提，即一个人表面的精神状态（即展现给他人的精神状态）可能与他真实的精神状态（即实际具有的精神状态）不同。该前提基于这样一个事实而成立：外在行为是我们判断他人精神状态的唯一方式。这一事实意味着我们不可能"看穿一个人"。即使是心理学复杂严谨的分析，结果也不总是可靠，并且，这些分析同样基于对他人外在行为的测量和评估。日常生活中我们并不采取这类复杂手段，而是直接观察他人的外在行为来判断他的精神状态。例如，通过炯炯有神的目光，我们知道一个人激动或是兴奋；通过颤抖的声音，我们知道他紧张或是悲伤。基于这一事实可以推出，行为人即使并不真正拥有某种精神状态，也能够通过有意的外在行为使他人相信自己具有这种状态。比如，他可以通过瞪大双眼来表达激动或愤怒，通过断续的吐词和颤抖的声音来表达兴奋或紧张。同样地，他也能够通过有意的外在行为在他人面前隐藏自己真实的精神状态。也就是说，表面的精神状态和实际的精神状态相互独立，如果目的是向他人展现一种精神状态，其实并不需要实际具有它。

基于这一前提，我们开始考察金给出的道歉这一例子。在这一例子中，小女孩做错了事惹外祖母生气，她应该向外祖母道歉。但是她并不真正感到懊悔，所以即使说了"对不起"，她也没有完成道歉这一行为。金对这一例子的具体表述如下：

小孩子会多频繁地因为抱着胳膊漫不经心地一边翻着白眼一边说"对不起"而被父母责备？在这种情况下，即使她说了"对不起"，并且她也是有意这么做的，她也显然不为自己的所作所为感到抱歉。父母可以合理地要求她回去向奶奶真正道一次歉。这里父母的意思不仅仅是不要漫不经心，不要翻白眼（当然他们也有这个意思），更是在要求她真诚地表达歉意。如果她道歉的时候没有翻白眼，而是偷偷地想着她其实是在欺骗奶奶，那么她只是假装道歉而不是真的道歉。如果父母发现她这样做，他们很可能会继续生她的气，并且告诉她她仍然没有真正道歉，还会试图向她解释为什么她需要道歉。①

怎样才算真正道了歉呢？金认为孩子应该这样做：

这个孩子如果要真正道歉，就必须真正为她所做的事情感到难过和后悔。她必须认识到自己的错误，希望自己没有这样做过，并且，她还需要有向受到伤害的人表达遗憾和歉意的愿望。②

在金的描述中，父母从孩子的外在行为（翻白眼、抱着胳膊和漫不经心的声音）中得出她没有真正感到抱歉，因此也没有完成道歉这一行为的结论。为了真正向奶奶道歉，金认为孩子必须停止这些随意的行为，并真正感到抱歉。我们如何知道她是否真正感到抱歉呢？上文已经指出，外在行为是判断他人精神状态的唯一方式，这也正是这一例子中父母所采取的方式。

然而，通过小女孩的外在行为我们得到的是她表面的、而非真正的精神状态，鉴于这两种精神状态可能并不相同，这个故事的"真相"可能是这样：孩子的确对自己的所作所为感到懊悔，但出于某些原因（或许她错误地认为真诚地道歉令人尴尬，又或许她正处于叛逆期，所以拒绝对父母表示顺从），她不想让奶奶看出她已经知道错了，所以她故意在说"对不起"的时候翻了白眼，表现得漫不经心。在这种情况下，孩子道歉的时候的确发自内心地感到懊悔，但直觉上我们不会认为她完成了道歉的义务，因为她没有将歉意传达给奶奶，即使这是她真实具有的精神状态。

以上这种情况表明，向他人表达歉意对于履行道歉这一义务来说至关重要。这个孩子若要履行道歉的义务，一种情况是如金所说，她需要真正感到抱歉，并且向奶奶表达这一歉意。然而，考虑到表面的精神状态和真正的精神状态可能并不相同，还存在另一种情况，即当她对奶奶说抱歉时，她并不真正感到懊悔，但她厌烦了父母的唠叨，想尽快结束这一切，所以她看着奶奶的眼睛，诚恳而礼貌地说对不起，假装自己真的很后悔。她假装得如此成功，以至于包括奶奶在内的所有人都相信她真的认识到了自己的错误。在这种情况下，由于缺乏真诚的歉意，她没有完成道歉这一复杂行为。但笔者将论证，即使如此，她也履行了道歉的义务，做了她应该做的事情。

---

① Alex King, "Actions That We Ought, but Can't", *Ratio*, 2014, No. 27, p. 318.
② Alex King, "Actions That We Ought, but Can't", *Ratio*, 2014, No. 27, p. 324.

如何能在没有完成道歉这一复杂行为的情况下履行道歉的义务呢？更确切地说，如何能在没有真正感到抱歉的情况下履行道歉的义务呢？这是因为，道歉作为一种义务不同于道歉作为一种复杂行为，实际的歉意对于履行道歉这一义务来说不是必要的。首先，道歉这一行为包含与他人的直接互动，它作为义务时是直接指向他人的义务。就像上述两种情况所表明的那样，对于履行这一义务来说，表面的精神状态才是真正重要的。也就是说，真正重要的不是行为人的内在感受，而是他向对方传达了什么、对方从他这里感受到了什么，后者取决于行为人表面的精神状态。因此，如果奶奶感受到了孩子的歉意并认为这个道歉是真诚的，那么孩子就履行了她的义务，做了她应该做的。其次，我们已经论证，表面的精神状态不以真实的精神状态为前提，前者在我们的掌控之下。因此，即使缺乏真实的歉意，孩子也能够履行道歉的义务。

和道歉属于同一类型的复杂行为包括安慰、感谢、同意、冒犯、祝贺等。这些行为通常要求我们直接与他人互动。履行完成这些行为的义务并不要求完整地完成它们，对于履行义务来说，表面的精神状态就足够了。表面的精神状态通过外在行为来传达，而外在行为又在我们的控制之下。因此，对于这类复杂行为，如果我们应该做，我们就能够做，所以，它们不是 OIC 原则的反例。

三、区分"高阶应该"和"低阶应该"

在这一部分，笔者将区分高阶应该和低阶应该，并在此基础上论证对于第二类复杂行为，即那些不要求直接与他人互动的复杂行为，如专注，金的论证也不可靠。问题仍然在前提 2，因为对于这类复杂行为，如果行为人不能够做，那么就可以合理地否认他应该做，同时，这一否认没有否认行为人真正的义务。因此，这类复杂行为也不是 OIC 原则的反例。

当涉及道德义务时，存在"高阶应该"和"低阶应该"。高阶应该是真正的义务，它是我们要达到的最终目标；低阶应该由相应的高阶应该派生，它是履行义务的具体方式，是达到目标的手段。例如，"今天下午我应该去机场接朋友"是高阶应该，这一义务来自于我作为朋友这一角色或我曾做出的承诺；而"今天下午我应该开车去机场"是相应的低阶应该，它告诉我具体采用何种方式来履行去机场接朋友的义务。

由于低阶应该关注的是履行义务的具体方式，以下两个方面值得注意。第一，低阶应该需要考虑到现实情况，比如行为人的身体和心理状况。也就是说，低阶应该只能要求行为人做他能够做到的事情，否则，它实际上就没有提供履行义务的具体方式，这一要求就是无效且没有意义的。第二，如果低阶应该要求行为人做他做不到的事情，那么否认他应该这么做是完全合理的，并且，这一否认没有否认相应的高阶应该，即没有否认行为人真正的义务。因为低阶应该仅仅是提供履行义务的一种方式，而不是真正的义务。大多数时候，履行义务的方式远不止一种，行为人应该通过做那些他能够做到的事情来履行义务。比如，如果我碰巧把车借给了邻居，那么开车去机场就不是我应该做的事情，但这并不意味着我由此就没有接朋友的义务，而是意味着，我应该采取其他方式来履行这一义务，比如我应该乘地铁或者打车去机场。

基于这一区分,我们考察金给出的专注的例子。她的描述如下:

> 一位安全员可能因为被某事分心而无法在简报会上专注。我们应该会同意,他无法专注并不意味着他没有义务这样做。因为关注重要信息是他工作的一部分、是他对他人负有的责任。他也许甚至意识到了他应该打起精神来、集中注意力,但尽管如此,在相当长的一段时间里,他还是无法摆脱那些让他分心的想法。①

根据金的描述,安全员应该专注于简报会,这是他的职责所在,然而他太过分心,无法控制自己的精神状态,因而不能够专注。

真实的精神状态对于履行专注这一义务来说是必要的。不同于道歉,专注这一行为不是直接对他人的义务,仅仅通过紧锁的眉头和严肃的神情让同事或上级相信他集中了注意力并不足以履行获得关键信息的义务。也就是说,履行专注的义务需要行为人在真实的相关精神状态的伴随下行动、需要行为人完整地完成这一行为。

笔者将论证在金的例子中,我们可以合理否认该安全员当下应该专注,并且这一否认没有否认他真正的义务。因为这位安全员的真正义务是获取信息,专注只是他履行该义务的一种方式。也就是说,"他应该获取信息"是高阶应该,而"他应该在简报会上专注"是相应的低阶应该。诚然,如金所说,安全员无法专注这一事实不能取消他获得关键信息的义务,但是,这一事实的确取消了他当下专注于简报会的义务,因为低阶应该只有在要求行为人做他能够做到的事情时才是合理和有意义的。考虑到该安全员的实际情况,我们无法合理声称他当下应该专注,相反,他当下应该做他能够做的事情。

什么是他当下应该做又能够做的呢?如果他不是极度分心,他应该做一些帮助他集中注意力的事情。比如打开窗户呼吸新鲜空气、舒展身体或者打个盹,等等,这些他都能够做到。等他逐渐收拢思绪调整好状态,我们就能合理地声称他应该专注,这时他也能够专注。如果他极度分心以至于所有这些行为都毫无用处,我们甚至可以合理声称他应该彻底放弃专注。同样地,否认他具有专注的义务并不意味着否认他获取信息义务,因为专注于简报会只是履行该义务的方式之一,他还可以通过其他方式来履行义务。例如,他可以在会后向同事询问信息。

和专注属于同一类型的复杂行为有阅读、聆听、观看、尝试,等等。这些行为不是行为人的真正义务,而是履行义务的具体方式。作为具体方式,行为人应该做的只有那些他能够做的。所以,对于这类行为来说,如果行为人不能完成它们,那么就不能合理声称他应该完成。因此,这类复杂行为也不是 OIC 原则的反例。

综上所述,金的复杂行为可以被分为两类。一类是道歉这样的行为,我们对这类行为的义务就是直接对他人的义务。履行这些义务只需要我们具有表面的精神状态,而表面的精神状态在我们的控制之下。因此,对于这类行为,如果我们应该做,那么我们就能够做。另一类是专注这样的行为,它们不是真正的义务,而是履行义务的具体方式。作为具体方式,如果我们不能做,那就无法合理声称我们应该做。因此,对于这类行为,如果我

---

① Alex King, "Actions That We Ought, but Can't", *Ratio*, 2014, No. 27, p. 323.

们应该做，我们也能够做。所以，这两类复杂行为都不是 OIC 原则的反例。

四、质疑与回应

针对完成某一行为与履行对该行为的义务的区分，存在两种可能的质疑。有的人可能承认，当道歉这类复杂行为被看作对他人的义务时，真实的精神状态的确不必要。但他们还认为，这类行为作为义务不仅是对他人的义务，同时也是行为人对自己的义务，而真实的精神状态对于履行对自己的义务来说则是必要的。例如，如果我做了错事，我应该真诚地感到内疚；如果有人帮助了我，我应该发自内心地感激，这是我对自己的义务。笔者的回应是，第一，精神状态不是"应该"的对象，这是被广泛接受的限定，也是金讨论的前提，在金的讨论中，"应该"的对象只能是行动。第二，对他人的义务并不同时是对自己的义务。试想一个处处与你作对的人某天突然帮了你一个小忙，你有向他表达感谢的义务，这是你对他友善行为的合理回应。但你同时对自己有发自内心地感激他的义务吗？这很难说，毕竟绝大多数时候，他待你并不好。在这种情况下，发自内心地感激更多的是行为人道德修养的体现，而不是一种义务。总之，当道歉这类行为作为义务时，只是对他人的义务，不是行为人对自己的义务。

还有人可能会说，对于道歉这类行为，如果一个人是否履行了义务取决于行为对象的判断，那么行为人就会对自己能否履行义务失去控制，因为他人的判断并不总是客观的。我们可以想象，即使你十分真诚地向邻居道歉，但只要他声称没有感受到你的歉意而拒绝接受道歉，你就没有履行义务。笔者的回答是，通常情况下我们默认双方都是具有正常认知和情感能力的理性的人。如果行为对象因为偏见或疾病或其他不相关的因素而无法作出相对客观的判断，那么行为人是否履行了义务就不再取决于行为对象本人的判断，而取决于其他大多数人的判断，这就保证了标准的相对客观。所以，虽然对于道歉这类行为来说，我们是否履行了义务与行为对象的判断密切相关，行为人仍然对自己是否履行义务有掌控权。

关于高阶应该和低阶应该的区分以及对专注问题的讨论，有人可能质疑说，在极端情况下，专注于简报会可能是安全员获取信息的唯一方式，这时否认他应该专注不仅否认了履行义务的方式，还否认了他获取信息这一真正的义务，如果这可以被接受，人们就会创造各种条件随意逃避他们的义务。笔者的回应是，在这种情况下，安全员无法专注的确取消了他获取信息这一真正的义务，但这也有代价。如果无法专注是他自己行为的结果，如他在简报会前一晚通宵看球赛，那么他就要为这一行为受到责备。如果这是其他人行为的结果，那么相应的人就要受到责备。例如，如果主管对他的能力判断失误，错误地将他安排到了他完全不能胜任的职位上，那么主管就要为他的错误判断受责备。也就是说，此时安全员不会为无法履行义务受责备（因为此时该义务已被取消），应受责备的是导致这一义务被取消的人，在这一例子中，可能是安全员，可能是他的主管。但行为人仅有一种履行义务的方式只是极少的情况，一般来说，履行义务的方式有很多种。但如果所有这些方式都超出了行为人的能力范围，那么他就不再具有相应的高阶义务，而此时义务的取消伴随着责备，因此，人们并不能随心所欲毫无代价地逃避自己的义务。

知识归因的语境敏感性质探究

——对大卫·刘易斯的现实原则、信念原则和相似原则的讨论

【摘　要】

语境主义将"知道"一词视为语境敏感的，尝试从知识语句归因的层面对知识进行讨论、为日常知识辩护。大卫·刘易斯用"所有"的语境敏感性来刻画知识的语境敏感性，并给出了七条规则用以规范需要被排除的所有可能性范围，其中，现实原则、信念原则与相似原则的语境敏感性质引发了许多讨论。沃格尔认为具有主体敏感性的相似原则无法消解盖梯尔反例，科恩则主张相似原则的归因者敏感性是刘易斯理论的缺陷，市川对科恩的反驳并不彻底。在刘易斯的方案中，对知识的定义实则是对知识归因的定义，并且知识归因应当具有归因者敏感性。

【关键词】

语境主义；大卫·刘易斯；知识归因；语境敏感性质

在应对怀疑主义攻击、保卫日常知识的战役中，语境主义异军突起，尝试从知识语句归因的层面对知识进行讨论。其中，大卫·刘易斯的语境主义理论颇具特点，他给出了七条规则用以规范需要被排除的可能性范围。本文将简述大卫刘易斯的语境主义，并对其中的事实原则、信念原则和相似原则进行讨论，通过着重梳理与阐释沃格尔、科恩和市川关于有关原则的语境敏感性质的看法，在简单评述刘易斯的方案后继续追问"知识应当是主体敏感的还是归因者敏感的？"

一、语境主义与知识语句的语境敏感性

生活中，人们常毫不犹豫地说自己知道很多东西，如"我知道今天是星期四""我知道地球绕着太阳转"，这些日常知识是人们无忧生活与探索未知的底气与根基，但在怀疑主义构建的论证与场景下，对知识的要求空前的高，我们缺乏关于外部世界对象的各种命题的知识，这些被我们认为是理所应当的知识都只是妄想。随后，盖梯尔

---

①　张天雨，武汉大学哲学学院外国哲学专业2019级硕士研究生，研究方向为分析哲学与科学技术哲学。

问题①（Gettier Problem）的提出，又让对知识本质的探讨与追问成为人们关注的焦点。

在应对这些问题的种种卓绝努力中，语境主义一改主流的不变论道路，不再试图加强证成的强度或是找寻知识的第四个条件，而是主张知识的标准与知识语句的使用语境有关。语境主义者视"知道"为一个语境敏感的词语，同一个知识语句在不同语境下拥有相对独立的真值。语境敏感的词汇在日常语言中随处可见，主要有三类，第一类是诸如"她""这""今天"的指示词；第二类是有程度的形容词，比如"高""平"等；最后一类是量词，如"每个人""所有"，包含这些词汇的命题的真值随着语境的变化而变化。在语境主义者看来，"知道"一词也如上述词汇一样是语境敏感的。在日常讨论语境中，一个命题要成为知识所需要满足的标准相对较低，命题"我知道我有手"无须证成即为真，但在涉及了怀疑主义场景的哲学讨论语境中，一个命题要成为知识所需要满足的标准非常高，以至于该命题为假。如此，不仅保护了日常知识，同时也解释了怀疑主义荒谬表相下的价值所在——在知识的高标准要求下，怀疑主义论证确实成立。

语境主义给出的解答非常符合我们的直觉，当我们自信地说"我知道我有手"时，确实并不会为这一信念提供任何的证成或辩护，而当从事科学研究或哲学思辨时，"知道"又成为斟酌求证的目标，不同的语境中，我们使用"知道"一词的慎重程度差异鲜明。通过区分哲学讨论语境与日常生活语境，语境主义者们阻止了怀疑主义对日常知识的倾覆，恢复了使用知识语句的正当性。但语境主义进路也招致了许多质疑与批评。有哲学家认为语境主义误解了怀疑主义悖论的重点，它回避了"什么是知识"的传统知识论问题，实际上关注的是"知识语句的使用"这一语言学问题，② 语境主义作为一个语义学主张，与传统知识论关联非常有限。这一批评并非毫无道理，语境主义确实与传统知识论理论有很大的差异，但是这并不意味着语境主义无法、或不应当进入传统知识论的讨论中，在讨论知识的本质时，事实上涉及了知识语句，虽然这两者的关系尚不明晰，但并非毫无关联，而且即使对知识语句的分析确实无法为澄清知识的本质作出贡献，对语用、语义因素的考量也为思考知识本质划清了道路，语境主义对知识论的方法论选择非常重要，一旦语境主义为真，那必须将这种模糊因素纳入对知识本质的分析。

在明晰了语境主义主张背后的语义学特点后，我们进一步讨论知识语句的语境敏感性质。知识语句的语境敏感性质决定了知识标准的确定机制，从而决定了知识本身。语境主义并非特指某一个理论，它是将语境特性加之于具体知识论理论的产物的通称，刻画的是这一系列理论的语境特点，语境主义内部理论之间的分歧甚至可能大于语境主义与非语境主义理论之间的差异，不可一概而论。根据不同的语境敏感性质，语境主义可被分为主体

---

① 参见 Edmund L. Gettier, "Is Justified True Belief Knowledge?", *Analysis*, 1963, Vol. 23, No. 6, pp. 121-123。盖梯尔对柏拉图提出的知识即被证成的真信念（justified true belief，即 JTB 理论）的传统定义提出了质疑，引发了学界关于知识的第四个条件的讨论。满足了被证成的真信念但并不成为知识的案例，如史密斯与琼斯案例、假谷仓案例，被称为盖梯尔反例，其特征是一个通常会得到假信念的证成方式与碰巧得到的真信念。回应盖梯尔问题有两条主要路径，第一条是加强证成的强度来排除反例，第二条是寻找知识除了证成、真、信念以外的第四个条件。

② Keith DeRose, "Contextualism: An Explanation and Defense", in *The Blackwell Guide to Epistemology*, J. Greco and E. Sosa, eds., Malden MA, 1999, p. 188.

语境主义（subject contextualism）与归因者语境主义（attributor contextualism），前一种理论版本主张知识语句中主体所处的环境决定了该语句中"知道"的标准，而后者则认为知识语句的使用者，即知识的归因者，所处的环境决定了该语句中"知道"的标准。① 大卫·刘易斯给出的涉及了不同的语境敏感性质，下文将详细论述其方案中涉及的语境敏感性质以及在具体案例中的应用，继续追问"知识应当是主体敏感还是归因者敏感的"。

二、大卫·刘易斯方案中的语境主义性质

大卫·刘易斯的语境主义理论又称可错语境主义或新相关主义理论，在他看来，知识并不需要排除一切相矛盾的可能性，而只需要排除不能被我们恰当无视的可能性中的矛盾情形，并给出了七条原则以刻画可以被恰当无视的可能性，这七条原则涉及了不同的语境敏感性质。他对知识的定义如下：

> D_K：主体 S 知道命题 P，当且仅当，S 的证据 E 消除了所有非 P 的可能性 W，除了被我们恰当无视的可能性。②

而对于一个可能性如何算作被证据"消除"，刘易斯给出如下定义：

> D_{ep}：主体 S 的证据 E 消除可能性 W，当且仅当 W 下 S 的经验或记忆与 E 不同。③

有关上述两个定义，有几点需要进行说明。第一，关于"证据"，刘易斯在行文中将证据等同于感知经验以及记忆。费尔德曼（Richard Feldman）认为这一主张过强，否定了从理论上消除可能性的可能，④ 但刘易斯实际上并没有严格限定证据的内容："如果你想包括其他所谓的基本证据，比如我们超感官能力的证据，或信仰上帝的先天倾向，请随意，如果它们存在，就应该被包括；如果它们不存在，那我们假设性地包括它们也不会造成损害。"⑤ 刘易斯并不在意基本证据的具体涵盖对象，这是由于证据仅被用于辨别可能性之间的差异，因此，采用一种扩大版的证据解释完全可以接受，即证据也是语境敏感

① Keith DeRose,"Contextualism：An Explanation and Defense", in *The Blackwell Guide to Epistemology*, J. Greco and E. Sosa, eds., Malden MA, 1999, pp. 190-191.

② David Lewis, "Elusive knowledge", *Australasian Journal of Philosophy*, 1996, Vol. 74, No. 4, p. 554.

③ David Lewis, "Elusive knowledge", *Australasian Journal of Philosophy*, 1996, Vol. 74, No. 4, p. 552.

④ Richard Feldman,"Contextualism and Skepticism", *Philosophical Perspectives*, 1999, No. 13, pp. 105-106.

⑤ David Lewis, "Elusive knowledge", *Australasian Journal of Philosophy*, 1996, Vol. 74, No. 4, p. 553.

的：什么样的、什么程度的证据可以被依赖——直到能够识别两个可能性的差异、直到能够消除某一种可能性。第二，W 被主体拥有的证据"消除"，并不是指主体的经验内容 P 与 W 冲突，首先 E 的内容可能无法被某个命题完整刻画，而即使 P 能够完整刻画 E，"消除"也不是指在 W 下经验内容 P 为假，而是 E 的存在与 W 下的主体经验冲突，即 W 下 S 不拥有 E。第三，D_K 中"除了被我们恰当无视的可能性"中的"我们"指知识语句使用者，即归因者。因此从总体上来说，刘易斯的语境主义强调的是归因者的语境。

按照刘易斯对"消除"的解释，有些可能性是无法被消除的。如果一个可能性 W 中主体拥有的感知经验或记忆与实际 E 相同，那么这个可能性不可被消除，"中情局的故事，水中的迷幻剂，用于欺骗的阴谋"[1] 都是这类不可被消除的可能性，怀疑主义场景也归于此类。虽然刘易斯认为知识从定义上就应当是不可错的，说"知识是可错的"就是自相矛盾，但考虑到这类不可消除的可能性，知识必然是可错的，如何处理这个反直觉的结论，重点就落在如何解释需要消除可能性的"所有"。

用"所有"的语境敏感性来刻画知识的语境敏感性，是刘易斯理论的核心主张。正如上一节提到的，虽然仍存在少量争议，但量词也具有语境敏感性。刘易斯将"所有"的范围限制为"除了被我们恰当无视的可能性"，并给出了有限性从高到低的七条规则来规定能被"恰当无视"的可能性的范围，第一、二、三、七条规则规定了不能被无视的可能性，第四、五、六条规则为允许被无视的可能性。七条原则分别是：

> 现实规则：现实是不能被无视的。
> 信念规则：主体 S 相信的可能性不能被忽视，无论这样做正确与否。主体应当相信的可能性，即他的证据为其提供支持的信念，不能被无视，无论他事实上相信与否。
> 相似规则：假设有一个可能性由于其他规则而不能被无视，那么对于一个显著地相似它的可能性，也不能被无视。
> 可靠规则：可靠的信念形成途径的错误可能性可以被无视。
> 方法规则：两种非演绎推理的标准方法错误的可能性可以被无视。
> 保守规则：他人通常无视的可能性可以被无视。
> 注意规则：被恰当无视的可能性在事实上是被无视的。[2]

第一、二、三、七条规则勾勒了整个理论的框架，因而更值得关注。其中，第七条即注意原则极大地体现了归因者语境敏感性，被恰当无视的可能性需要在事实上被归因者无视，一旦归因者注意到了、谈及了、甚至仅仅思考到了，无视这些可能性就不是恰当的。

① David Lewis，"Elusive knowledge"，*Australasian Journal of Philosophy*，1996，Vol. 74，No. 4，p. 549.

② David Lewis，"Elusive knowledge"，*Australasian Journal of Philosophy*，1996，Vol. 74，No. 4，pp. 554-560.

一方面，这一原则可以有力地应对怀疑主义，在一般的日常语境里，归因者没有注意到怀疑主义的可能性；但另一方面，这造成了"知识是虚幻的"的后果，一旦归因者思及、谈及怀疑主义的可能性，就自动提高了知识的标准，也就是说，思考得越深入知识就越不存在。因此，一些哲学家批评甚至修改了这一原则，① 但无论如何，修正这一原则是一项艰巨的任务，甚至可能需要动摇刘易斯的整个理论体系，这不在本文讨论范围之中。

现实原则、信念原则和相似原则是刘易斯理论的核心原则，不同于刘易斯的知识定义和注意原则中体现出来的归因者敏感性，这三条原则具有不同程度的主体敏感性。现实原则规定了真实发生的情形不能被恰当忽略，其主体敏感性在于此处的真实情形以主体为准。② 刘易斯对"真实情形"作了具体的解释，虽然现实只有一个，但它具有时空属性，不仅主体与归因者可以处于不同的现实中，主体也可以在不同时段处在不同的现实。当我们断言某人"他昨天知道当天的日期"与"他今天知道昨天的日期"时，该主体昨天所面对的现实和今天的他所面对的现实并不相同。由此，事实原则具有主体敏感性。

与事实原则相似，信念原则也具有主体敏感性。信念原则是指主体 S 相信的可能性不能被忽视，无论这样做正确与否；主体应当相信的可能性，即他的证据为其提供支持的信念，不能被无视，无论他事实上相信与否。这是刘易斯理论中唯一出现信念的部分，与主流观点不同，刘易斯认为信念并非知识的必要条件。他举了这样一个例子，假设一个不自信的学生，他并不相信自己知道某道试题的答案，但实际上他给出的解答确实是正确的，那么刘易斯认为这个学生确实知道这道试题的答案。③

就这个例子来说，刘易斯的解释是自洽的，按照日常经验，虽然这个学生不太可能说出"我知道这道题目的解答是 $x = \sqrt{3}$"，但假设他出于应付老师的目的，硬着头皮使用了这个句子，那么，根据信念原则，这名学生的证据、记忆以及依照扩大版证据解释所涵盖的理论、数学知识所支持的他应当相信的可能性"这道题目的解答是 $x = \sqrt{3}$"不能被无视，这是刘易斯的解释。然而，当这个学生并不相信自己的"知识"时，他更可能说出的是"我不知道这道题目的解答是 $x = \sqrt{3}$"，当他这样说了之后，强行纠正他"你其实知道"似乎也并不符合常识，对于主体无视其应当相信的可能性是否如刘易斯所认为的那样是不恰当的这一点，存疑。

不同于事实原则和信念原则具有很明显的主体敏感性，相似原则的语境敏感性质比较复杂，这种复杂与相似原则所要求的显著相似关系息息相关。相似原则要求，假设有一个可能性由于其他规则而不能被无视，那么一个与这一可能性显著地相似（saliently resemble）的另一可能性也不能被无视。刘易斯用了某个与事实显著相似的可能性情形来

---

① 参见 Michael Blome-Tillmann, *Knowledge and Presuppositions*, Oxford, 2014, p. 38.

② David Lewis, "Elusive knowledge", *Australasian Journal of Philosophy*, 1996, Vol. 74, No. 4, p. 555.

③ David Lewis, "Elusive knowledge", *Australasian Journal of Philosophy*, 1996, Vol. 74, No. 4, p. 556.

说明这一显著相似要求，"任何其他同样未被主体的证据所消除的可能性因此在一个突出的方面与事实相似，即，在主体的证据方面"。① 显著相似要求的语境敏感性质引发了许多讨论，后文将会谈到。

刘易斯认为，使用相似规则能够成功解释彩票案例②与盖梯尔反例。刘易斯理论对彩票案例的解释如下："彩票没有中奖""彩票中奖"这两个可能性中必然有一个是事实，根据事实原则，无视这一事实是不恰当的，而另一个可能性又与事实显著相似，无视任一可能性都是不恰当的，因此主体不拥有知识。③

类似地，刘易斯认为相似原则也能应对盖梯尔反例，盖梯尔反例展示的情形与事实显著相似，主体无视该情形是不恰当的，由此解释了我们关于盖梯尔反例的直觉。但沃格尔（Jonathan Vogel）提出了反驳，他认可相似原则应对彩票案例的有效性，但否认相似原则能成功回应盖梯尔问题。在沃格尔看来，刘易斯在盖梯尔反例中对相似原则的应用并不符合直觉，尤其是显著相似要求，沃格尔用阿司匹林案例来说明这一点：

> 阿司匹林案例：你去药店买一瓶阿司匹林。架子上有几瓶标有"阿司匹林"字样的瓶子，里面装有阿司匹林药片。然而，由于一个至今未被发现的事故，一些标有"阿司匹林"的瓶子里装的是对乙酰氨基酚。并且，事实上，你所在的药店的架子上有一个瓶子装错了药。你说："我知道我买的药是阿司匹林。"④

阿司匹林案例和假谷仓案例⑤一样，本质上都是盖梯尔问题，但是阿司匹林案例中的两个可能性相似程度似乎更低。沃格尔认为，从直觉上说，"我知道我买的药是阿司匹林"为假，那么"药瓶里装的是对乙酰氨基酚而不是阿司匹林"的可能性不能被无视，可能性"药瓶里装的是对乙酰氨基酚而不是阿司匹林"必须显著地与可能性"药瓶里装的是阿司匹林而不是对乙酰氨基酚"相似，但从日常经验和直觉来说，这两者并不显著地相似。因此即使显著相似要求可以解释彩票案例，仍无法面临着阿司匹林案例提出的挑战。

这一案例很容易回应。刘易斯可能会说，要求虽然可能性间的显著相似性是以主体的

---

① David Lewis, "Elusive knowledge", *Australasian Journal of Philosophy*, 1996, Vol. 74, No. 4, p. 556.

② 彩票案例：S 买了彩票，报纸上公布了中奖的号码，他没有去查看，彩票的中奖概率非常之低，他说"我知道自己没有中奖"，并且事实上他也确实没有中奖，但直觉认为 S 并不拥有知识。彩票案例试图说明，即使概率论证提供的证成强度非常之高，主体仍不拥有知识。

③ David Lewis, "Elusive knowledge", *Australasian Journal of Philosophy*, 1996, Vol. 74, No. 4, p. 557.

④ Jonathan Vogel, "The New Relevant Alternatives Theory", *Philosophical Perspectives*, 1999, No. 13, p. 167.

⑤ 参见 Alvin I. Goldman, "Discrimination and Perceptual Knowledge", *The Journal of Philosophy*, 1976, Vol. 73, No. 20, pp. 772-773。假谷仓案例：亨利行驶在乡村，远处有真谷仓以及看上去一模一样的假谷仓，此时，即使亨利指着真谷仓说"我知道这是一个谷仓"，亨利仍被认为并不知道这是一个真谷仓。

证据为准，但是这并不意味着显著相似要求就是主体敏感的，这种显著相似性必须为归因者所把握，所以相似原则实则是归因者敏感的。虽然对于主体而言，可能性"药瓶里装的是对乙酰氨基酚而不是阿司匹林"并不显著地与可能性"药瓶里装的是阿司匹林而不是对乙酰氨基酚"相似，但由于归因者获知了背景条件中的"一个至今未被发现的事故"，因此"药瓶里装的是对乙酰氨基酚而不是阿司匹林"和"药瓶里装的是阿司匹林而不是对乙酰氨基酚"由于为主体提供了同样的视觉证据而显著相似。

将显著相似要求视为归因者敏感的，可以解释刘易斯文中的赌徒比尔案例：

> 赌徒比尔案例：有一个赌徒比尔，他赌博把家当赔了个精光，而且目前并没有戒赌的倾向，直觉来说，我们可以说"我知道比尔永远不会变有钱"，但如果考虑到我们并不知道他之后会不会撞大运彩票中奖，我们又只能说"我不知道比尔永远不会变有钱"。①

在这个案例中，归因者使用知识语句的前后语境发生变化，和事实显著相似的可能性随之发生变化。在注意到"撞大运彩票中奖"之前，"比尔戒赌变得有钱"和现实不显著相似，这一可能性被恰当无视了，而在注意到这一可能性之后，"撞大运彩票中奖变得有钱"的可能性和现实显著相似，无法被恰当无视，因此知识归因发生了变化。

从这两个例子来看，注意原则在具有主体敏感性之余也具备归因者敏感性，能更好地符合我们的直觉。当归因者由于背景知识的变化而把握到新的与现实显著相似的可能性，忽略任一可能性都变得不恰当。在阿司匹林案例中，随着语境从不存在事故到存在事故的转换，归因者在事实上注意到了"药瓶里装的是对乙酰氨基酚而不是阿司匹林"这一可能性，它没有被主体拥有的证据消除，无视它是不恰当的，因此"我知道我买的药是阿司匹林"为假。同样，在赌徒比尔的案例中，当归因者事实上注意到"比尔撞大运彩票中奖变得有钱"这一可能性且这一可能性无法被主体拥有的证据消除，无视它是不恰当的，这也能够解释我们"我不知道比尔永远不会变有钱"的直觉。

三、科恩的反驳与市川的回应

通过为相似原则与注意原则补充归因者敏感性，我们成功解释了阿司匹林案例与赌徒比尔中的直觉，这一做法似乎是成功的。但斯图尔特·科恩（Stewart Cohen）对此提出了质疑，他认可显著相似要求具有归因者敏感性，但主张这恰恰是刘易斯理论的弊端。科恩指出，正是相似原则的归因者敏感性造成了无知的归因者无法对盖梯尔案例中的主体做出正确的知识归因。② 他举的例子如下：

---

① David Lewis,"Elusive knowledge", *Australasian Journal of Philosophy*, 1996, Vol. 74, No. 4, p. 565.

② Stewart Cohen, "Contextualist Solutions to Epistemological Problems: Scepticism, Gettier, and the Lottery", *Australasian Journal of Philosophy*, 1998, Vol. 76, No. 2, pp. 295-297.

三人与石头与羊案例：S_1 看见远处的山上有只羊，但他看见的实际上是个形状像羊的石头，而恰好，在 S_1 的视线之外，石头后面确实有只羊；S_2 看见的是羊，但是他的证据所支持的是"山上没有羊而只有形状像羊的石头"；S_3 看见的是无羊的山上那块形状像羊的石头。三人都声称知道山上有只羊。①

对于这个案例，正常的归因者 A 将判断 S_1、S_2、S_3 都没有知识，刘易斯的理论对这一案例的解释是符合直觉的。S_1 所处的情形本质是盖梯尔反例，根据现实原则，无视"山上有块形状像羊的石头且背后有只羊"的现实是不恰当的，又根据相似原则，可能性"山上只有形状像羊的石头而没有羊"与现实显著相似，无视它也是不恰当的，因此 S_1 不拥有知识；S_2 的情况中，S_2 获得的证据所支持的可能性是"山上没有羊而只有形状像羊的石头"，根据信念原则，无视这个可能性是不恰当的；S_3 的情况中，"山上没有羊而只有形状像羊的石头"是事实，根据现实原则，忽视它是不恰当的。此时 A 认为 S_1、S_2、S_3 都没有知识的判断是正确的，但是下面考虑一个处于无知状态的归因者 A：

无知的归因者案例：A 不知道 S_1 处在盖梯尔反例的情形中，以为 S_1 确实看到的是羊；A 不知道 S_2 有证据支持"山上没有羊而只有形状像羊的石头"；A 不知道 S_3 其实只是看起来看见的是羊，实际上看到的是形状像羊的石头。②

此时，对于 A 来说，S_1、S_2、S_3 处于同样的情况，他们都看见了羊，A 将认为三人都有知识，但直觉来看，A 对三者的归因都是错的。科恩认为刘易斯的理论无法正确解释我们"A 对三人的归因是错误的"这一直觉。他解释道，按照刘易斯的理论，对于 S_1 而言，事实是"山上有块形状像羊的石头并且石头后面有羊"，可能性"山上只有形状像羊的石头而它后面没有羊"对于 A 来说并不与事实显著相似，因此 A 可以恰当地无视它；而对 S_2 和 S_3 情况的解释和之前一样，并不受 A 对 S_2、S_3 的无知状态的影响，A 仍然可以判断出 S_2、S_3 没有知识。

科恩指出了刘易斯可能的回应路径：坚持相似原则是归因者敏感的，也接受无知的归因者 A 所说的知识语句"S_1 知道山上有羊"为真，而我们之所以会觉得 A 做出的这个归因是错误的，是由于被 A 忽略的可能性（"看见的是形状像羊的石头而它后面没有羊"）与现实之间的相似关系虽然对 A 并不显著，但对我们是显著的，我们身为归因者时会判断 S_1 没有知识，但是科恩认为这可能搞乱"什么样的相似对我们是显著的"的判断。

科恩认为，相似原则无法正确判断无知者 A 对 S_1 的归因却能正确判断无知者 A 对 S_2、S_3 的判断，这之间的差异就在于不同于信念原则与事实原则的主体敏感性，显著相似要求是归因者敏感的，可能性是否显著相似的决定权在归因者手里，而不像事实原则和

① Stewart Cohen, "Contextualist Solutions to Epistemological Problems: Scepticism, Gettier, and the Lottery", *Australasian Journal of Philosophy*, 1998, Vol. 76, No. 2, p. 299.

② Stewart Cohen, "Contextualist Solutions to Epistemological Problems: Scepticism, Gettier, and the Lottery", *Australasian Journal of Philosophy*, 1998, Vol. 76, No. 2, p. 300.

信念原则一样是主体敏感的。归因者对主体认知情况的理解影响了可能性之间的相似性是否显著。因此，科恩认为，要么放弃显著相似要求的归因者敏感性，要么赋予事实原则和信念原则以归因者敏感性，但是后者的代价过大，相较之下，科恩指出前者更加可行。

市川（Jonathan Ichikawa）试图为相似原则的归因者敏感性正名，他批评科恩曲解了刘易斯的本意。在他看来，科恩的分析中暗藏着一个过强的"两个可能性之间要显著相似，必须对归因者显著相似"的假设。① 市川引用了刘易斯的原文："任何其他同样未被主体的证据所消除的可能性因此在一个突出的方面与事实相似，即，在主体的证据方面。"② 市川认为，与科恩的理解不同，两个可能性满足显著相似要求并不需要这种相似关系对归因者明显，语境敏感性表达的是"语境的某些显著特点与哪些可能性能被无视是相关的，并不是说显著特点就决定了这些问题的答案"，③ 只要这个可能性与另一个可能性在某些方面显著相似，就能对主体的知识语句的真值产生影响，而并不需要归因者注意到或试图注意到这个可能性。市川认为，显著相似要求的"显著"是指两个可能性之间就具有相似关系、而归因者的语境则使特定的相似特征变得显著，而不是对于归因者的注意力的吸引程度。④ 从这个意义上看，两个可能性间的显著相似关系内在于可能性本身，并不因归因者的注意而凭空产生。因此市川的解决办法似乎和科恩主张的一样，适当地削弱了显著相似要求的归因者敏感性程度。

从上述理解出发，市川认为 A 对 S_1 的正确归因并不需要以 A 了解 S_1 处于盖梯尔情况下为前提。市川没有详细说明，但是他回应科恩质疑的具体办法应当是这样：虽然 A 并不知道 S_1 处于盖梯尔反例的情形中，但是事实"山上有块形状像羊的石头并且石头后面有羊"和"山上只有形状像羊的石头而它后面没有羊"这两个可能性提供给主体的视觉证据是一样的，因而两者具有内在的显著相似关系，归因者是否知道 S_1 处于盖梯尔反例情况并不影响这两者之间的显著相似性，A 忽视这两个可能性并不恰当，因此 A 对 S_1 的归因有误，S_1 并不拥有知识。

市川的这番回应一定程度上反驳了科恩，但是并没有完全解决科恩提出的反例，即使上述两个可能性在给主体呈现同样的证据这一方面是内在相似的，但对无知的归因者 A 来说，他的语境并不会使这一相似性成为显著的相似性，无知的归因者 A 将仍被视为恰当地无视了这一可能性，从而还是无法对 S_1 做出正确的归因。笔者认为，对显著相似要求的正确理解应该综合科恩和市川的看法，正确的知识归因要求两个可能性由于归因者的语境而在某一方面对主体是相似的，并且这种相似需要为归因者所把握。

---

① Jonathan Ichikawa,"Quantifiers and Epistemic Contextualism", *Philosophical Studies: An International Journal for Philosophy in the Analytic Tradition*, 2011, Vol. 155, No. 3, pp. 394.

② David Lewis, "Elusive knowledge", *Australasian Journal of Philosophy*, 1996, Vol. 74, No. 4, p. 556.

③ Jonathan Ichikawa,"Quantifiers and Epistemic Contextualism", *Philosophical Studies: An International Journal for Philosophy in the Analytic Tradition*, 2011, Vol. 155, No. 3, p. 395.

④ Jonathan Ichikawa,"Quantifiers and Epistemic Contextualism", *Philosophical Studies: An International Journal for Philosophy in the Analytic Tradition*, 2011, Vol. 155, No. 3, p. 396.

四、对知识语境敏感性的探索

在笔者看来，尽管科恩的反例非常具有启发意义，有关无知的归因者案例的分析中仍存在混乱之处。在询问 A 对 S_1、S_2、S_3 的归因是否正确时，科恩邀请我们在共享无知的归因者 A 所拥有的仅有信息的前提下，依照刘易斯的原则对 S_1、S_2、S_3 的知识进行归因。上文已经详述过 S_1 的情况，此处关注 A 对 S_2 和 S_3 的知识归因：S_2 证据所支持的可能性是"山上没有羊而只有形状像羊的石头"，根据信念原则，忽略这一可能性并不恰当；S_3 的情况下，"山上只有形状像羊的石头"是事实，根据现实原则，忽视它是不恰当的。因此 A 都将否定 S_2、S_3 拥有知识。

问题在于，知识语句不仅可能是对第三者是否拥有知识的判断，同样也可能是对自己是否拥有知识的自省。当我们共享着无知的归因者 A 的信息，我们扮演的是 A 还是 A 之外的高阶归因者？如果我们就是无知的归因者 A，那么我们根本无法对 S_2、S_3 做出的知识语句进行评判。因为我们在事实上无视了 S_2 的证据所应当支持的可能性（"山上没有羊而只有形状像羊的石头"），即使依照信念原则，忽视这一可能性是不恰当的，但正因它根本不曾存在于我们的思考中，我们将没有资格去评价忽视这一可能性是否是恰当的。同理，S_3 的情况中，A 也并不知道 S_3 只是似乎看见了羊，可能性"山上只有形状像羊的石头"作为事实被忽视了，可是 A 也无从得知被自己忽视的是事实，并且这一忽视行为是不恰当的。虽然刘易斯强调事实原则和信念原则是主体敏感的，但这只是意味着它们不会依照归因者的语境发生变化，并不意味着归因者在意识不到它们的时候也能使用对应的原则作出归因判断。所以，如果按照科恩的叙述，当我们能够正确判断 A 对 S_1、S_2、S_3 的归因时，我们实际上已经不再和 A 共享信息，我们是 A 的元归因者，从这个更高的视角看去，A 对 S_1 拥有知识的归因是错误的，因为此时的归因者是 A 之外的我们，那两种可能性之间的相似性（无论是它们之间的内在相似显著性，还是它们的相似性对我们而言是显著的）都满足了显著相似要求，因此我们可以判断 A 对 S_1 的归因是错误的。

根据上述讨论，A 不仅无法对 S_1 做正确归因，也无法对 S_2、S_3 进行正确的知识归因，能实现的是我们对 A 对 S_1、S_2、S_3 的知识归因进行的判断，是对 A 使用的知识语句进行归因，这就意味着，知识归因的评价活动只能由知识语句主语之外的第三者来进行。当归因者 A_1 宣布"我知道 P"，将只有 A_1 以外的归因者 A_2 才能作出评价"被 A 事实上无视掉的可能性并不是恰当无视的"，而 A_2 的判断是否正确，又需要 A_3 进行判断……因此，更确切地说，刘易斯的理论其实并不是对知识的定义，而是对知识归因的定义：

> 归因者 A 对"主体 S 知道命题 P"的归因为真，当且仅当，S 的证据 E 消除了所有非 P 的可能性 W，且，被 A 无视的可能性 W 都是恰当无视的。

在这个定义之下，具有主体敏感性的现实原则、信念原则与相似原则同样具有某种意义上的归因者敏感性。现实的可能性虽然是指主体所处的现实，但只有归因者能识别并判断主体是否把握了这一现实；信念的可能性虽然是指主体拥有或应当拥有的信念，但也只有归因者能识别主体并未拥有而应当拥有的信念。现实原则和信念原则与归因者的认知和语境息息相关，因而也具有归因者敏感性。

将知识归因视为归因者敏感性的也将导致一些悲观的后果。当我们喊出"我知道我们有手"的时候，也许只有笛卡儿的恶魔知道是否有被我们不恰当地忽视了的可能性。在这种后退里，在对 A 对事实的把握的控诉里，正是由于知识的归因者敏感性，其标准很可能依照语境主义所想的那样不断提高。上述分析过程中包含了一个"事实就是知识"的假设，即，我们所能使用的、依赖的事实都只是我们已经知道的东西。这和威廉姆森（Timothy Williamson）对证据的定义有相似之处。① 这里存在循环论证之嫌，在知识归因之前需要关于事实的知识，对事实的追问使整个过程陷入了皮浪式怀疑主义②的漩涡里，我们似乎在向怀疑主义让步，但语境主义得以产生的其中一个、甚至是最主要的动因是应对怀疑主义，向怀疑主义让步是决不允许的。

而如果不考虑我们在认知上能力有限的无可奈何，还有另外一种应对科恩的质疑的道路，正如刘易斯在对"证据"的说明中直接将证据视为基础证据，我们也可以默认"事实"的真。刘易斯在强调现实原则是主体敏感的之前，他指出"这条规则（现实原则）是外在主义的，主体自己没有能力判断什么是被恰当无视的"。③ 这句话一方面指出了主体的无力，另一方面也暗示了归因者有能力对什么是能被恰当无视的进行筛选，这排除了归因者对事实把握的错误，归因者已经掌握、能够掌握、必须掌握的就是实际上的、唯一真实的现实。刘易斯简单地否决了对主体和归因者不同事实的追问，"事实上，这听起来就像我们所期待的那种有害的胡言乱语，它来自于一个把真的东西和相信的东西混为一谈的人""主体的事实和归因者的事实是同一个事实"。④ 由此，"真"的条件被强制包含进需要考虑的可能性中，在这样的前提下，科恩的反例明显不成立，因为无知的归因者 A 没有彻底而完整地把握事实，"S_1 看着山上形状像羊的石头但将其误认为羊"的事实并没有包含在 A 掌握的信息内，此时的归因者并不满足刘易斯所要求的那个全知的归因者。

通过上文的论述，我们可以看到，由于语境主义关注的核心是知识归因，其在本质上就具有高阶到低阶的层级秩序，因此，知识归因是且应当是归因者敏感的。虽然有可能面临无穷倒退的质疑，但做出"事实就是知识"的假设并不一定就是向怀疑主义妥协，它同样也为基础主义、知识优先⑤等主张留下了探讨的空间。

---

① 参见 Timothy Williamson, *Knowledge and its limits*, Oxford University Press, 2002, Chap. 9。他认为，证据是且仅是已经知道的东西。

② 皮浪式怀疑主义者主张对怀疑主义命题也应该悬搁判断，他们不承认怀疑主义论证的前提为真，与他们的论辩将在无数个对前提的否认中变成徒劳。

③ David Lewis, "Elusive knowledge", *Australasian Journal of Philosophy*, 1996, Vol. 74, No. 4, p. 554.

④ David Lewis, "Elusive knowledge", *Australasian Journal of Philosophy*, 1996, Vol. 74, No. 4, p. 554-555.

⑤ 参见 Jonathan Ichikawa, *Contextualising Knowledge: Epistemology and Semantics*, Oxford University Press, 2017, p. 134。其中详细叙述了他将刘易斯式语境主义与"知识优先"框架结合的理论。

信息量与限定摹状词的指称性用法

● 刘　浩①

【摘　要】

唐奈兰区分了限定摹状词的指称性用法与归属性用法，其中指称性用法仅用于以使听者能辨认出说者所谈论的对象，并且这种识别在本质上与限定摹状词是否适合于所指无关。本文认为唐奈兰未对限定摹状词在指称性用法中相对所指的适合或不适合情况予以足够的重视和分析，实质上未区分限定摹状词的指称性用法和专名，这反而导致其无法合理解释限定摹状词的指称性用法如何发挥使听者成功识别谈论对象的功能。本文通过提出"信息量"这一概念尝试对唐奈兰的限定摹状词理论进行补充，以解释限定摹状词的指称性用法如何发挥使听者识别谈论对象的功能。

【关键词】

限定摹状词；指称性用法；信息量

一、唐奈兰对限定摹状词功能的区分

罗素在《摹状词》一文中对"摹状词"界定如下："摹状词可能有两种：限定的和非限定的。一个非限定的摹状词是一个这种形式的词组：'一个如此这般的东西'（a /an so-and-so）；一个限定的摹状词是一个这种形式的词组：'那个如此这般的东西'（the so-and-so）。"② 例如在"那个高个子男人是我舅舅"中，"那个高个子男人"就是一个限定摹状词。罗素认为一个限定摹状词可以指称一个实体："如果'C'是一个指称词组，就可能有一个实体x（不可能多于一个），对它来说，命题'X与C相等同'是真的。那么我们也可以说：实体x是词组'C'的所指。"③ 唐奈兰批评罗素没有意识到限定摹状词具有"归属性"和"指称性"两种用法，罗素对限定摹状词的如上刻画不适用于后者。在《指称与限定摹状词》一文中，唐奈兰对限定摹状词的"归属性"和"指称性"用法作了如下

---

① 作者简介：武汉大学哲学学院外国哲学专业 2021 级硕士研究生，主要研究方向为德国古典哲学。

② ［英］B. 罗素：《摹状词》，牟博、杨音莱、韩林合等译，载 ［美］A. P. 马蒂尼奇编：《语言哲学》，商务印书馆 1998 年版，第 400 页。

③ ［英］B. 罗素：《论指称》，苑莉均译，张家龙校，载《罗素文集》（第 10 卷），商务印书馆 2012 年版，第 68 页。

界定："在一个论断里以归属方式使用一个限定摹状词的说话者，述说有关凡是如此这般的（适合该摹状词的）人或东西的某件事情。另一方面，在一个论断里以指称方式使用一个限定摹状词的说话者，使用该摹状词以便使其听者能够辨认出他在谈论的是谁或什么东西，并且，这个说话者述说有关那个人或那个东西的某件事情。"① 进一步，唐奈兰指出限定摹状词在这两种用法中发挥功能的方式是完全不同的："在归属性用法中，把限定摹状词所描述的如此这般的性状进行归属是至关重要的，而在指称性用法中则并非如此。"② 唐奈兰据此认为摹状词的指称性用法更接近于罗素的含义上的专名："在罗素的含义上的真正的专名无需把任何属性归之于某个东西便会指称这个东西。"③ "当我们传达说话者以指称方式使用一个限定摹状词这个言语行为时，我们所牵涉的是事物本身，而不只是可归入某个摹状词的事物。这也就是说，以这样一种方式所使用的限定摹状词，比起罗素确定无疑地所设想的要更接近于实行罗素所说的专名的功能。"④

限定摹状词的指称性用法与归属性用法虽然在定义上区别明显，但在语句中对它们进行区分和识别必须依赖于语句在语境中的实际使用。值得注意的是，说话者的信念并非决定一个限定摹状词以何种方式被使用的决定性条件。例如，虽然说话者相信琼斯是杀害史密斯的凶手，但在"杀害史密斯的凶手是丧心病狂的。琼斯是杀害史密斯的凶手。因此琼斯是丧心病狂的"这样一个三段论中，其大前提中的"杀害史密斯的凶手"明显并非指称性用法而是归属性用法，否则大前提和结论将直接是同义的。

同样，在指称性用法中，虽然为了能使听者成功识别说话者的谈论对象，说话者通常会使用其相信适合对象的限定摹状词进行指称，但此时限定摹状词究其本质只是用来识别特定对象的"工具"。所指适合该限定摹状词只是使工具更易于发挥作用的附加因素，而非必要条件，因此说话者也完全可以不考虑这种"附加因素"，即在不相信其谈论对象适合某一限定摹状词的情况下使用该限定摹状词。对此唐奈兰给出的例子是：

"假定王位被一个人所占据，但我坚信这个人并不是国王，而只是一个篡位者。我们还可以想象：这个人的追随者同样坚信他是国王。假定我想要见到这个人，我也许会对他的僚属们说：'国王在他的事务室里吗？'我能够做到指称我想要指称的那个人，而无需我本人相信他适合'国王'（the king）这一摹状词。此外，假定'他的追随者相信他是国王'这一点甚至也不是必要的。如果他的追随者是以讽刺的态度来对待整件事情的，他们知道他并不是国王，那么，我仍然可以成功地指称我想要指称的那个人。类似地，无论是我还是我对之讲话的人可能都没有假定任何人是国

① ［美］K. 唐奈兰：《指称与限定摹状词》，牟博、杨音莱、韩林合等译，载［美］A. P. 马蒂尼奇编：《语言哲学》，商务印书馆1998年版，第451页。

② ［美］K. 唐奈兰：《指称与限定摹状词》，牟博、杨音莱、韩林合等译，载［美］A. P. 马蒂尼奇编：《语言哲学》，商务印书馆1998年版，第451页。

③ ［美］K. 唐奈兰：《指称与限定摹状词》，牟博、杨音莱、韩林合等译，载［美］A. P. 马蒂尼奇编：《语言哲学》，商务印书馆1998年版，第470页。

④ ［美］K. 唐奈兰：《指称与限定摹状词》，牟博、杨音莱、韩林合等译，载［美］A. P. 马蒂尼奇编：《语言哲学》，商务印书馆1998年版，第471页。

145

王。最后，每一方可能都知道对方没有作出这样的假定，然而可以达到指称。"①

　　唐奈兰没有对在双方都不假定所用限定摹状词适合特定对象，也知道对方并未如此假定的情况下，如何可以达到指称作进一步的解释和论证。然而正是在这里产生了我们需要关注的问题：如果唐奈兰所理解的限定摹状词的指称性用法更接近罗素的含义上的专名，即不通过将该摹状词描述的属性归之于某个东西即可指称这个东西，而说者和听者都不相信篡位者，即"国王"的所指，那么这种识别是如何可能的？在限定摹状词不适合所指的情况下，尤其是在说者和听者都明白这种不适合的情况下，经由限定摹状词的指称性用法识别谈论对象在何种情况下是可能的，又是如何可能的？

二、对几种情况的考察

　　为了了解我们所讨论的核心问题，本文将考察在以下十六种情况中说者如何使听者正确识别出他所谈论的对象。② 但在此之前，需要明确三个基本的假设前提：第一，善意原则。假定交流双方通常都是善意的，说者会尽量说出易于听者识别对象的限定摹状词，而听者也会尽量借助该限定摹状词识别说者谈论的对象，并且双方都假设对方具有这种善意。第二，严肃假设。作为第一条假设的推论，可以认为听者在不知道说者是否相信其谈论的对象是否适合其使用的限定摹状词的情况下，一般会假设说者相信适合，即听者相信说者是严肃的。③ 第三，听说双方对对方是否相信某限定摹状词适合某特定对象的信念来自三种不同的推论，本文将其中一种称为"身份推定"，指例如根据听者是篡主的随从这一身份，说者可以推定对方相信"国王"一词是适合该篡主的。第二种推定被称为"言语推定"，指例如目击到篡主的随从称篡主为"国王"，由此推定该随从相信"国王"一词适合该篡主。这两种推定方式的可靠程度是明显不同的，我们可以合理期待欺骗并非言谈中的普遍现象（否则我们将无法交流），而身份对信念则没有这种有力的保证。第三种是听者根据"严肃假设"认为说者相信他所谈论的对象适合他所使用的摹状词。因此，本文又把经由言语推定形成的，且与对方关于特定对象是否适合某限定摹状词的信念确实相符的信念称为"听者或说者知道对方关于对象适合限定摹状词与否的信念"，而不把由身份推定或严肃假设得来的信念称为"知道"，由此可见，"知道"意味着知道对方相信某个特定的对象适合某个特定的限定摹状词，或言知道对方相信该限定摹状词就是用来指称该对象的；"身份推定"意味着说者根据听者身份推定其相信某个特定的对象适合某个特定的限定摹状词，或言推定听者相信该限定摹状词就是用来指称该对象的；而"严肃

---

① ［美］K. 唐奈兰：《指称与限定摹状词》，牟博、杨音莱、韩林合等译，载 ［美］A.P. 马蒂尼奇编：《语言哲学》，商务印书馆 1998 年版，第 457~458 页。

② 这里仅列举十六种简单情况而不列举如"说者是否知道听者知道说者的信念"一类的高阶的问题。理由是笔者认为引入这些高阶的问题或许在某些细节上需要对低阶的阐述做出改动，但不会影响本文最终的结论。

③ 由于可以合理假定语言的最一般目的是交流，又由于我们现在讨论的主题是识别摹状词所指对象如何可能，因此可以认为假设一与假设二在此是合理的，并且善意原则优先于严肃假设。

假设"不具有确定特定对象的功能，仅指听者假设说者相信他所谈论的那个对象适合他所使用的那个限定摹状词。

为了使论证更加清晰，以下首先通过表1列举说者和听者关于谈论对象是否适合限定摹状词的信念的十六种情况。

表1　　　　　　　说者和听者关于谈论对象是否适合摹状词的信念的情况

是否相信谈论对象适合摹状词		是否知道对方的信念		序号
说者	听者	说者	听者	
是	是	是	是	（1）
是	是	是	否	（2）
是	是	否	是	（3）
是	是	否	否	（4）
是	否	是	是	（5）
是	否	是	否	（6）
是	否	否	是	（7）
是	否	否	否	（8）
否	是	是	是	（9）
否	是	是	否	（10）
否	是	否	是	（11）
否	是	否	否	（12）
否	否	是	是	（13）
否	否	是	否	（14）
否	否	否	是	（15）
否	否	否	否	（16）

（1）说者和听者都相信谈论对象适合所用的限定摹状词，并且双方都知道对方这种信念。这种知道可能是由于双方曾经的交流使对方知道自己的信念，也可能是双方都曾见到对方在与第三方的谈话中使用该摹状词指称该特定对象。显然，此时说者说出该限定摹状词指称同样的对象，对听者而言是没有识别困难的。

（2）说者和听者都相信谈论对象适合所用的限定摹状词，说者知道听者这种信念，但听者不知道说者具有此种信念。这种知道可能是由于说者曾见到听者在与第三方的谈话中使用该摹状词指称该对象。同样显然，此时说者说出该限定摹状词指称同样的对象，对听者而言是没有识别困难的。

（3）说者和听者都相信谈论对象适合所用的限定摹状词，说者不知道听者对适合与否的信念，但听者知道说者的信念。这种知道可能是由于听者曾见到过说者在与第三方的谈话中使用该摹状词指称该对象。同样显然，此时说者说出该限定摹状词指称同样的对象，对听者而言是没有识别困难的。

（4）说者和听者都相信谈论对象适合所用的限定摹状词，但双方都互不知道对方的信念。此时说者根据自己的信念说出了他相信适合他所谈论的对象的限定摹状词来指称该对象，而听者碰巧也相信该对象适合该限定摹状词，因此同样可以无困难地识别谈论对象。

（5）说者相信其谈论的对象适合所使用的限定摹状词，但听者不具有此种信念，双方均知道对方的信念。

（6）说者相信其谈论的对象适合所使用的限定摹状词，但听者不具有此种信念，说者知道听者的信念，但听者不知道说者的信念。

在（5）（6）两种情况中，根据假设前提一，即善意原则，说者在明知道听者不相信谈论对象适合所用摹状词的情况下，仍然使用该摹状词指称该对象是违背善意原则的，因此这种情况在日常交谈中很少发生，应多见于说者试图纠正听者的错误信念的情况。①

（7）说者相信其谈论的对象适合所使用的限定摹状词，但听者不具有此种信念，说者不知道听者的信念，听者知道说者的信念。在此情况下，虽然听者不相信谈论对象适合说者所使用的限定摹状词，但由于听者知道说者的信念，即听者知道说者用该摹状词指称什么，故听者的信念在识别对象时不发生作用，仅凭其知道说者的信念，即能正确识别出说者谈论的对象。

（8）说者相信其谈论的对象适合所使用的限定摹状词，但听者不具有此种信念，双方都不知道对方的信念。在此种情况下，成功的识别就有赖于善意原则的作用。听者虽然不认为双方交谈的语境下有任何对象适合说者所说的限定摹状词，但会假定说者在用该限定摹状词指称某个他认为适合的对象，并且听者要积极地识别该对象。例如，将唐奈兰所举的"国王"一例改编为现在所考察的情况例（a）：说者相信他所谈论的就是国王，僭主的随从不知道说者有此信念，且他们不认为僭主适合"国王"一词。然而当说者询问"国王在他的事务室里吗？"，随从仍会尽力识别"国王"指称什么。这种识别必须从语词的内涵角度去理解，"国王"的内涵是一国的合法的男性最高统治者。② 说者用"国王"一词指称某位僭主，意味着说者相信僭主也是一国的合法的男性最高统治者，或说者并不知晓他想要谈论的对象是一位僭主，而误认为他是真正的国王。我们可以认为在"国王"一词中，合法公民和男性构成了一个交集，而最高统治者又是这个交集的子集。可以确认的是，根据善意原则，说者应该给出最易于听者辨认对象的限定摹状词，而"合法公民"和"男性"这两个集合或它们的交集显然都包含太多元素，只有"最高统治者"这一集合元素唯一。因此，在此例中，听者识别谈论对象的最直接简便的方法就是确认"最高统治者"这个单元素集合，虽然这个集合与合法公民互不相容，但由于已经不存在既作

---

① 但并不意味着在这种情况下，听者不可能成功识别谈论对象。听者仍然可以尽力识别说者所说的对象，通过类似（8）中所述的机制。

② 但仅仅考虑内涵一个因素并不能充分解释限定摹状词的指称性用法如何在听者不相信谈论对象适合所用摹状词的情况下如何识别谈论对象。

为最高统治者，又作为合法男性公民的国王，故而最为接近这一限定摹状词的对象只能是"最高统治者"这一集合的唯一元素——僭主。

然而考虑一个更复杂一些的例（b）：该国发生内乱，国内有一位作为男性最高统治者的僭主，又有一位作为女性最高统治者的女王。当说者使用"国王"这一限定摹状词时，"最高统治者"意下包含两个对象：女王和僭主。其中女王和男性不相容，而僭主和合法不相容，听者要识别谈论对象则必须放弃男性这一条件或合法这一条件，然而似乎没有理由说明听者应该排除哪个条件。或许可以认为说者来询问僭主的随从这一行为说明了他想了解的是僭主的情况，但这一理由与例（a）中识别对象的理由相比明显较弱。另外，将例（b）中说者知道听者身份这一条件取消，则只能承认听者此时将无法成功识别谈论对象，因为备选对象有两个，而说者又没有提供充足的信息说明该排除哪一个。

（9）说者不相信谈论对象适合所使用的限定摹状词，听者相信对象适合限定摹状词，双方互相知道对方的信念。在此情况下，由于说者知道听者的信念，即知道听者相信该限定摹状词用来指称该对象，故说者会使用该限定摹状词。听者的信念使其可以直接识别出说者谈论的对象，但需要注意的是，听者知道说者并不具有相同的信念，因此产生的问题是听者需要解释说者为什么会使用该限定摹状词。根据善意原则，听者假设说者会使用最易于自己识别的限定摹状词，并且在这种情况下，听者也成功进行了识别（因此不需考虑听者是否知道说者知道听者的信念），故听者应将其解释为说者虽不相信谈论对象适合该限定摹状词，但由于其（可能）知道听者的信念，因此有意使用该限定摹状词以利听者识别。

（10）说者不相信谈论对象适合所使用的限定摹状词，听者相信对象适合限定摹状词，说者知道听者的信念，听者不知道说者的信念。在此情况下，说者由于善意原则，同样直接选择使用听者相信适合于对象的限定摹状词。这种使用与听者的信念直接契合，故可以直接被听者识别。

（11）说者不相信谈论对象适合所使用的限定摹状词，听者相信对象适合限定摹状词，说者不知道听者的信念，听者知道说者的信念。此情况可分为两种类别讨论：第一，说者根据对听者的身份推定，使用听者可能相信对象所适合的限定摹状词。例如在"国王"例子中，说者由听者是僭主的随从这一身份推定他可能相信僭主适合"国王"这一限定摹状词，因此用"国王"指称僭主。由于听者的确具有这种信念，故可以直接识别，但仍需按照善意原则将说者对限定摹状词的选用解释为有意使所用限定摹状词易于听者识别对象。第二，说者对听者的身份并无了解，因此无法进行身份推定，乃至于无法对听者可能具有的信念产生任何推定。此情况下说者依然使用一个自己相信并不合适的限定摹状词来指称对象明显是不符合善意原则的，对此只能将这种限定摹状词理解为一种类似隐喻的表达，例如在"国王"一例中，若僭主严厉禁止人们称呼他为"僭主"或"篡权者"或任何揭露其非法性的称呼，则说者只能隐喻地以"国王"来指称他。但听者对对象的识别却并非以理解隐喻的方式，而是因其信念而直接识别对象。

（12）说者不相信谈论对象适合所使用的限定摹状词，听者相信对象适合限定摹状词，且双方互不知道对方的信念。此情况依然可以分为上述的两种类别讨论，听者对对象的识别依然是由于其信念而作出的直接识别，并且不必追问说者使用该限定摹状词的原因。

（13）说者与听者都不相信谈论对象适合该限定摹状词，且双方都知道对方的信念。此种情况即唐奈兰在《指称与限定摹状词》一文中给出的例子。对说者而言，知道听者并不相信该对象适合该限定摹状词，却仍然选用该限定摹状词依然只能被解释为一种类似隐喻的表达。区别在于，此时听者也不相信该对象适合该限定摹状词，并且知道说者具有与自己相同的信念，故此时听者也需要以一种隐喻的方式理解该限定摹状词。但此处的隐喻不同于用"S 是 P"意谓"S 是 R"的隐喻，而是用字面意思并不相同的"P"来指称通常意义上"R"的所指（R），其目的是使听者根据"P"识别出 R，故这种隐喻必然要求"R"承载了一部分"P"的信息量 I，并且根据善意原则，听者相信说者提供的 I 是尽可能充分的，说者相信听者将尽力根据 I 识别 R。这种识别欲想成功，信息量 I 应该充足到足以确定一个唯一的所指，其详细阐述如（8）所述。

（14）说者与听者都不相信谈论对象适合该限定摹状词，说者知道听者的信念，听者不知道说者的信念。此情况下，说者明知听者不相信谈论对象适合该限定摹状词，但仍然使用该限定摹状词进行指称，仍应当被解释为一种类似隐喻的表达。但听者不知道说者具有的信念，故根据善意原则和严肃假设，听者会假设说者相信他所要谈论的对象适合他所使用的限定摹状词，其识别机制如（8）（13）所述。

（15）说者与听者都不相信谈论对象适合该限定摹状词，说者不知道听者的信念，听者知道说者的信念。此情况下，说者选用该限定摹状词的理由依然如（11）分为两类。听者对对象的识别也可分为两类：第一，听者推测说者可能基于对听者的身份推定而选用了该限定摹状词。第二，听者认为说者是在隐喻地使用该限定摹状词，对其的识别方式又如（8）（13）所述。

（16）说者与听者都不相信谈论对象适合该限定摹状词，且双方都不知道对方的信念。此情况下，说者选用该限定摹状词的理由仍如（11）分为两类。听者由于善意原则和严肃假设会假定说者相信他所要谈论的对象适合他所使用的限定摹状词，其识别机制又如（8）（13）所述。

三、由考察所得的结论

（一）限定摹状词的指称性用法是否与专名相似

如第 1 节末尾所述，当用罗素的含义上的专名来指称某对象时，听者并非通过专名对对象的描述来识别对象，而是根据对命名的掌握，并且命名的行为应该是不依赖于语境的、任意的。

经过对十六种情况的考察，可以发现只有在（1）（2）（3）（5）（7）（10）六种情况下，限定摹状词的指称性用法是类似于专名的。这六种情况共同的条件是说者知道听者相信谈论对象适合所用限定摹状词或听者知道说者相信谈论对象适合所用限定摹状词。这种现象的原因在于，当说者知道听者的适合信念时（即知道听者相信该限定摹状词即用来指称该对象时），说者将直接选用这种限定摹状词以利听者识别对象，而听者的信念又与说者所使用的限定摹状词完全契合；当听者知道说者的适合信念时（即知道说者相信该限定摹状词即用来指称该对象时），听者将直接根据说者选用的限定摹状词识别说者相信它所指称的对象。在这两类情况下，对象可以被识别是因为限定摹状词发挥了类似于专名的、非描述地指称对象的功能，而限定摹状词所具有的描述功能在识别中实际没有发挥作用。

但在其他情况中，限定摹状词的指称性用法与专名并不相似。这些情况又可以被分为两大类：第一类是（4）（6）（8）（12）（13）（14）（15）（16），在这一类中对象得以被识别都是基于限定摹状词的描述性使用和理解。其中（4）和（12）虽然听者都相信谈论对象适合所用限定摹状词，但说者对此并不知道，因此说者选用限定摹状词的标准依然是对对象的描述程度。第二类是（9）（11），在这一类中听者虽然同样相信谈论对象适合所用限定摹状词，且知道说者的信念，但说者的信念是谈论对象不适合所用限定摹状词。因此听者虽然可以无困难地识别谈论对象，但需要解释说者为什么要选用其相信不适合的限定摹状词，也即听者知道说者不是以类似专名的方式使用限定摹状词的。

（二）信息量理论

在此，笔者将情况（13）中所述的通过限定摹状词"P"唯一地识别对象 R 的机制重新详细陈述如下：

> "P"所承载的每一条信息划定了一个对象集合，"P"所承载的信息数量称为"信息量"。设"P"的信息量为 n：
> ① 若 n 个集合的交集中的元素唯一，则该元素为 R。
> ② 若 n 个集合的交集中的元素不唯一，则考察由 n 个集合组合形成的 C_n^{n-1} 个交集。若这些交集中有且仅有一个单元素集合，则该元素为 R。
> ③ 若在 C_n^{n-1} 个交集中不存在唯一的单元素集合，则考察由 n 个集合组合形成的 C_n^{n-2} 个交集。若这些交集中有且仅有一个单元素集合，则该元素为 R。
> ④ 若在 C_n^{n-2} 个交集中仍不存在唯一的单元素集合，则依上述步骤类推。
> ⑤ 若在 n 个集合组合形成的 C_n^1 个交集中仍不存在唯一的单元素集合，则识别失败。

以情况（8）中所述的例（a）为例，"国王"承载了合法、男性、最高统治者三条信息，但这三条信息的交集即国王本人已不存在，因此成为一个空集。由三个集合两两组合形成的 C_3^2 个交集分别是：最高统治者和合法的交集——空集、最高统治者和男性的交集——僭主、合法和男性的交集——全体男性公民。排除空集和多元素集合，则"国王"一词被唯一识别为指称僭主。但考察例（b），排除国王本人这一空集后，由三个集合两两组合形成的 C_3^2 个交集分别是：最高统治者和合法的交集——女王、最高统治者和男性的交集——僭主、合法和男性的交集——全体男性公民。因不存在唯一的单元素集合，考察由三个集合组合形成的 C_3^1 个交集：合法公民、男性、最高统治者，仍不存在唯一的单元素集合，故识别失败。此时说者欲使听者识别出谈论对象，就必须对限定摹状词加以补充，扩大信息量。例如说者将限定摹状词补充为"暴虐的国王"（假设女王并不暴虐），则暴虐、男性、最高统治者的交集是由三个集合构成的交集，具有考虑上的优先地位，并且该集合内只有一个元素即僭主，由此可以识别出谈论对象是僭主。

这两个已经被阐述过的例子可能会使人认为本文中所说的"信息量"仅仅指限定摹状词的内涵，但考虑如下的例（c）：说者知道国王50岁左右、衣着华丽、身材高大。现有一群人从广场走过，国王据说恰在其中。此时说者在这群人中发现了唯一一位50岁上下、衣着华丽、身材高大的男性，于是他对同伴说："国王真是威武！"只要听者拥有至少与说者相当的对国王的了解，就能识别出说者所说的对象。因为在这群人构成的全集中，50岁左右、衣着华丽、身材高大、男性这四个集合的交集恰好只有一个元素，此人就是国王。但不能说50岁左右、衣着华丽、身材高大都是"国王"的内涵，他们只是该国王所具有的特征，说者在使用"国王"一词时可以用它传递关于这些特征的信息。

再考虑如下的例（d）：说者说"把那本红色的书给我"，然而听者看到有一本红色的笔记本和一本绿色的书，此时"红色的"和"书"根本没有形成交集，听者无法判断该如何执行命令。于是说者必须补充一条信息如："那本红色的镶金边的书"，此时若"红色的"与"镶金边的"没有交集，而"书"与"镶金边"的有交集，则应优先考虑构成交集的集合最多的情况，此时若这一交集内只有一本书，则听者成功识别了谈论对象。

由以上例子可以归纳出关于信息量的两点重要结论：第一，每一个限定摹状词都承载着信息量，在以与专名不同的方式指称对象时，它们能否成功使听者识别所指取决于信息量是否充足。第二，信息量的充足与否依赖于语境，在符合条件的备选对象不唯一的时候，说者不得不使用信息量更大，也即描述更为细致的限定摹状词以使听者能够成功识别出谈论对象。[1]

由信息量理论得出的一个推论是：唐奈兰只看到了谈论对象与所用限定摹状词之间适合与不适合的质的差异。然而如果只考虑质的差异，所有不适合对象的限定摹状词将同等地使听者识别或识别不出谈论对象。然而正如本文所展示的，一些限定摹状词不适合于谈论对象，但听者仍能成功识别谈论对象，一些限定摹状词则无法达到这一点。这说明适合与不适合除了质上的截然分立外，还有量的维度——唐奈兰所举的不适合于谈论对象却能使听者成功识别谈论对象的限定摹状词，严格来说应该是较适合于谈论对象，因为它们所承载的信息量足以使听者在语境中成功识别对象。这种适合程度的差异正是由限定摹状词承载的信息量和在特定语境中识别特定对象所要求的信息量所决定的。

---

[1] 在此没有专门考察一种会造成例外的情况——语境本身就提供了一些信息。例如说者手里拿着一份文件正在找东西写字，即使听者无法按照正文中阐述的识别机制通过被说出的限定摹状词确定所指是一支牙刷还是钢笔，这种识别最终也仍然是可能的，因为语境提供了一条言外的信息：所指必定是一支笔。然而语境提供的信息通常只是对语言的补充而不足以取代语言，鉴于本文的主题是限定摹状词如何发挥指称功能，将语境提供的关于所指的信息像控制变量一样排除出去应该是合理的。

政治哲学与伦理学

霍布斯的政治学方法及其秩序内涵*

● 杜　陈①

【摘　要】

　　霍布斯思想体系中的自然哲学和政治哲学的关系历来是研究者争论的焦点之一。一般认为，霍布斯在承继马基雅维利将伦理与政治相分开的基础上，进一步为政治学赋予了非历史性的理性基础，是现代政治科学的开创者。故而，对于霍布斯思想体系中的自然哲学和政治哲学关系的讨论直接指向政治学的自主性及其条件。沃格林指出，在 17 世纪的欧洲，基督教的生存性经验已经枯竭，这一时代的哲人只能凭借非经验性的逻辑理性构建属人的秩序。在沃格林提示的基础上，将霍布斯的自然哲学和政治哲学视为哲人构建属人秩序的努力，不仅能够厘清政治学的地位及条件，还能够诊断出霍布斯智识结构的内在问题。

【关键词】

　　霍布斯；认识论；政治学方法；秩序构建；沃格林

一、争论：霍布斯的自然哲学与政治哲学

　　政治思想家埃里克·沃格林认为，霍布斯处在一个西方新秩序的定位时刻。在这个时刻，人被抛至一个孤独的境地，需要重新创造出一个囊括了人与自然、人与上帝、人与人关系的生存秩序。故而，在这个时代出现了一批普遍质疑既往思想传统的思想家，他们对自然、心灵、习俗、政制等秩序的各方面进行了重新思考。他们独立但相互交织地努力向着一个共同的指向，即在一个已经破碎了的"整全"世界中重新构建出一个新的世界秩序想象。相比专注于人与自然关系的笛卡儿和培根，以及尝试运用契约探讨人可能的社会生活状态的塞尔登主义者，霍布斯的特殊之处在于他的"整全性"。从物质的、生物的世界再到政治的世界，霍布斯为人们描绘了一幅完整的、可以清晰想象的秩序图景，从而也引发了后世学者对于霍布斯思想中的几何学、物理学与政治学关系的持续探讨。本文将从

　　*基金项目：高校发展专业课程专项（2019 年度国家级一流专业政治学与行政学）（项目编号：Z010112103）；安徽大学社会与政治学院政治学学科研究生创新研究项目"百年未有变局下霍布斯政治哲学的当代实践、价值与批判"（项目编号：21ZYM004）。

　　①　作者简介：杜陈，安徽大学社会与政治学院政治学理论专业 2020 级硕士研究生，研究方向为西方近代政治思想史。

主流学界对霍布斯自然哲学和政治哲学关系的争论出发，通过对霍布斯哲学认识论和方法论的探讨，指出霍布斯自然哲学和政治哲学在认识论和方法论层面有着共同的基础，而这一基础是单独从自然法出发思考霍布斯的政治哲学所无法获得的。进一步，本文将探讨霍布斯所提出的分解综合方法在政治学中的运用，以及在霍布斯处初露端倪的三种气质的政治学研究进路。最后，本文将分析霍布斯政治哲学的内在困难，并将他的认识论视为历史秩序的一部分，探讨其在历史中的展开所带来的问题。

列奥·施特劳斯在《霍布斯的政治哲学》中表明，霍布斯的政治哲学与他的自然哲学是相互独立的。① 依据施特劳斯，霍布斯的政治观念在人生早年的时候就已经成形。17世纪初英国的总体智识氛围仍然是文艺复兴式的，而文艺复兴时期的智识特点是从对历史事件的研究中获得对当下政治的启示。昆廷·斯金纳在《霍布斯与共和主义自由》中则表明，霍布斯第二次及之后的欧陆之行对他的影响是具有震撼性的，与科学家梅森的结识让他认识到了唯一真实的只有运动。② 然而，欧洲的科学成就对于霍布斯政治观念的影响仍然是间接的。从《法的原理》到《论公民》再到《利维坦》，霍布斯的政治观念是在一种与英国国内局势变化相关的论战中逐渐成形的。尽管施特劳斯和斯金纳的政治思想研究方法和政治观念存在根本差异，但他们在对霍布斯的解读中却具有某种相似性，即认为理解霍布斯的自然哲学对于理解他的政治哲学不是完全必要的。③ 理查德·塔克对施特劳斯提出批评，指出探讨霍布斯的公民哲学是否源自他的自然哲学并无意义，因为"自然科学和道德哲学在16世纪的人文主义者眼里是紧密联系的"。④

塔克提示我们，问题并不是在霍布斯的自然哲学和政治哲学之间寻求直接的联系，而是需要寻找一个更为全面且基本的视野来理解霍布斯思想的全貌与发展。迈克尔·艾伦·吉莱斯皮和伊夫·夏尔·扎卡分别从神学和形而上学的视角出发，指出了霍布斯自然哲学和政治哲学的一致性基础。实际上，施特劳斯在20世纪50年代写就的《论霍布斯政治哲学的基础》中已经提出要从霍布斯"关于人、自然和神的全部观念"去理解霍布斯政治哲学的基础。⑤ 道理是清楚的，正如政治秩序不能够自己确定自身在整全秩序中的地位，政治学知识也不能够自己确定自身在有关整全知识中的地位。尽管施特劳斯在后期的认识中逐渐修正了对霍布斯政治哲学的认知，以一种整全的视野审视霍布斯的政治哲学，但是由此引出的新的问题是，可以从霍布斯的自然哲学中切入的整体性观念是否就足以满足其政治哲学的全部条件？霍布斯的政治哲学的条件中是否有其未曾言明的来源，这一来源又

① ［美］列奥·施特劳斯著：《霍布斯的政治哲学》，申彤译，译林出版社2012年版，第3页。
② ［英］昆廷·斯金纳著：《霍布斯与共和主义自由》，管可秾译，上海三联书店2011年版，第14页。
③ 在一次采访中，斯金纳表示施特劳斯的《霍布斯的政治哲学》相较他的其他著作更为成功，因其部分采用了语境主义的方法。见［英］昆廷·斯金纳著：《国家与自由：斯金纳访华讲演录》，李强、张新刚主编，北京大学出版社2018年版，第205页。
④ Richard Tuck, "Introduction", in Thomas Hobbes, *Leviathan* (Revised student edition), Cambridge University Press, 1996, p. xxi.
⑤ 陈建洪、赵柯：《施特劳斯论霍布斯政治哲学的基础》，载《学术月刊》2017年第3期，第30~39页。

是否能够成为审视霍布斯政治哲学内在矛盾的钥匙？麦克弗森认为，尽管霍布斯自然哲学中体现的唯物主义是其政治义务理论的基础，但霍布斯政治理论中预设的人与人运动的相互排斥并不是来自于他的唯物主义，而是源于当时资本主义市场带给他的深刻印象。① 在国内的霍布斯研究中，李猛较早认识到了霍布斯提出的分解综合方法所具有的政治学方法意涵，并将自然状态视为使用"分解"的办法理解建立国家的"人性质料"的方式。②

探讨霍布斯哲学中自然哲学和政治哲学的内在关联和根本预设至今仍然是有意义的。只有全面理解了霍布斯关于整全秩序的观念，才能够理解他的政治哲学在多大程度上从属于他的整全秩序观念，又在何种程度上可以得到独立理解。此外，对当下政治秩序的审视同样需要在一种整全的视野下审视其根基和条件，而霍布斯的思想本身即是当下秩序的来源之一。人们希望知道，在霍布斯所描绘的无情的物质世界中，除了令人恐惧的主权者之外，我们是否还能够有其他的选择？霍布斯思想的魅力在于，他不仅提供了一幅整全的秩序图景，而且参与塑造了随后的历史秩序。直至今日，这一塑造仍然体现在我们当下所生活的主权——法律秩序之中。此外，关于霍布斯自然哲学和政治哲学关系的探讨，对于反思当前学人的智识结构有着重要意义。在热衷于跨学科交叉研究的当下，政治学、伦理学等知识的边界和目的如何界定？对于霍布斯自然哲学和政治哲学关系及其一致性基础的探讨，将有助于人文学者在面对现实世界诸多经验事件和实证研究、计算科学的冲击时，包容且审慎地处理自身的智识结构与不同类型的经验及知识的关联。

二、存在与表象的分离：秩序构建与政治哲学

探究霍布斯自然哲学和政治哲学之间的关系，首先需要确定的是政治知识在霍布斯的知识体系中所处的逻辑位置。通过将运动视为感觉的原因，并将感觉作为认识的起点，霍布斯一方面摆脱了相对主义，确证了外部世界的存在；另一方面表明了人的认识的局限。由于人的认识的局限，谈论事物的存在，只能是谈论人所认识的事物的存在。从而，霍布斯的存在论与认识论在本质上并无区别。对于霍布斯来说，谈论不可认识的存在没有意义。但是，当人类能够意识到自身的此种局限时，也就意味着哲学或科学的可能。霍布斯根据研究对象的性质将哲学或科学划分为自然哲学和公民哲学，并将分解综合的推理方法视为哲学或科学的普遍方法。然而，一个问题仍然悬而未决，即当今人们一般归之为政治哲学的知识处于何种地位？对于该问题的回答，并不能够在自然哲学和公民哲学的形式划分中找到答案，而需要首先弄清认识如何产生知识，才能够进一步回答哲学或科学知识的本质及政治知识的特殊地位。

知识是认识的产物。在亚里士多德和中世纪经院学者那里，知识是对存在的"真"的认识。亚里士多德在《论灵魂》中说道："感觉对象的现实和感觉的现实是同一的，尽

---

① ［加拿大］C. B. 麦克弗森著：《占有性个人主义的政治理论：从霍布斯到洛克》，张传玺译，浙江大学出版社 2018 年版，第 89~91 页。

② 李猛：《自然状态与社会的解体：霍布斯自然状态方法的实质意涵》，载许章润、翟志勇主编：《人的联合：从自然状态到政治社会》，法律出版社 2014 年版，第 103 页。

管它们的本质并不是同一的……但是，一旦有听力的东西正在实现其能力，能发声的东西正在发声，那么现实的听和现实的声音就同时发生了，我们将那称为听和发音。"① 通过将认识视为事物自身的显现过程和人的感觉过程的统一，并认为外部世界的"真"实际参与了人的认识活动，亚里士多德许诺了人能够认识真实的外部世界。这种仅凭人直接的认识活动就能够获得真知的方式即为理智直观，它的特点在于知识的获得先于语言的表达。最高级的知识是哲人凭借灵魂之眼的洞察获得的知识。霍布斯否认了理智直观的认识方式和知识形式。霍布斯认为，事物自身的显现过程不过是外界物体对"每一专司感觉的器官施加外力"，从而"引起抗力、反压力或心脏自我表达的倾向"。② 这意味着，所谓事物自身的显现也只是人的感觉引起的表象，认识并非内外两种过程的统一，而是一种运动过程的持续。霍布斯之所以能够将事物的显现和人的认识视为同一个过程，是因为他将运动视为人所能够认识到的唯一真实的存在，并且所有运动都是同质的。基于此，认识的过程是外界运动干扰了人的身体内部运动，改变了人的身体内在运动的轨迹并使其产生对抗力，从而身体内各种对抗力的综合便形成了心灵的影像。因此，心灵也并非区别于身体的独立存在，而就是使表象得以呈现的人体内相关生物运动的集合的代名词。由此，霍布斯不仅完成了事物存在与认识表象的分离，也完成了对灵魂独立于身体存在的否定。这是霍布斯将唯名论用于人自身的逻辑结果，也是霍布斯与笛卡儿物质—心灵二分法的区别所在。

但是，霍布斯此举带来的一个新的问题是，他是如何认识到运动是唯一真实的，并且是认识的原因的？他是如何将这一认知本身确认为知识的？难道只能说这同样是他作为哲人的理智直观的产物吗？故而，为了在根本上否定理智直观，霍布斯提供了一个假设实验。这一实验要求我们想象世界突然毁灭，并探究我们的认识中所留有的东西。③ 由于世界毁灭后，我们仍然有关于世界存在的观念，有太阳、大地的影像，故而这确认了事物和认识、存在与表象的分离；另一方面，由于世界从有到无是一个运动的过程，正是通过这一运动的影响，我们获得了存在与表象分离的新知，从而能够推理出运动是认识的根本原因。④ 最终，霍布斯表明运动是认识的原因这一知识本身是由假设和推理得出的，而非源于哲人神秘的理智直观。霍布斯对理智直观的全面拒斥，不仅预示着新的知识基础，也昭示了一个新的秩序。这一秩序的基础是对真实世界未知性和人的认识边界的双重确认，在这一基础上的知识大厦需要解决的问题是：在真实世界不可知的情况下，人如何仅凭自己有限的认识能力安顿好自身在这个世界中的生存。

---

① 苗力田主编：《亚里士多德全集》（第三卷），秦典华译，中国人民大学出版社1992年版，第67页。
② ［英］霍布斯著：《利维坦》，黎思复、黎廷弼译，商务印书馆1986年版，第4页。
③ ［英］霍布斯著：《论物体》，段德智译，商务印书馆2019年版，第109~110页。
④ 然而霍布斯的这一实验有一个难以克服的漏洞，即在假设世界毁灭时，人的生物身体是否在被毁灭的行列？如果人的生物身体处于这一行列之中，那么就意味着构成心灵现象的生物物质也不复存在，最终"我"也不可能存在。如果人的身体不在被毁灭的行列中，那么，人如果将自己身体的一部分视为异己的存在，如断掉的手臂，那么这部分存在便不是"我"的组成部分，而是先前世界中的部分。从而世界没有完全被毁灭，与假设相悖。

从霍布斯认识论的基本考察出发，结果导向了对人类生存处境的确认。为了在未知的世界中生存下去，人类需要有更高级形式的知识。霍布斯将知识划分两种类型，分别为经验或历史知识和哲学或科学知识。前者是通过感觉、记忆、他人叙述获得的关于事实的知识，是通过人的感官能力直接认识的无条件的、绝对的知识；后者是通过假设和推理获得的知识，是关于因果关系的学问，表现形式为"如果 A 正确，那么 B 正确"，从而 A 是 B 的原因，B 是 A 的结果。霍布斯本人并不区分哲学和科学，两者都是指人在表象的世界中，借助理性或推理，所进行的因果关系探究。① 实际上，只有在霍布斯从神学、历史学、形而上学中清理出一块可以理性的、独立思考的领地之后，对哲学和科学的区分才是可能的。奥克肖特指出，霍布斯接近一个边缘，在这个边缘之内科学和哲学的划分没有意义，二者同属于"人类知识的统一体"；而沿着霍布斯的足迹走向边缘之外，则能够看到在康德处完成的新的知识结构。② 前者使霍布斯成为与培根、伽利略一道参与其中的科学革命中的一员，而后者则使霍布斯对于他们的科学实验保持警惕，直至远离。

霍布斯不仅在存在和表象之间划下了不可逾越的鸿沟，还表明人只能生活在表象的世界中。经由感觉获得的表象，是分离的、破碎的，甚至是自相矛盾的。一旦人的认识由相互矛盾的分离表象所占据，那么人将难以做出前后一致的行动，而只能任由一时的激情主导一时的行动。如此，人类稳定的共同生活和政治秩序将不可想象。正是在这个意义上，哲学承担了在表象世界中构建稳定的认识秩序的重任，其任务是"将朦胧混沌的东西打成碎片，将它们区别开来，并将标有自身标签的每一个碎片都井然有序地排列起来"。③ 此外，哲学或科学活动的进行离不开其他主体的存在，在最低限度上，也需要"至少假定有两个人"。④ 这意味着致力于重新构建有序秩序想象的哲学或科学活动，包含了一种人与人的关系。只有在这种主体间的共同努力的前提下，哲学或科学活动才能够顺利进行。前者通过语词的推理提供证明，而后者需要凭借良心进行验证。连接二者的，除了共同性质的目标、好奇心，还有共同的理性，以及对彼此拥有理性的确认。只有相信他者是与"我"一样的理性主体，并有着同样性质的目标和好奇心，双方才能够通过理性达成一致。这样一种人与人的关系，既与商业活动中通过妥协达成的契约关系不同，也与主人凭借智慧对自然奴隶发号施令的关系所不同。科学活动中的人与人关系是主体间的平等关系。但这种平等是理性的平等，体现于双方对合乎逻辑的论证的结论的承认，而不涉及追求现实双方利益的均等。尽管验证的主体和论证的主体有着各自的人生目标，对于一段论证得出的结论的用途有着不同看法，但在由论证和验证共同构成的科学活动中，双方的目标却能够获得暂时的同一性。凭借论证和验证逻辑的一致性，论证主体和验证主体获得了目标的一致性，即确认这一论证的真与假。同时这暂时的目标又服务于双方各自的利益，从而最终通过一种合作，而非利益的妥协，达成了双方各自期望的福祉。

---

① ［英］霍布斯著：《论物体》，段德智译，商务印书馆 2019 年版，第 16 页。

② ［英］奥克肖特：《〈利维坦〉导读》，载渠敬东主编：《现代政治与自然》，上海人民出版社 2003 年版，第 187 页。

③ ［英］霍布斯著：《论物体》，段德智译，商务印书馆 2019 年版，第 10 页。

④ ［英］霍布斯著：《论物体》，段德智译，商务印书馆 2019 年版，第 97 页。

这样一种人与人关系，成为了霍布斯所构建的政治秩序中的人与人关系的原型。不仅政治哲学的目标旨在原理层面构建一种保障这种人与人关系的政治秩序想象，这样一种政治秩序本身也需要通过哲学活动主体的共同努力达致。在政治秩序构建中，这种知识主体间的关系将转换为一种特殊的政治关系，如果从康德的视角来看，可以恰当地称之为法权关系。从而用法的语言描述即是，不仅政治秩序的构建旨在保障法权关系，政治秩序的构建本身也依赖这种法权关系。故而，霍布斯政治构建中人与人关系的原型，以及政治契约的原型，并非如麦克弗森所言，全然来源于当时资本主义市场中的经济活动，而至少有一部分来源于科学活动。

存在与表象的分离迫使生活在表象世界中的人只能凭借自身来构建政治秩序。故而独立于基于启示的神学和基于经验的历史学，政治哲学是存在和表象分离后，人构建自身秩序的尝试和努力的逻辑结果。在亚里士多德和柏拉图处，不仅自然世界有着真实的秩序，人感知这种真实秩序的理智直观的能力同样有着等级差异。认识论的秩序从而与存在论的秩序达成了一致。政治秩序之所以应当与自然秩序一致，是因为人能够认识到自然秩序的本质，而自然秩序则是和谐统一的。如果要在人的世界中构建和谐统一的政治秩序，就需要与自然秩序中的目的和等级差异一致。高贵者对应着高级的目的，低贱者则对应着自然事物未成熟的状态。此外，存在与表象的分离，不仅意味着自然与人的分离，也意味着人与人的分离，即人非社会的本性。人虽然受认识能力的限制只能生活在表象的世界之中，但人自身同样是世界中的存在。一个人对于另一个人来说，即是不可知的存在。由此，我们并不能够确知他人的幸福所在，只有他自己知道，并且他将有利于自身存在的一切行动和事物都视为正当的。由此这样一种个体的伦理主义成为霍布斯《论公民》的前提之一。哲学或科学活动是人在表象世界中生存下去的努力，单独个人对自身的保存需要人与人之间的合作，科学活动中的理性则是建立此种主体间关系的纽带，从而也成为《论公民》中的另一个前提假设。①

重新审视霍布斯的政治哲学和自然哲学之间的关系，可以发现二者同属于构建一个人能够生活于其中的整全秩序的努力。恰如沃格林所言，"人类被'抛'在这个地球的表面，而且不得不好好活着"。② 由此，在霍布斯的哲学体系中，关于世界运动的知识、人的生物性知识，尤其还有指向第一哲学的认识论知识，并不能够从《利维坦》处呈现的政治哲学中完全抽离。由于认识与存在的关系，国家建立于其中的人的生存处境，都需要通过一种呈现为自然哲学面貌的知识探究获得，所以并不能将《利维坦》中论述自然法之前的部分归之为自然哲学，从而省略不顾。恰当地说，它仍然是政治哲学的一部分。

---

① 霍布斯在《论公民》的献辞中提出了两条公民哲学的前提假设，其一是人的自然贪婪会总是希望将公共财产据为己有，其二是人的自然理性能够指引人努力避免暴死。见［英］霍布斯著：《论公民》，应星、冯克利译，贵州人民出版社 2004 年版，第 4 页。

② ［美］沃格林著：《政治观念史稿·卷七：新秩序与最后的定向》，李晋、马丽译，华东师范大学出版社 2019 年版，第 52 页。

三、分解综合的方法与政治学的地位

通过将霍布斯的哲学体系视为一种明确的构建秩序的努力，我们在他的自然哲学和政治哲学中找到了一致的基础和相互的关联。然而，问题并未解决。存在与表象分离的世界首先是人与自然、人与神相连的世界。即便自然的本质不可知晓，但人仍然生活于这个神所创造的自然世界之中。然而，人不仅生活在自然的世界之中，也生活在由人与人的关系构成的人的世界之中。这两个世界不仅不是重合的，而且从一个世界也难以推导到另一个世界的存在。再来看霍布斯在《论公民》的致辞信中提出的两条政治学原则就会更加清楚。在《论公民》中，霍布斯提出政治学的两条基础原则是个人试图占有共有事物的自然欲求和人试图逃脱暴死的自然理性。尽管存在和表象分离的世界以及哲学或科学的努力为这两条原则提供了封闭性个人等方面的前提条件，但是仍然不能构成这些原则的全部。封闭性的个人状态如果要具有伦理意义，理性带来的合作如果要能够发挥作用，前提是人的关系世界的存在。正是在人与人关系构成的世界中，封闭性的个人才有可能相互碰撞，对死亡的共同恐惧才能带来理性的合作。故而，霍布斯在《论公民》中提出的两条政治学基础原则，如果要生效，还需要另外一个根本假设，即存在着由人与人的关系所组成的世界。这一假设无法由运动的自然世界所推导，而只能单独做出。但由于人的世界作为一个整体，只能够在整全秩序之下，自然世界之中才能够得以想象，故而存在与表象分离的世界在逻辑上先于人的关系世界；并且由于人本身的生物性存在和认识能力没有发生根本改变，因此在人的世界中仍然面临着存在与表象分离的根本处境。也正因如此，尝试在人的世界中构建某种存在与表象统一的秩序才意义重大。从这一视角出发，菲利普·佩迪特对于霍布斯的批评是一种颠倒。佩迪特认为霍布斯错误假定了在人的自然状态中人总想胜过对方，但其实人在更多时候只是希望能够与对方平等。[①] 佩迪特的批评颠倒了不同世界的逻辑顺序。自然状态虽然属于人的关系世界，但是人的关系世界首先从属于一个存在与表象相分离的世界。

由此，虽然存在与表象分离的世界和秩序构建的努力共同奠定了霍布斯构想的自然世界和人的关系世界的条件，但是在完全展开政治哲学的知识探究之前，仍然需要一个新的假设，即人的关系世界的存在。在这个世界中，最小的分析单位并非个人，而是人与人之间的某种单一关系。然而，这一新的假设也带来了新的问题。那就是尽管霍布斯认为，自然哲学和政治哲学的努力在根本上一致，但是否仍然存在不用借助几何、生物知识，独立探求正确政治知识的可能？实际上，霍布斯对此作出了肯定回答，《论公民》本身即是这一回答的产物。此外，人们还好奇，《利维坦》和《论公民》所代表的两种不同起点的论证进路，是否有可能得出不同的结论？对这一问题的恰当回答，需要首先考察霍布斯认为适用于一切哲学或科学探究的方法，即分解综合的方法。

霍布斯的分解综合的方法具有一种机械主义的面貌，字面意思即是拆分和组合。这种机械

---

① ［爱尔兰］菲利普·佩迪特著：《语词的创造：霍布斯论语言、心智与政治》，于明译，北京大学出版社 2010 年版，第 5 页。

主义风格的气质导致了人们常将霍布斯的政治学说归类为机械主义国家观。例如罗尔斯①、吉莱斯皮②、李猛③等人都是从不同部件的组合和拆解去理解霍布斯的分解综合方法。吉莱斯皮甚至因此认为，在霍布斯处，政治学更加类似于一种工程技术，而非科学原理。这种对分解综合方法的理解模糊了霍布斯的论证实质，实际上是将 18 世纪工业革命以来工业技术的进步所赋予分解综合的含义代入了对霍布斯政治哲学的想象之中。如果说霍布斯曾将国家的构建与钟表的制作做过类比，那么这种"机械主义"也只能在一种隐喻的层面理解。在哲学知识的探究中，分解综合意味着哲学认识在经验知识的基础上的展开。分解，恰当的说法是分析，指通过对某一事物得以产生的可能原因进行分析，从而将推理进行到无需验证的原理层面。通过分析，人们可以知道某一事物产生的所有可能的原因。在这一基础上，再通过将这些原因进行综合并重新演绎到这一事物的产生，人们就得到了关于这一事物的知识。这一过程是纯理论性的哲学或科学活动。需要注意的是，在科学探究中，"事物的产生"并非实际的制作出这一事物，而是指通过这一过程，人能够清晰地想象出该事物的产生。实际的制作属于匠人的技艺，而非哲学或科学的技艺。故而，哲学或科学技艺的"分解综合"与匠人技艺的"分解综合"完全不是一回事，前者是纯粹的理性思维活动，后者则基于非理性的经验。霍布斯在《论物体》中，专门批评了以"匠人思维"来进行的对人的研究。对于人的分解而言，"我并不是将其理解为他的头、他的肩、他的臂等，而是将其理解为他的形状、量、运动、感觉、理性等"。④ 由此，分解综合的方法就不能以事物向人们呈现出的表象中的各部分为基础。为了获得国家的知识，通过分解综合的方法产生国家的过程也同样如此。在哲学或科学的知识努力中，对于国家的分解，并不是将其分解为城市和农村的组合，也不是将其分解为政治、经济、军事的组合，而应该基于一个恰当的起点。这一起点便是国家的本性或自然（nature）。

当我们从霍布斯的分解综合方法进入对事物的自然的探究时，就又回到了那个存在与表象相互分离的世界。由于我们无法认识到存在的本性或自然，从而亚里士多德意义上的事物的本性或自然就不能通过哲人的理智直观获得。当存在论的自然秩序崩溃之后，"本性"或"自然"一词并没有失去它的价值，而是在新的知识秩序中找到了它应有的位置。霍布斯将"本性"与自然存在的秩序相剥离，将它赋予了人的意志或目的的内涵。从而外在事物的本性并不在其自身显现，而在于观察者或使用者的目的。由此可以恰当地说，事物的自然存在于人对于该事物所欲求的目的之中。当人希望计算钟表的体积时，体积就是钟表对这个人而言的本性或自然。当人们欲求和平时，国家的本性也就呈现了出来。

---

① ［美］约翰·罗尔斯著：《政治哲学史讲义》，杨通进、李丽丽、林航译，中国社会科学出版社 2011 年版，第 58 页。

② ［美］迈克尔·艾伦·吉莱斯皮著：《现代性的神学起源》，张卜天译，湖南科学技术出版社 2019 年版，第 311 页。

③ 李猛：《自然状态与社会的解体：霍布斯自然状态方法的实质意涵》，载许章润、翟志勇主编：《人的联合：从自然状态到政治社会》，法律出版社 2014 年版，第 103 页。

④ ［英］霍布斯著：《论物体》，段德智译，商务印书馆 2019 年版，第 86 页。

　　对事物自然的分析提示人们，结论本身寓于人们的目的之中。如果人们的目的是探求和平，那么和平就是结论。从而无论是从感觉出发，还是从人与人的关系世界出发，结论不应当不同。尽管如此，最初的问题仍然没有得到恰当解决，即在何种意义上，能够不基于自然的、生物的知识，去理解政治哲学的可能。这需要我们结合霍布斯使用的分解综合的方法再次审视《论公民》的两个基础原则。根据上文的分析，《论公民》提出的人的"欲求"和"理性"两项原则依赖于存在与表象分离的世界，以及一个人与人关系世界的假设。这意味着"原则"并非不可动摇的，而是可以推导出来的。实际上，霍布斯确认了人的认识能力的限制，也就确认了知识本身的人为性。在知识追求的活动中，人只是在借助语词以形成没有矛盾的、前后一致的、其他人可以凭借理性共同确认的，从而能够清晰想象的表象。故而一项"原则"，就其是上一步推导的结果而言，是一项"结论"；而就其作为进一步综合的起点来说，则是公理或假设。一方面，通过不断地分析，任何一项看似合理的原则都能够分析到不能够再分析的第一哲学诸范畴。同时运动、时间、空间等范畴，根本上并不反映事物本身的真，而是指向不可还原的概念，这些概念能够直接在人的心灵中形成清晰的表象；另一方面，虽然假设可以由个人根据他自身的经验提出，但是假设如果要具有坚实的基础，需要符合两个要求。首先，这一项假设能够经由分析被还原到不可还原的概念，即自身即是一项推理的结论，具有逻辑的真。其次，这一项假设能够符合众人的直接经验，众人不用将其还原到不可还原的概念也能够接受。如此该假设便能够具有公理的地位，成为一项独立的、新的论证的起点。由此，政治的知识既可以通过分析到"欲求"和"理性"这两项公理，以确保自身的有效性，也可以从这一公理出发，通过综合的方法演绎出达到和平所需的知识。

　　正是"原则"作为"结论"和"假设"的双重地位，保证了《论公民》能够在不基于几何、物理的知识前提下将自身作为政治哲学知识的可能性。这样的论证进路，依赖于处于"中间地位"的"原则"的可靠性。因此，该进路也面临着双重风险，即自己不能够确保自身作为逻辑结果的真，同时有可能因不符合相当一部分人的生存经验而遭到拒斥。由此在形式上，霍布斯的政治哲学便呈现出了至少两种气质。一种是从不可还原的诸范畴开始，首先确认存在与分离的世界，再进一步在这个分离的世界中构建属人的秩序；另一种则是从同时符合逻辑结论和众人生存经验的公理出发，旨在说服公民同胞保卫和平的国家与每个人的利益是一致的，呈现出实践理性的气质。

　　将对《论公民》的两个基础原则的讨论应用于《利维坦》之中，可以发现，在《利维坦》中所呈现的政治哲学内部还存在着另外一类气质的知识类型，这类知识在今天被称为法学、行政管理学、政治经济学等，大多被归为社会科学一类。在《利维坦》中，这类知识是有关国家"身体"各部分的学问，存在于国家已经产生后，是对国家"身体"各部分的探究。对于此类知识的探究旨在防止国家因内部问题而解体。也就是说，霍布斯政治哲学中这部分的知识并不以建立国家为目的，而是以国家保存为目的。故而，这部分知识得以可能的前提是国家存在的假设。在霍布斯之后的历史发展中，一方面主权秩序在欧洲大陆普遍建立起来，另一方面启蒙运动的兴起和展开带来了人不断自我完善的希望，二者皆指向这类社会科学气质的知识。主权秩序的建立带来了强大的社会动员能力和高效运转的官僚体制，保障了科研活动、商业活动的进行。然而，主权秩序的弊端也日渐显现，卢梭对那些表面热衷于科学探究、商业贸易，实则虚伪的文明人发起了激烈批判。以政治经济学为代表的知识类型开始从霍布斯的政治哲学中分离出来，成为理解和批判主权秩序的工具。启蒙运动的蓬勃发展和推进为人带来不断自我完善希望的同时，也将一种带有社会科学气质的历史学、社会学、政治经济学等学科知识视为能够导向人类自我完善的指南。从而，在霍布斯处旨在防止国家解体的社会科学气质的知识类型便有了新的目的，至于这一新的目的是指向主权秩序的保存还是毁灭，则取决于新哲人对这一知识的运用。

四、认识秩序的民主化与人造秩序的悖论

霍布斯指出了人的认识能力的限制，认为一切知识的最初来源都是外界事物对人的感觉的作用。由此，霍布斯否定了亚里士多德和经院主义者那里的理智直观。但霍布斯不仅没有因此滑向一种否认知识价值的绝对的怀疑主义，还确认了人通过哲学或科学活动超越经验知识的可能。霍布斯在否定理智直观的同时，也否定掉了古老的存在论意义上的等级秩序。在这一秩序中，包括人在内的万物都有其恰当的位置，不同等级的人通过灵魂之眼洞察事物的能力也有着本质的区别。能够洞悉万物所处秩序的哲人，居于这一秩序的较高位置，而只能够凭借感觉认识事物的庸人则处于较低的位置。故而，随着霍布斯对这一等级秩序的摧毁，他也开启了认识秩序中的民主化进程。无论是从认识的逻辑起点出发，还是从公理或假设出发，人都能够获得正确的结论。尽管在霍布斯的年代还并不明朗，但这一起自认识秩序的民主化进程发展到托克维尔的时代时已经成为不可阻挡的政治民主化进程。随着民主化进程本身的推进，由霍布斯奠定的认识秩序又重新发生了分裂。经过18、19世纪的发展，孔德、马克思等新哲人发现，不同阶层、不同民族的人，由于缺乏共同的常识和生存经验，已经丧失了能够共同承认的公理。而新哲人根据自己的知识考察和秩序构建需求，也更改了知识的逻辑起点。由此，起自霍布斯认识秩序的民主化进程，在历史中的展开并没有带来一种普世秩序，反而导致了认识秩序本身的破裂和相对化。

霍布斯的智识努力体现了一种秩序构建的倾向。这种倾向要求哲人从人出发，凭借人自身的力量构建属人的秩序。然而一个几乎难以克服的困难总是会横亘在作出此类努力的哲人面前，即人只有在某种秩序之下才能具有实际的力量，而现在这种秩序又需要依靠人的力量来构建。这一困难不仅反映在霍布斯对国家秩序的奠基中，也反映在霍布斯对哲学知识所寄予的期望中。就国家秩序的奠基而言，一方面，以契约形式呈现的法权关系只有在国家秩序之内才有意义；另一方面，国家秩序的奠基本身就需要依靠一种自然状态下特殊的法权关系。正是在此种意义上，沃格林认为这一时代遗失了能够准确描述秩序的语言，从而陷入一种术语混乱。① 强大的主权权力需要依靠法得以产生，而法又需要依靠主权权力的保障才能够发挥作用。政治哲学在霍布斯思想体系中的地位同样反映了此种困

① ［美］沃格林著：《政治观念史稿·卷七：新秩序与最后的定向》，李晋、马丽译，华东师范大学出版社 2019 年版，第 59 页。

难。一方面，在一个存在与表象分离的世界中，人们对于时间、空间、质量等普遍事物的认知并不指向存在本身，但由于这些范畴不可还原并能够在人的心灵中形成清晰的表象，故而能够成为哲学知识的逻辑起点。从这一对普遍事物的认识开始进行逻辑演绎，人们能够认识不同特殊类型的知识。在这一层面，政治哲学知识位于哲学知识的末梢。并且，政治秩序构建的努力，依赖于认识秩序的前提，是新的整全秩序构建的最后一环。然而另一方面，由于真实的世界无法认知以及语言的存在论意义被剥夺，人所能够完全清楚的便只有他自己的目的。在这个层面，诸范畴仅仅是人认识事物的工具，而事物的本性或自然又取决于人的意志和目的。最终，人从对事物的研究中认识到的只是他自己。① 政治哲学指向众人的共同保存，探究和平共处的条件，而知识本身则是这一条件的一部分，故而政治哲学能够规定其他学科知识的目的。并且，人的其他目的，从对身体感官的享受到对太空的征服，只能够在政治秩序建立后，才得以可能。由此，政治学和政治本身完成了双重"翻转"。随着政治学知识跃居成为所有知识的首要地位，政治本身则成为秩序构建的先决条件。

对霍布斯及其同时代人这一困难的考察，将我们引向霍布斯思想中更深层次的结构问题。在霍布斯的思想结构中，经验处于一种尴尬的地位。一方面由经验获得的知识，是绝对的知识和哲学知识的前提，然而，另一方面，因为感觉具有一种"欺骗性"，所以经验知识并不可靠，需要哲学知识的修正。经验知识此种尴尬且矛盾的地位，揭示了格劳秀斯以降近代自然法学家们在秩序构建中遇到的困难的内核。格劳秀斯通过确认人的社会性小心避开了经验的地位和自然法内含的逻辑理性的矛盾，而霍布斯则将经验直接等同于感觉，使自身处在了困难的正中心。前文已经提及，存在与表象相互分离的世界以及科学活动的原型本身并不能够为霍布斯的政治哲学提供完整的基础，还需要一个人与人关系世界的假设。这一世界的存在本身并不能够从霍布斯的形而上学基础或神学基础中找到。人能感知到人与人关系世界的存在，意味着经验并不能够完全等同于感觉，因为人并不是通过生物感官来确知这一世界的存在的。由此，人在此岸世界的秩序构建并不能够忽略人在人与人关系世界中获得的生存性经验。如果忽略生存性经验，便难以解释好奇心、权力欲等复杂激情。因为这类复杂激情并不能够直接还原到单纯的身体欲望引发的自然激情。生存性经验遭到贬低的后果是手段和目的关系的混乱，这一混乱最初体现在《利维坦》中对定向思维序列和科学活动的讨论中。知识的获取由人的目的或意志引导，而人的目的则是满足自身的自然激情。好奇心本身作为激情，是获取知识的目的，然而，科学知识的获得离不开人所独有的一种定向思维序列。② 这种定向思维序列之所以为人所独有，是因为这种定向思维序列没有确定的目的，而是由好奇心推动，从而当人们想到某一事物时，人们会想"探寻其可能产生的一切结果"。③ 最终，好奇心既成为哲学探究的目的，又是达成

---

① 抛开沃格林和阿伦特政治观念的差异，对沃格林提示的 17 世纪自然法学家的困难的分析，确实能够导向阿伦特在《人的境况》中对霍布斯和笛卡儿做出的相关结论，即人最终遭遇的只有他自己。见[美] 汉娜·阿伦特著：《人的境况》，王寅丽译，上海人民出版社 2009 年版，第 206～213 页。

② [英] 霍布斯著：《利维坦》，黎思复、黎廷弼译，商务印书馆 1986 年版，第 30 页。

③ [英] 霍布斯著：《利维坦》，黎思复、黎廷弼译，商务印书馆 1986 年版，第 14 页。

哲学探究的手段。面对一个缺乏生存性经验的荒芜世界，霍布斯的秩序构建努力及其困难开启了后世哲学的两种进路。其一是在霍布斯的努力方向上进一步推进，不仅将认识奠定于感觉之上，还将人的行动界定为趋乐避苦，由此便开启了现代功利主义的先河；其二则是生存性经验的复归，由于植根于生存性经验的权力意志可以推动人本身的不断前进和提升，尼采从而展望超人的出现，并认为霍布斯"深陷困境"。①

① ［德］尼采著：《快乐的科学》，黄明嘉译，华东师范大学出版社 2007 年版，第 336 页。

在政治体中重建个体的本真性
——卢梭的政治哲学作为一种理性的方案

● 杜　量①

【摘　要】

个体的"本真性"理想是卢梭的整个哲学思考中的一个重要主题。他的政治哲学以理性的方式处理了与这个主题相关的问题。卢梭通过理性的演绎，描述了处在历史进程中的人类社会走向堕落，以及处在该社会中的个人的本真性遭到破坏的必然进程。然而，卢梭并不因此对人类理性能力的发展以及人类共同的政治生活本身持绝对悲观的态度。在其社会契约理论中，卢梭提出了人类社会内在的理性基础，即建立在"公意"基础之上的正义的社会结构。这个社会中的公民是有能力且勇于在政治的公共领域中公开地使用自身理性的人。

【关键词】

本真性；理性；政治共同体；公意；历史

个体的"本真性"作为一种道德理想隐含在卢梭的整个政治哲学的体系之中。② 虽然卢梭旗帜鲜明地赞扬了处在"自然状态"中的原始人的淳朴善良以及人天然的"良知"，但是他并不认为现代人能够倒退到这个过往的阶段中去。虽然作为一个浪漫主义者的卢梭幻想着能在绝然孤独的状态中与自己真实的存在保持亲密无间的接触，然而作为一个政治哲学家的卢梭却通过理性，对人的"本真性"在历史进程中遭遇的不可避免的破坏，以及人们恢复它的方法作出了严肃的反思。③ 无论是他对现代政治社会中的堕落奢侈风尚以及不平等现象的批判，还是他提出的基于"公意"的社会契约理念，都以理性之运用为其基础。

现在，在学界中不乏有着对"本真性"概念的反思与批判的声音。其中，一个重要的批判指向了这一概念中的个人主义内涵。诚然，卢梭的哲学对这一内涵的形成起到了重

---

① 作者简介：武汉大学哲学学院外国哲学专业 2019 级硕士研究生，研究方向为西方道德哲学与西方政治哲学。

② 参见赵波、王强著：《现代伦理"本真性"思想的道德哲学研究》，上海社会科学院出版社 2012 年版，第 99~109 页。

③ 参见高宣扬：《卢梭：浪漫主义的先驱》，载《上海交通大学学报（哲学社会科学版）》2012 年第 5 期，第 41~55 页；[美] 马斯特著：《卢梭的政治哲学》，胡建兴、黄涛等译，华东师范大学出版社 2013 年版，第 359~361 页。

要作用。然而，这并不代表卢梭就是一个绝对的个人主义者，也不代表"本真性"这一个人主义的道德理想在现代已经破产。毋宁说，"本真性"这一概念在现代社会中的潜力与前景已经在卢梭的政治思考中得到了体现。①

本文将分析，卢梭提出的一种理性的政治哲学是如何使个体重获其本真性成为可能的。

一、卢梭的政治哲学中的本真性问题

查尔斯·泰勒认为，"本真性的伦理"是现代社会中的一种新颖的道德现象。个人主义的"本真性"概念自近代以来就已出现，然而，作为一个道德概念的"本真性"却是源于18世纪的哲学家卢梭。在西方哲学史中，"本真性"的问题始于古希腊哲学家苏格拉底提出那个著名命题："认识你自己"。它关涉到一个人对自己的独特身份的认识。随着近代人类理性的发展和启蒙运动的开展，传统的等级制社会逐渐瓦解，与它一起消逝的还有人们的目的论的世界观。卢梭就是一个处在这一历史进程的关键时期中的哲学家。他通过对现代社会制度的弊端和其中的罪恶的批判，从道德层面上来捍卫"本真性"的理想。或者说，"本真性"概念在卢梭那里获得了一种道德的解读。②让·斯塔罗宾斯基在《透明与障碍》一书中，曾使用"意识的透明性"这一概念来概括卢梭的整个哲学体系的主题。"透明性"意味着"直接性"：它既指个人对他自身存在的真实且直接的感受，也指个人的心灵与他者的心灵之间无障碍的直接沟通。③ 在我们看来，一方面，这种"透明性"实际上就代表着一个人对自己独特身份的真切感知与正确认识；另一方面，由于这种"透明性"也关涉着主体与他者心灵之间的关系，这便暗示了卢梭所讨论的"本真性"理想将要遭遇的障碍。

可想而知，这一个体性的道德理想暗含着一种集体性的政治哲学的必要性，因为，它正是在人类的社会领域中、在现代社会的人与人的关系中遭遇了障碍。卢梭认为："奴役关系是通过人与人之间的相互依赖，以及将他们结合在一起的相互需要形成的。"④ 而卢梭的政治哲学对这一障碍的原因以及它的解决方案作出了反思。在他早期的作品《论科学与艺术》中，卢梭就已经将个体的本真性问题与政治现实联系在一起了：人类的物质

---

① 参见陆灵鹏、任丑：《本真性的批判与重构》，载《思想教育研究》2021年第2期，第83~88页；韩升：《查尔斯·泰勒：面向根源存在的本真性伦理》，载《华中科技大学学报（社会科学版）》2013年第2期，第21~26页；[加] 查尔斯·泰勒著：《现代性的隐忧》，程念译，南京大学出版社2020年版，第22~24页。

② [加] 查尔斯·泰勒著：《现代性的隐忧》，程念译，南京大学出版社2020年版，第53~58页。也可参见张容南《自主性与本真性——自由主义与社群主义的一种比较视角》，载《哲学动态》2008年第4期，第46~52页。

③ [法] 让·斯塔罗宾斯基著：《透明与障碍——论让-雅克·卢梭》，王炜译，华东师范大学出版社2019年版，第13页。

④ [法] 卢梭著：《论人类不平等的起源和基础》，黄小彦译，译林出版社2019年版，第60页。

需求使政治体与统治者对他们来说变得必要，这些不断增长的需求成为了便于统治者们操控民众的把柄，而专制统治者们所大力推崇的科学与艺术则美化了他们对民众的奴役。卢梭将处在这种奴役状态中却浑然不觉、甚至还对之高唱赞歌的人称为"幸福的奴隶"，他们遵从着"一种邪恶而虚伪的一致性，好像人人都是从同一个模子中铸造出来的：处处都要讲究礼貌，举止要循规蹈矩，做事要合乎习惯，而不能按自己的天性行事，谁也不敢表现真实的自己"。① 于是，人与人之间的关系就被蒙上了一层"面纱"，这令我们永远搞不清楚我们与之交往的人是怎样的一个人。从此，人内心的"本质"与他言行的"外表"之间产生了严重的断裂，这"表象"不仅迷惑了他人，而且甚至迷惑了自己。

卢梭将个人"本真性"的丧失归因于人类理性的发展以及不正义的社会制度的建立。尽管如此，"理性"却仍然在卢梭后来的两本极为重要的政治哲学著作中都发挥了关键的作用。尤其是在《社会契约论》中，卢梭试图通过提出一种建立在"公意"的基础之上的社会构想，来为上述问题提供一种解决方案。这种解决方案本身既是纯然理性的，也是集体性的。首先，它试图找出内在于任何一个正义的人类社会中的形式化原则。② 其次，"公意"是一种集体性的理性意志，它由一个国家中所有能够理性且自主地参与政治生活的公民所构成。

为什么这种集体性的解决方案对于一个个体性的问题来说可能是有效的呢？我们认为，它的一个必要条件是：该方案与卢梭对于"本真性"问题的理解在逻辑上是一致的。该问题包含着一个关键的关系性要素：要么是主体与其自身之间的关系，要么是主体与他者之间的关系。既然脱离了自然状态的人类不可避免地要与他者发生关联，卢梭便认为，我们只能通过最大限度地发展自己的理性，以使自身成为自主、自由的道德主体和政治主体，并建立一个理性且公正的社会，才能最终在（一种全然不同于自然状态的）社会状态中重获已经丢失的善良。在这个社会中，每个结合者都将他们的一切权利转让给这个集体。所有人都统一在"公意的最高指导"之下，个人意志不再发挥作用，没有人因为私欲而将自己的内心隐藏起来，人与人之间的意识的透明性得到恢复。这种"失而复得"的过程，或许可以在卢梭的这一表述中得到体现："由于每个个人都能从其他结合者那里得到与他转让的权利相同的权利，所以每个人都得到了他失去的东西的等价物。"③

二、"自然"概念作为现实政治体的一个尺度

卢梭在《论人类不平等的起源和基础》与《爱弥儿》两本书中所谈到的"自然"概

---

① ［法］卢梭著：《论科学与艺术的复兴是否有助于使风俗日趋淳朴》，李平沤译，商务印书馆2016年版，第12页。

② 在《社会契约论》的初稿"日内瓦手稿"中，卢梭这样写道："把人聚合在一起的方法有千百种，但把人结合在一起的方法却只有一种。因此，我在本书中提出一种方法作为构成政治社会的方法。"参见 ［法］卢梭著：《社会契约论》，李平沤译，商务印书馆2017年版，第16页。

③ ［法］卢梭著：《社会契约论》，李平沤译，商务印书馆2017年版，第18页。

念在含义上有所不同。在前者中的"自然"是事实性的，而在后者中的"自然"是道德性的。① 不过，无论如何，它们都与脱离社会状态的孤立的个体相关：前者构成尚未开化的"野蛮人"，后者构成"文明社会中的自然人"。尽管尚未开化的野蛮人没有自我观念，更没有善恶观念，但是，当他陷入一个不正义的社会，并被他人所奴役的时候，他便永远丧失了恢复他的本真性的可能性。

既然卢梭认为，人类的罪恶实际上是在社会状态中才产生的，那么这两种意义上的"自然"都在它们各自的解释模式中，通过对照的方式，凸显了人失去其本真性的过程或状态。前者构成了对人类现实社会的内在弊端的批判，后者构成了对近代以来以工具理性为范式的政治哲学的批判。

（一）"自然状态"与人类社会的历史进程的理性演绎

对人类曾经所处的"自然状态"的描述，在卢梭的政治哲学中，有着一个特殊的理论地位。他对该状态的描述到底是事实，还是仅仅是一种假设？对此，卢梭本人也持一种模棱两可的态度。② 不过，无论如何，它都是"事实性的"，即，它指示着人类历史中的一个可能的事实。同时，他也在《论人类不平等的起源和基础》一书中明确表示，他之所以要花费大量篇幅来讨论曾经处在自然状态中的人类，其目的在于澄清现代的政治社会之建立于其上的物质"基础"。这一基础与曾经的自然人据以生活的规则是完全不同的，因为自然人完全根据自身的本能来生活，而文明社会则建立在完全不同的需求与原则之上。③ 通过对这二者的比较，我们能够更加清楚地辨识出现代社会所处的特定历史阶段，以及其中所包含的不同于"自然状态"的特殊成分。

在《论人类不平等的起源和基础》中，卢梭一方面试图用他对"自然状态"的描述

---

① "自然之善"的概念对于卢梭在《论人类不平等的起源和基础》中所谈到的"野蛮人"来说是没有意义的，因为他们不具备自我意识与善恶观念。然而，在《爱弥儿》中，卢梭却认为"良知"这种对于善的情感是人的一种"圣洁的本能"，它为人们的道德感知提供了正确的指引。或许卢梭认为，在完全未得到开化的野蛮人和已经彻底堕入不正义的文明社会的现代人之间存在着一种中间状态，处在这一状态中的人已经具有了关于"自我"与"他人"之区分的意识和自由意志，并且出于自由而选择了保留并发挥对他人的"同情"本能，拒绝与他人进行攀比。处在这样状态中的人可以被称作"自然善的"。可参见吴增定著：《利维坦的道德困境——早期现代政治哲学的问题与脉络》，生活·读书·新知三联书店 2017 年版，第 347~360 页；[美] 马斯特著：《卢梭的政治哲学》，胡建兴、黄涛等译，华东师范大学出版社 2013 年版，第 210~217 页。

② 在《论人类不平等的起源和基础》中，卢梭在"导论"部分里说："不应当将我们能够了解的关于这个课题的研究视作历史的事实，而是只能将它们看作假定的、有条件的推理。"然而，在该书"第二部分"的结尾处，卢梭却说："这些论点只要根据理性知识就可以从人类的本性中推断出来，不需要借助赋予主权神授的神圣信条。"在此，他似乎认为，他关于自然人的"人性"的看法是一种"事实"，以这一看法为基础的演绎得出的结论也是事实。关于这个问题的讨论，可参见欧阳巍：《事实抑或假设——卢梭自然状态的性质之争》，载《湘潭师范学院学报（社会科学版）》2009 年第 3 期，第 140~142 页。

③ [法] 卢梭著：《论人类不平等的起源和基础》，黄小彦译，译林出版社 2019 年版，第 17~19 页。

来表明：人类虽然天生在自然禀赋方面有着微小的不平等，但是这种不平等的程度在现代社会的制度框架中却被过分地放大。另一方面，他试图揭示：为什么现实的人类政治社会，以及处在这一社会当中的个人的本性必然会走向堕落。

第一，卢梭在总体上对现代的人类社会持有一种批判态度。处在自然状态中的人类是单纯且幸福的。他们没有过于强烈的欲望，对同类抱有天然的同情心，对于"自我"和"他人"之间的区分以及类似于"公正"的社会性概念没有任何知识。然而，在文明社会中，人与人之间微小的自然的不平等在工具的帮助下被放大，这种被放大的不平等继而又被社会的所有权和法律固定下来。个人在社会中功绩的不平等是所有形式的不平等的开始，而财富的不平等则是所有形式的不平等的最终表现形式。"贪婪的野心，亦即不是出于真正的需要，而是为了凌驾于其他人之上的、增加自己相对财富的狂热，唤醒了所有人身上彼此损害的卑劣倾向以及隐藏的嫉妒心。"① 因此，"不平等"只是在人类的关系范畴中才出现，它产生于一部分人对另一部分人在物质上的倾轧，并借助人类不断膨胀的卑劣的激情而愈演愈烈。人与人心灵间的隔膜则产生于对"将他人用作自己的手段"以及"自己被他人用作手段"的意识。

第二，卢梭为这种必然的堕落提出的理由具有强烈的辩证法色彩。卢梭认为，几乎所有的政治体都会经历一个共同的衰败过程。"历史"本身将带来人性的堕落，而非人性的提升。② 一旦某个政治体得到建立，在随后漫长的历史进程中，其中人与人之间的不平等的性质将不断升级，"法律"这一国家的凝聚力将不断遭到削弱：国家的法律将会先后认可公民之间的贫富差别、强弱差别和主仆差别。这类差别必然会在历史的进程中被不断放大。如果要为这种必然性提供一个总体性的解释，那么卢梭答道："因为使得社会机构变得必要的弊端同样也使得对这些社会机构的滥用不可避免。……任何政府若是没有腐败和变质、始终完全根据它组建的目的运行的话，那么它本身就没有组建的必要。"③ 这意味着，任何处在历史进程中的人类社会的持存与它在形态上的不断变化，总是不可避免地与它固有的内在缺陷纠缠在一起。

借助理性的演绎，卢梭更为具体地描述了这一堕落的过程。人类的理性受到偶然的自然因素的刺激，因此得到发展，并在最初阶段就已经带来了灾难，即由财富的不平等所导致的人与人之间的全面战争。这时，人类才开始考虑组建一个政治社会。而这一项活动的最初动机并不光彩：它是当时一小部分富裕且机智之人想出来的一种计谋，其目的是让那些威胁到他们的生命与财产安全的贫穷的暴民为己所用。卢梭认为："这可能就是社会和法律的起源。它们为弱者戴上了新的镣铐，为富人配备了新的权力；不可逆转地破坏了自然自由，永远地确定了所有权以及不平等的法律。"④ 往后，社会内部的不平等现象只是

---

① ［法］卢梭著：《论人类不平等的起源和基础》，黄小彦译，译林出版社 2019 年版，第 75 页。

② 卢梭在《论人类不平等的起源和基础》的"序言"部分提到了"格劳库斯神像"，以它来类比长期浸染在社会环境中的人类的本质所遭受的侵蚀。另外，可参见斯塔罗宾斯基《透明与障碍》第一章中的"格劳克斯神像"一节。

③ ［法］卢梭著：《论人类不平等的起源和基础》，黄小彦译，译林出版社 2019 年版，第 90 页。

④ ［法］卢梭著：《论人类不平等的起源和基础》，黄小彦译，译林出版社 2019 年版，第 79 页。

在这些已经固化了的社会建制的帮助下不断扩大。

然而，或许令人比较吃惊的是，也正是在上述这本书中，卢梭最早地提出了关于人类政治社会的内在理性基础的洞见：政治体的建立乃是基于"人民和他们选择的首领之间订立的真正的契约。根据这个契约，缔约双方保证遵守契约中规定的法律，法律是将他们联合起来的纽带。在社会关系方面，人民将他们的意志整合成一个意志"。① 在上述历史的演绎与这段文字的对照中，我们能够更为强烈地感受到，卢梭悲观地认为，任何处在历史进程中的现实的人类社会，都不可避免地偏离其理想形态、走向歧途。

综上所述，卢梭之所以要分析处在历史进程中的人类社会，描述它的演化历程，其理由诚如斯塔罗宾斯基所说的那样：他只是想通过自己的理性来向历史"索取关于罪恶的解释"。②

（二）作为一种价值观念的"自然"以及对近代工具理性的反思

斯塔罗宾斯基认为，在《论人类不平等的起源和基础》中，卢梭提供了两套参考坐标："自然"的观念与"正当"的观念，用它们来评判现实的人类社会陷入的道德境地。③ 我们在这一节中将只讨论"自然"这一"坐标"。虽然未开化的野蛮人并不具备善恶意识，但是，他们自然的孤独状态至少为本真性的实现提供了必要的外在条件。不过，我们在这一节中将要讨论的"自然"概念不仅是一个事实性概念，更是一个价值与道德概念。如果把卢梭的自然观放到近代政治哲学的思想史中来看，我们将发现，卢梭借他的"自然"观表达了对近代政治哲学家们普遍采用的工具理性观，以及他们对人类心灵的忽视的一种批判。在此，作为一个价值坐标的"自然"概念，并不是指近代的一些政治哲学家所说的、可以通过工具理性加以操控的物理自然。它类似于古希腊政治哲学中的"自然"的概念，而对它的理解与重建则呼吁人们在政治的领域中重拾他们的实践理性。

首先，从马基亚维里开始，近代政治哲学家们就逐渐抛弃了古典政治哲学中的目的论成分。他们更加关注一个政治体能否保障其中的居民的生命与财产安全。以霍布斯为例，他将现代国家称作"利维坦"——一个由人类的意志聚合起来的强大无比的人造物。这个国家建立在人的两种自然本能的基础之上：畏死的情绪与对荣誉的贪婪。从这两种人类的激情中，迸发出了无尽的力量，这力量驱使着人们去改造、战胜、奴役自然。在这个政治体的内部，对"共同善"的关注消失了，每个人都过着相互隔绝的原始生活；国家的道德合法性丧失了：仅仅是出于对这个庞然大物的畏惧，它的臣民们还是在表面上对它毕恭毕敬，然而在内心中却敬而远之。④

在近代政治哲学的国家理论中，人类的理性的确发挥着极其重要的作用。列奥·施特

① ［法］卢梭著：《论人类不平等的起源和基础》，黄小彦译，译林出版社 2019 年版，第 87 页。

② ［法］让·斯塔罗宾斯基著：《透明与障碍——论让-雅克·卢梭》，王炜译，华东师范大学出版社 2019 年版，第 41 页。

③ ［法］让·斯塔罗宾斯基著：《透明与障碍——论让-雅克·卢梭》，王炜译，华东师范大学出版社 2019 年版，第 617~618 页。

④ 参见吴增定著：《利维坦的道德困境——早期现代政治哲学的问题与脉络》，生活·读书·新知三联书店 2017 年版，第 149~158 页。

劳斯认为，在近代自然科学的背景下，自然对人类呈现出一种陌生的、冷酷的面貌；理性作为人的一种自主性力量，因此与自然处在对立的关系之中。"只是因为他在宇宙中完全是个陌生人，他才成为主宰。只是因为他被迫成为主宰，他才成为了主宰。既然宇宙不可理解，既然对于自然的控制并不需要理解自然，那么，他对于自然的征服就并不存在什么可知的界限。"① 同时，人类理性力量的强大，还体现在他们对"内部自然"，即他们自己本性的理解与操控中："人们能够确保正当社会秩序的实现，因为他们能够通过理解和操纵激情的运作而战胜人性。"② 从此，现代人完全与自然隔绝开来，他的出生、成长与死亡的整个过程都发生在"现代国家"这种人类理性的造物之中。人类理性仿佛能控制发生于其中的一切；前所未见的历史"进步观"也正是在这个历史阶段中出现的。③ 以霍布斯与洛克的政治哲学为代表，理性的运用带来的是更有利于个人利益的合理的社会结构，而不是对社会德性与"共同善"的理性的激情。

其次，施特劳斯认为，古典政治哲学是更加具有"实践性"的，它关注于"价值判断"以及这种判断对现实的政治生活的引导。因为，古典政治哲学与前哲学的、前反思性的日常政治生活直接关联。例如，古希腊政治哲学家往往作为一个"优秀的仲裁者"出现在城邦的政治生活中，需要他们来"仲裁"的问题则是这类在每个共同体的内部都会存在的最为基本的冲突：哪种类型的人应该成为共同体的统治者。对这一问题的探讨涉及人的"德性"这一价值问题。人们自然而然地聚集在一起、组建社会并共同生活，因此，关于个人"德性"的价值问题也自然而然地产生，属于"自然的"政治事物。④

古典的政治哲学超越了政治常识的维度，甚至超越了政治生活本身的维度。对此，除了有单纯逻辑层面的原因，其原因还在于古典哲学家们意识到，"达到政治生活的终极目的不可能通过政治生活，而只能通过一种献身于沉思和哲学的生活。这一发现……为一切政治行动及政治规划设定了界限……它暗示哲学生活乃是政治哲学的最高主题"⑤。古希腊政治生活中的"自然"就是关于"德性"的价值问题；在政治秩序良好的时候，它隐藏在社会的组织结构与运行模式之中；在政治秩序出现问题的时候，它则暗含在人们关于最好的统治者人选的争论之中。现实的政治生活永远变动不居。然而，永恒的价值却始终在这个领域的外部指引着它内部的活动。这类价值永远需要由一小部分人来专门思索；以这类价值为研究对象的哲学能够为动变着的政治生活中的繁杂问题提供解决方案。

通过将卢梭的"自然"观与上述两个不同时期的观点进行比较，我们发现：一方面，卢梭的个体性的道德理想，的确与古希腊政治哲学中所隐含的"限度"相似；另一方面，卢梭的自然观也包含着他对近代政治哲学中的理性观的批判与改造。

一方面，"自然"对卢梭而言意味着一种永恒的人类价值。因此，它高于任何人为的

---

① ［美］列奥·施特劳斯著：《自然权利与历史》，彭刚译，生活·读书·新知三联书店 2016 年版，第 178 页。

② ［美］列奥·施特劳斯著：《自然权利与历史》，彭刚译，生活·读书·新知三联书店 2016 年版，第 198 页。

③ 参见 ［英］约翰·伯瑞著：《进步的观念》，范祥涛译，上海三联书店 2005 年版，第 23 页。

④ ［美］列奥·施特劳斯著：《什么是政治哲学》，华夏出版社 2019 年版，第 78 页。

⑤ ［美］列奥·施特劳斯著：《什么是政治哲学》，华夏出版社 2019 年版，第 78 页。

造物，高于工具理性的计算为个人带来的私利，高于在一个文明且堕落的社会中流行的各种虚伪风尚。人的天然的"良知"是他们心灵的最高指引。对自然与"本真性"的挚爱，足以为个体提供动力，使他摆脱现实的政治生活。这一点在卢梭的早期作品《论科学与艺术》和他的晚期作品中表现得尤为明显。对心灵与价值的关怀再度回到了现代政治哲学的视野当中。

另一方面，在其主要的政治哲学著作中，卢梭还是运用理性来对现实的政治社会展开批判，并对正义的社会结构进行探究。他直面近代国家的道德合法性的困境，呼吁建立一个"伦理共同体"。在历史造成人类堕落的强大倾向面前，理性甚至成为文明人得以自我拯救的唯一途径。就此而论，他对人类理性的强调程度比霍布斯有过之而无不及。这为他的哲学体系注入了巨大的张力。实际上，卢梭所批判的是一种工具理性，而他所赞成的是一种实践理性。

三、理性创建的国家与人性的改良

恩斯特·卡西勒①（Ernst Cassirer）在《卢梭问题》中谈到，在当时的很多卢梭的解释者们看来，卢梭的政治思想在《论人类不平等的起源和基础》与《社会契约论》之间存在着一个巨大的断裂；这种断裂表现为卢梭的政治哲学在基本特征上的矛盾，即在个人主义与集体主义、非理性主义与理性主义之间的断裂。② 然而，卡西勒却认为，这种矛盾只是表面的。这两本书的主题与方法在逻辑上是一贯的，甚至有必要被用来进行相互阐释。如果我们赞同卡西勒的观点，那么，我们应该如何理解这二者之间的联系呢？

总的来说，这二者之间的联系其实就存在于卢梭的"理性"观的一贯性之中。本文第一节已经提到，卢梭的政治哲学提供的集体性方案是如何可能解决个体的本真性问题的。不过，这种"逻辑一贯性"只是这一方案的有效性的一个必要性条件，除此以外，这种有效性所需要的必要条件还有很多。这一节将对这种有效性进行更加详细的说明，并分别回答如下几个问题：第一，这个由理性建立起来的社会与处在历史进程中的社会有什么区别？第二，处在这个理性社会中的个人与国家之间的关系是什么样的？个人与他者之间的关系又是什么样的？第三，这种政治理论暗示着现代人普遍持有一种什么样的理性观与历史观？

第一，卢梭在《社会契约论》中明确地强调了一个正义社会的理性基础。社会的"正义"的特征并不是上天赋予的，如果情况是这样的话，"那我们就既不需要政府也不需要法律了。毫无疑问，世上是存在着一种完全出自理性的普遍正义的"，③ 这一"正义"的理念，还有依照这一理念建立起来的社会结构是出于理性的，并且，它还需要在它的公民的内部获得普遍的认同。

① 现在中文学界通常将这位哲学家的名字译作"卡西尔"。然而本文所引用的译本的译者将他的名字译作"卡西勒"。为保持与该译者的一致，文章仍采用"卡西勒"这一译名。
② ［德］卡西勒著：《卢梭问题》，王春华译，译林出版社 2009 年版，第 45~46 页。
③ ［法］卢梭著：《社会契约论》，李平沤译，商务印书馆 2017 年版，第 41 页。

相反，在《论人类不平等的起源和基础》中，卢梭对现实的政治社会的运行逻辑给出的解释，却完全是以物质需求的必要性为基础的。无论是霍布斯、洛克，还是与卢梭同时代的很多法国启蒙哲学家，他们都是"幸福论者"，他们注重个人在现世生活中的财富与享乐，因此，他们提出的国家学说也必定主张国家是一个"利益联合体"，其目标是为生活在其中的人民带来个人利益的最大化。以这一理念为原则建立的国家看起来是务实且美好的，然而，它实际上是建立在自然必然性的基础之上，而非建立在人们出于理性的内在认同的基础之上。卡西勒说："在人类能够理解，并在内心深处领会到国家的必然性之前很长一段时间，贫困匮乏就已经迫使他们进入国家状态并使其一直滞留其中。"① 只要一个国家中的人民的理性能力未得到开化，只要他们无法对国家存在的理由，以及自己生活在其中的终极目的作出自主的理性思考，那么，他们很有可能是因为物质的需求而可怜地被捆绑在其中，因自身的无知而无法思考任何其他的可能性。

"但是现在，必须打破这种局面。仅仅是因为贫困而不得已创制出的国家将要变成由理性创制出的国家。"② 当这个国家是建立在"公意"的基础上时，当每个人都自知他们是自愿地居留其间时，当每个人既为自己制定法律，又自由地服从这些法律时，一个国家才从一种偶然的"利益共同体"变成了一种必然的"道德共同体"。这一"批判"与"建构"，或者说，这一"破"与"立"，正是卢梭分别在《论人类不平等的起源和基础》与《社会契约论》中需要完成的工作；这二者只是同一项工作的两个不同的组成部分。

第二，生活在一个理性社会中的公民，是生活在一个完全凭借他们自己的理性意志而建立起来的共同体之中，因此，他们处在一种自由的"在家"状态之中。在这种共同体中，法律不应该是一股凌驾于平民之上的强制力，不应该是有权有势的人用来牟取私利的工具；对于法律，人民并不应该拿出一种"诺诺连声地服从"③ 的态度。从否定的方面来说，国家主权的限度在于，它"不能对臣民施加对共同体没有用处的约束，它甚至连想都不敢想，因为按照理性的法则，没有理由的事，就不能做；按照自然的法则，同样是不能做的"。④ 从肯定的方面来说，人民之所以服从法律，是因为他们凭借自己的理性认识到了这种必要性，这种必要性就类似于自然规律的必然性，因此，他们也像服从自然规律一般地去自愿地服从这种"自由律"。对此，卡西勒给出了精妙的评论："当且仅当我们意识到，这种法律是如此自然，我们必须自由地去赞美它时；当我们将它的意义化为己有，并能够将此意义吸取到我们自己的意志里时，以上所述才有可能。"⑤ 在此，理性是一种人们用来克服"国家"对他们造成的异己感的自主性力量，因为，由理性创制的法律在此成为公民的理性意志的一种恰当表达。

在上述国家中，个人与个人之间的意识的透明性将逐步得到恢复。因为，其中的公民的意志已经摆脱了物欲的支配，不再是一种偶然的任意，"每一个结合者就不会有什么额

① ［德］卡西勒著：《卢梭问题》，王春华译，译林出版社2009年版，第56页。
② ［德］卡西勒著：《卢梭问题》，王春华译，译林出版社2009年版，第56页。
③ ［法］卢梭著：《社会契约论》，李平沤译，商务印书馆2017年版，第30页。
④ ［法］卢梭著：《社会契约论》，李平沤译，商务印书馆2017年版，第35页。
⑤ ［德］卡西勒著：《卢梭问题》，王春华译，译林出版社2009年版，第54页。

外的要求，否则，如果个人还保留有某些权利，如果在个人与公众之间没有一个能做出裁决的共同上级，如果每个人在某些事情上由他自己裁判。那他很快事事都会由自己作主，这样一来，自然状态就会继续存在，而结合就一定会变成暴虐的或空有其名的"。① 卢梭当然没有激进地主张，公民们应当将所有个人财产和所有其他个人权利全部上交国家，他在这里谈到的"个人必须转让给国家的权利"是每个人的"立法"的意志。只有这样，正义的国家的形式结构才能得到建立，这个国家才能保证其中的每个公民在政治身份与道德身份上的基本平等。

第三，我们看到，在《论人类不平等的起源和基础》一书中，卢梭已经积极地运用了理性的方法，这一方法也在《社会契约论》一书中得到了延续。正是通过这一方法，他才能推演出人类社会在历史中的各个演化阶段，并且，他才能在该书的一个片段中提出关于一个正义社会的内在的理性基础的洞见。卡西勒认为，卢梭对理性的这种运用与之前的很多近代法学家对理性的经验性运用十分不同，它在卢梭那里发挥了一种价值功能：借此，卢梭能够将自己的政治洞见提升到在人类历史中曾经存在过的所有政治共同体的具体形式之上。

卢梭的理性观改变了人们对社会问题的思考方式、树立了人们对理性的信心、高扬了人类的自由与尊严。当卢梭将人类的堕落归因于人类社会，而非任何超越性的、处在人之力所能及的范围之外的存在者时，他也在暗示，人类应该主动地对自己的所作所为担负起责任。理性应该、并且能够理解并解决由它自身造成的困境。如果说，近代政治理论将人类的本质看成拥有计算能力的激情的动物，人类因此无论如何也无法摆脱其天生的生物性特征，那么，卢梭则向我们高呼：这种想法错了！他说："放弃自己的自由，就是放弃自己做人的资格，就是放弃做人的权利，甚至就是放弃自己的义务。"② 天生就拥有"自由"的人，应该积极运用自身的理性，思考应该如何在社会的状态中依然保存自身的这项权利，如何反抗对自己这项根本权利的不公正侵犯。"正是从这一刻起，他从一个愚昧的和能力有限的动物变成了一个聪明的生物，变成了一个人。"③ 理想的社会状态应该是对人类自由的一种成全，而非侵犯；对于他之进入社会状态的那个"幸福的时刻"，他理应感激不尽。

卢梭的政治理论影响了他身后的政治实践。黄裕生认为，现代社会的建构原则之区别于古代社会的一个关键之处就在于："古代社会依靠外在权威形成共同体内部的伦理规范与组织原则；现代社会依靠内在自由形成伦理规范与组织原则。"④ "正是自由使人生活于人所特有的伦理-道德世界，也就是生活在相互性关系中。……作为自由存在者，我们人类个体之间首先需要相互承认与相互尊重各自的自由存在。"⑤ 如果说，对于人类本质的看法从古代到现代经历了重大的变化，即从将"理性"视作个人的本质到将"自由"视

---

① ［法］卢梭著：《社会契约论》，李平沤译，商务印书馆 2017 年版，第 18 页。
② ［法］卢梭著：《社会契约论》，李平沤译，商务印书馆 2017 年版，第 11 页。
③ ［法］卢梭著：《社会契约论》，李平沤译，商务印书馆 2017 年版，第 23 页。
④ 黄裕生：《论自由与现代社会的基本原则》，载《求是学刊》2016 年第 5 期，第 41~47 页。
⑤ 黄裕生：《论自由与现代社会的基本原则》，载《求是学刊》2016 年第 5 期，第 41~47 页。

作人的本质，那么，卢梭无疑在促成这一变化的过程中发挥了重要的作用。

在卢梭看来，人类在理性且正义的社会中的自由状态，远远高于自然人的狭隘的幸福状态。"卢梭毫不犹豫地将这种对于个人的伦理观提升到远远高于自然状态的地位。"① 这种自由状态是个体的一种更高的"本真性"。它只能通过人的理性的积极努力才能被获得，它只能在理性的政治社会之中才能得到实现，并由此完成它在自身的更高的本质阶段上的复归。

四、结语

本文想要解决这样一个问题：卢梭是如何通过他的政治哲学来为个体本真性的问题提供一种理性的解决方案的。这个问题包含着两个关键的层次：第一，一种集体性的人类组织形式如何能够解决一种个体性的问题；第二，理性是否有能力实现对个人道德状况的改善。

本文第一节指明了隐含在卢梭的体系性政治哲学著作中的"本真性"问题。这一问题关乎人的意识的"透明性"。尽管文明人在与他人的社会关系之中丧失了这种透明性，然而，卢梭认为，想要退回到原始状态中去是不切实际的幻想，只有一种更为理性的社会建构才能为上述问题提供一种解决方案。

本文第二节着重分析了构成卢梭整个政治哲学之起点的"自然状态"概念。不论卢梭对它的描述是事实还是假设，它都有着重要的体系性作用：第一，它为阐明人类社会的历史诸阶段提供了一个理性演绎的起点；第二，它为评价当前的人类社会中的堕落现象提供了一个理想的价值尺度。通过将卢梭的"自然状态"放在西方政治哲学史中来考察，我们发现，卢梭对近代政治哲学中盛行的工具理性观进行了批判，对人类永恒价值的思考因此又重新回到了近现代政治哲学的视野当中。

本文第三节分析了卢梭对他的政治哲学的正面论述。卢梭认为，基于公意的正义社会之所以能够帮助人们克服他们在现代社会中的自我"异化"，是因为它的公民是理性的、它的制度是建立在公民们的理性意志之上的。这些公民自在地生活在体现着他们的自由本质的空间之中。由于每个人都将自己的本质完全献给这个共同体，因此，他们不再拥有什么不同于共同体本身的关键性个人利益，他们也不再需要将自己的内心隐藏起来，人与人之间的心灵的透明性再次得到恢复。

最后，从卢梭的政治哲学中，我们看到了一种积极的人类理性观：人类要勇敢地面对他们的理性为自己造成的困境，要通过理性来努力寻求这些困境的解决方案；理性不仅应该，而且也能够去理解自己、拯救自己、在更美好的现实中实现自己，从而超越自己。

---

① ［德］卡西勒著：《卢梭问题》，王春华译，译林出版社 2009 年版，第 49 页。

罗尔斯正义论以"权利-制度"解答是否成立？

● 王甄玺①

【摘　要】

　　权利与制度原则是罗尔斯正义论的两大纲领，平等自由为权利原则，机会平等和弱者利益最大化为制度原则，两原则双向构建成为罗尔斯正义论的理论对象化景观，"原初状态"与"无知之幕"则成为罗尔斯权利与制度域题的"人为设计"。诚然，罗尔斯正义理论有相当大的进步性，但齐一化式定格与价值悬设理论形式无法脱落于"哲人王式"理路，更无法避免脱离现实的质料性。在历史唯物主义论域下，真正的正义路径根源于现实的、历史的"生产正义"而非"分配正义"，要实现真正的正义必须回到马克思"人类解放"之主题。

【关键词】

　　罗尔斯；正义；权利；制度

　　谈及罗尔斯，最负盛名的便是他的正义论。要还原罗尔斯（John Rawls）的正义理论路径，就必须"从权利到制度"线索揭示罗尔斯"分配正义"方法论。在罗尔斯正义论"景观"中，公民与政府间合法关系范式来源于"正义"，自由平等的权利是正义论的现实逻辑坐标系，机会平等与弱者利益最大化的制度原则具象为正义论合法性屏障。新自由主义学派在力证其理论合理性、优越性和完备性时，却忽略了《资本论》"幽灵"之警示：忽略经济差异，一味以形式正义"泥沙"佐证资本主义式正义，只能更加偏斜实质正义。反观罗尔斯正义论历史属性和设计初衷，在于改良资本主义制度本身对公共权利的"蚕食"，期冀以"分配的正义"淹没资本主义社会的"天然不正义"。还原罗尔斯正义论路径、属性和漏洞，既是对新自由主义形式正义的历史真相还原，更是对马克思主义实质正义的政治哲学澄清。

一、从权利与制度路径分析罗尔斯正义论

　　在罗尔斯正义论中有一条从权利到制度路径的双重显性坐标系，并贯穿其正义论中。其一，为保障公民各项权利，将正义作为现代西方社会制度首要属性。其二，取代边沁-密尔以来功利主义话语权。因正义属性要求"公民的诸种自由权利被认为是确定不移的"

---

　　① 作者简介：王甄玺，浙江大学马克思主义学院 2020 级博士研究生，研究方向为马克思主义政治哲学。

不能以工具理性、社会利益或福利最大化加以计算。① 若"萃取"正义论要领亦可分之为二,第一条,自启蒙哲学以来,个体平等自由权利具有不可剥夺性(权利原则)。第二条,若当下社会制度无法实现实质平等,社会制度要完成两个使命:(1)各式工作职位平等且公正面向所有人(机会原则)。(2)保护弱者利益最大化(差别原则),核心特征为"权利优先于善"(priority of the right over the good)。② 可以说,罗尔斯正义论佐证了施特劳斯检讨西方政治哲学"古今之变"潮流——善与美德研究让位于现实的权利与制度研究。③

第一,个人权利优先社会制度。罗尔斯在继承自然法权学说的基础上"续写"了洛克的人性论,认为个人先于社会而存在与社会联系具有后天性,因此,社会以共同体利益最大化之名逾越个人权利便不符合正义性。"任何一个人类个体都有权利以个体的尊严和自主为中心"作出判断与行为,不能被共同体的利益"挟持"。生命、自由、平等各项公共权利具有优先性,并非共同体决定个人而是个体权利规束共同体。通过区隔个人权利与社会联合体利益,罗尔斯认为,个人权利具有优先性,但个人依然需要依附共同体而生活,在契约中让渡部分权利具有合理性,但并不能佐证共同体利益大于个人权利。

第二,资本主义私有制是机会平等之基础。在罗尔斯正义论关于权利与制度双向建构路径中,资本主义私有制是保障权利原则与制度原则最为现实的政治保障。罗尔斯认为,资本主义私有制属性为"不平等的平等",可凭借"优势"阶层创造社会财富的创造性与积极性,实现公民自由平等的权利、机会平等和弱者利益最大化的正义要求。国家主体通过对市场行为进行事后规训,不仅使"弱势阶层"利益最大化,而且可以使得市场的自由平等价值推及社会,从而使资本主义市场机制迈向"不平等的平等"。

厚植于罗尔斯观点的德沃金认为,资本主义私有制不仅是市场机制中"不平等的平等",更是资源平等实现的"钥匙"。无论从公共资源、权利平等还是资源平等与公共权力讨论,实现社会层面的自由平等需要依附于资本主义私有制,甚至声称无论从任何经济理论出发均无法反驳"私有资源的一部分"在于个人对公共资源的支配权。④

第三,正义论的权利与制度原则可以解决个体与共同体之间的张力问题。在罗尔斯正义论域中,公共权利和共同体利益具有同一性,即使在个体权利优先的条件下亦能实现社会整体利益。所谓"诸社会联合体"景观即是对个体的狭隘、渺小、不足的超越,以指向公共利益的可实现性。罗尔斯认为,满足正义属性的社会制度可使分散的个体公民融入其中,并给予每个个体公民自由、平等、公正。只要遵循"原初状态"与"无知之幕"业已达成的权利与制度双重构建路径,个体利益与共同体利益便可以得到解决,公共权利与共同体制度价值可趋于同一。可以说,罗尔斯正义观试图以抽象化了的自然权利弥合个

---

① [美]约翰·罗尔斯著:《正义论》,何怀宏等译,中国社会科学出版社1988年版,第2页。

② 参见张国清:《罗尔斯难题:正义原则的误读与批评》,载《中国社会科学》2013年第10期,第22~40页。

③ [美]列奥·施特劳斯著:《自然权利与历史》,彭刚译,生活·读书·新知三联书店2003年版,第47页。

④ 参见[美]罗纳德·德沃金著:《至上的美德:平等的理论与实践》,冯克利译,江苏人民出版社2003年版,第57页。

体与共同体间的张力，预期正义论能够消解二者间的对立。在罗尔斯正义论下，权利与制度双向原则前提实质为每一个体自由平等权利业已定化，无论是对公共权利、共同体制度抑或正义价值阐释，罗尔斯认为正义论的聚焦点始终是"权利"。罗尔斯认为若从正义、平等、民主、自由等基本公共权利出发探寻相符合的社会制度，资本主义私有制一定是契合的，在此基础上所设计的"正义"便可凭借"权利"和"制度"超越个体和共同体张力之鸿沟。

二、罗尔斯关于权利与制度的正义辩护

卢梭在"一论"与"二论"均描绘了平等的政治自由和具有公共生活价值的自然状态，不平等的状态则是私有制与资产阶级法权的形成迫使不平等状态变得"合法"。深受自然法权学派影响的罗尔斯不滞于传统契约论，更期冀重新焕发启蒙政治哲学精神遗产，拟构"原初状态"与"无知之幕"对自然权利学派之自然状态图景进行再重筑，以探求社会基本结构的正义原则，并为之进行辩护。

罗尔斯关于权利与制度原则的正义辩护路径有两点。

其一，"正义优先于善"自马基雅维利-霍布斯以来业已成为定调，因此，正义论的权利与制度的正义设计便符合社会发展趋势。罗尔斯语境中，平等自由的权利原则与机会平等化、弱者利益最大化的制度原则需要与功利主义进行区隔，即在满足正义属性下的社会实现"分配平等"。以社会利益最大化为导向的功利主义，易将人的"价值理性"卷入"工具理性"，"最大"的利益虽然惠及了大多数人，但域值之外的少数人则沦为"他者"。罗尔斯认为，功利主义价值导向与启蒙政治哲学"人是目的"的主旨相抵牾。"正义优先于善"便意味着每一个个体均有自由平等权利，而非"大部分人"。正义论基于"权利"本身而阐发，经"无知之幕"过滤，在正义之价值排序中，平等自由权利优先于机会平等原则，指向了权利优先的有效性与正当性，如此，作为"理性人"的每一个个体都将选择正义论所规训的权利与制度"设置"。

其二，"原初状态"与"无知之幕"的设定还原权利平等与制度无设状态，"拟构"的论域中符合每个个体的普遍利益。罗尔斯汲取康德式"道德律令"，以理性向度指向正义原则之何以可能。罗尔斯认为，资本主义制度设计的"正义属性"具有实现"不平等的平等"可能性，以解决资本主义私有制度本身矛盾。作为正义理论双向路径的权利原则与制度原则，指向的是"分配正义"，在分配方面尽可能多地趋向平等。罗尔斯抛开社会外衣下的"原初状态"便"重筑"了政治社会之前的社会状态景观，"无知之幕"则限定主体选择的路径、范式与结果，以契合"理性人"的价值悬设，通过"抹去"社会地位、出身、资质，使得"没有人知道他在先天的资质、能力、智力、体力等方面的运气"。① 以达到理论下的人自然状态——自由且平等。罗尔斯认为，"原初状态"与"无知之幕"的理论"双悬设"可使公民避开"战争状态"以公平契约关系进行合作，因为"双悬设"的正义论原则符合自然法与理性法则，抹去了一切阻碍正义判断的外界因素。

---

① ［美］约翰·罗尔斯著：《正义论》，何怀宏等译，中国社会科学出版社1988年版，第10页。

在罗尔斯的正义理论辩护中,权利与制度原则始终是正义论的核心内容。社会基本结构是"制度"的集合体,制度作为自由平等原则、机会平等原则、弱者利益最大化原则的保障,不仅决定了社会成员的义务和权利,更对社会的经济关系、法权建构、发展前景起着重要作用。罗尔斯认为,正义是社会的首要美德,若不符合正义,无论法权景观和社会制度多么高效有序,都必须匡正或废除。要符合正义理论,社会基本结构便要契合权利原则与制度原则,同时,就资本主义私有制本身显性状况而言,"积重难返"的私有制和资产阶级式法权景观之合法性固然是"卢梭所指"的社会现实。罗尔斯必须回答:具有正义属性社会为何无法消除不平等"顽疾"?怎样才能最大化地消解不平等?在这场关于资本主义是否正义以及自己理论正确性的辩护中,罗尔斯的"切口"就在于:从启蒙哲学以来,权利的普遍性已被社会主流价值接受,制度规训自各国颁布的宪法、法律、法典以来便已成为合理"景观"。罗尔斯承认,资本主义私有制的"天然基因"带有不平等现象,但通过"分配正义"与自然法权的"重构"可以最大化地降低社会实质不公,达到正义理论的"预期",无论是以再分配形式倾斜弱者利益,还是在保障自由平等的基础上社会趋向机会平等原则等各式形式均是对资本主义私有制"天然基因"的"治疗",重筑的"原初状态"业已达成正义之共识,并非社会历史条件混合物,而在于假定"理性人"选择,因此,"正义"这位医生是"合格的"。

三、罗尔斯关于"权利-制度"域问题研究的现实落空

罗尔斯正义论域下权利与制度双向式建构、"原初状态"齐一式假设以及"无知之幕"式理性化选择在理论抽象高度无疑具有"弥赛亚"布道般的先验性,事实上,无论是自由平等的权利、机会公正的要求、弱者利益最大化的制度,抑或"原初状态"下的"理性人"共识均是罗尔斯的"理性假设",抹去了社会历史现实性,因而不具有可行性。

在历史唯物主义视角下,"分配正义"不能走向"实质正义",因为只要存在现实的雇佣劳动制,资本主义"天生的基因"——剥削与压迫便会存在。马克思早已批判过罗尔斯"分配正义"的"前辈们"——蒲鲁东与资产阶级庸俗经济学家,企图用新的社会"幻想景观"来弥补现实漏洞,并认为这些"幻想景观"具有可行性,当然,他们最终无一不走向"幻想"的乌托邦。

第一,以"原初状态"齐一化假设构筑正义原则注定了理论失效的质料性。"无知之幕"的背后是什么?是无差别的抽象人假设。现实的人在"无知之幕"中被抹平为不具有差异性的主体,因而面对公共权利与社会制度的双重现实难题来说,抽象的人性假设便无法成为主体。事实上,罗尔斯对人性之假设依然遵循契约论式"旧路子"裹足前行。以单一抽象维度期冀解决权利与制度关系,对于具有历史现实性的社会来说显然不恰,即使暂且不讨论何种程度的"抽象人"可构成权利与制度原则实现的充分条件,仅遮蔽主体现实性之构思便无疑会遭受现实可能性的"过敏"与不适。

在唯物史观论域中,"人的本质是社会关系的总和"。现实的人、人与人的关系必须纳入具体的物质生产关系中考察。若剥去人的差异性,仅仅用一把齐一化卡尺将人"拟构",与黑格尔式"绝对精神"并无本质区别,只能成为正义的"理性狡计"。罗尔斯一

方面假定所有人均为自由平等且肯合作的"理性人"，将"不合作"的公民撇开在外。另一方面，罗尔斯正义论厚植于"理性人假设"，"原初状态"与"无知之幕"筛选下"理性人"必将选择自由平等的权利原则。试问，以理论本身拟构抽象的人是否可进行自主研判？显然，罗尔斯无法解答。权利与制度之主体是现实的、具体的、历史的主体，而不是抽象齐一化的"一堆概念"。罗尔斯试图重新"召唤"的自然权利学派人性论本身即缺乏科学考虑，因此权利与制度双向原则设想不可取。如桑德尔指出，罗尔斯正义论之"败笔"就在于抛开了社会现实性探讨主体。① 在马克思看来，对现实性主体研判不能离开社会现实性，人并非形式上的抽象概念，更不是"人形"的动物，而是受着物质生产的"历史合力"制约，尤其是现实的生产方式。因此，马克思在《资本论》中指出，"绝不用玫瑰色描绘地主和资本家的面貌"，因为人一定是不同阶级关系和利益的承担者，所谓提及的资本家与地主仅仅是经济范畴的人格化，不离生产关系本身。罗尔斯的"前辈"及其罗尔斯本人理论的致命误点就在于忽视现实的物质生产关系，惯于依托理论抽象模式讨论现实问题。

第二，罗尔斯的"分配正义"无法兑现为实质正义。在罗尔斯的权利原则中，罗尔斯始终高举每个人都拥有"基本自由"的权利"大旗"，认为"由于贫穷、无知和缺乏一般意义上的手段"部分公民无法利用权利原则与制度原则的"叠合"的社会成果。② 因此，为了每个人都能平等地拥有生命、自由、财产权利，国家应适当地干预，以再分配手段促使经济的"分配平等"，并通过多种"组合拳"模式以实现"机会平等"原则。然而，在面对共同体制度与价值方面，罗尔斯则认为，国家和政府是公民权利的首要侵犯者，需要约束共同体权力，以保障公民各项具体权利。实质上，罗尔斯观点为个人"积极权利"与共同体"消极制度"。罗尔斯正义论割裂了权利与共同体制度之间"共生性"，无法辨析公共权利建立在社会和共同体制度之中，若无社会共同体，个人权利便是"一纸空文"。在权利与制度的双向建构中，公共权利的实现有赖于社会制度之健全。以历史唯物主义观之，只有政治共同体才具有立法权与制定政策法规的权力，法律之制定与完善在于维护公共权利平稳运行。政治共同体的经济机关掌握税收，实现社会再分配与制度社会公平正义有赖于足够的资金。要实现"公民机会平等原则""弱者利益最大化原则"，没有共同体制度调节与规范，正义的原则便无法有效地公平分配每一个体。

诚然，罗尔斯所推崇的"积极权利"优先性侧重反驳功利主义所持社会利益最大化观点，但从理论的现实性来说，罗尔斯正义论止步于"精致的个人利己主义"，不仅不具有现实性，更蜕变为"正义的反面"——精致的形而上学。在马克思看来，共产主义的正义区别于资本主义式的"伪正义"，马克思所指向的正义并非财富的"合理分配"，而是消灭"剥削者"，以人的自由全面发展代替资本的"唯我独尊"。如金里卡所言：罗尔斯的正义仅仅是致力于如何尽可能使财富平均分配，马克思则指向了消灭资本主义天生的剥削与伪善。"在生产资料共同占有的基础上，重新建立个人所有制。"③

① [美]桑德尔著：《自由主义与正义的局限》，万俊人等译，译林出版社2011年版，第124页。
② [美]约翰·罗尔斯著：《正义论》，何怀宏等译，中国社会科学出版社1988年版，第202页。
③ 《马克思恩格斯文集》（第5卷），人民出版社2009年版，第874页。

第三，罗尔斯权利与制度设计无法避免"乌托邦宿命"。罗尔斯的正义论并非具体的社会制度设计，而是具化为了权利原则和制度原则，旨在"避开"资本主义私有制"病症"本身以开"药方"。罗尔斯认为，具有正义性的社会制度应最大限度地实现平等。为了实现这一制度目标，罗尔斯尤为推崇"机会平等"原则和"差别原则"。"机会平等"旨在消除来自后天影响所形成的不平等事实，而"差别原则"则是对社会弱者进行社会性补偿，以"社会合作"和"再分配"为路径对出身较差和天赋较低之公民给予"后天弥补"，从而缩小与优势阶层的"起跑线"差距，社会制度正义与否正是以公共资源的分配方式得以体现。

事实上，罗尔斯所做的工作恰恰是避开资本主义"癌症"以治疗资本主义。即使暂时搁置以何标准确定具有获得弥补资格的弱势群体，单是"拟构"机会平等和对差别进行补偿的平均化原则本身便不具现实性。在正义论域中，罗尔斯认为只有遵循"权利原则"与"制度原则"的有机互动，资本主义制度便能不受"自身癌症"影响，"不仅将在制度形式上保证平等，而且能够接近事实上的平等"。在多元文化互融的资本主义制度下，罗尔斯理论景观体系仿佛精心设计的"空中花园"，精美却缥缈，因脱离现实根基，只能成为一场"伟大的思想实验"。在具有社会历史现实性之社会政治共同体中，撇开资本主义私有制本身，期冀实现平均分配的制度设定无法现实"落地"。

在马克思看来，在资本主义社会起决定作用的乃是"资本逻辑"，避开资本主义私有制本身以高举"正义"大旗，是可笑荒谬的话术，更遑论自由、平等、公正。现实社会资源的有限性成为了"社会实质正义"最强大的制约力量。倘若社会共同体的社会资源极大充裕，完全的实在正义才有可能性，更不需要罗尔斯等"分配正义"的理论建构，公民业已具有"按劳分配与各取所需"中的社会条件，在其中"自由个性"与人的自由而全面的发展。然而，在社会资源的有限性构成了现实社会的现实"景观"，罗尔斯期冀以"分配正义"的理论分配方式进行"乌托邦式"的等额划分和"弱者补偿"必然会牺牲效率，不仅不能使理论成为现实，更无视社会物质生产，单纯就价值谈价值，以一种抽象的、非现实的方式来讨论"正义"问题使得真正正义的社会制度——共产主义制度被新自由主义正义话语权所掩盖。

诚然，罗尔斯正义论关于权利与制度原则的双向建构路径回答了如何设计资本主义制度正义性问题，将"正义"视为社会制度的首要属性，从正义理论本身构建出权利原则与制度原则，为政治哲学的发展提供了制度属性的细微观察，既发扬了启蒙政治哲学以来的"权利"使命，更期冀兑现"人是目的"的社会制度理想。但是，以历史唯物主义考察罗尔斯的"分配正义"理论，无论是权利维度还是制度维度，罗尔斯试图设计的现实主义的正义体系既缺乏现实根基，更没有指向资本主义"弊病"本身——资本主义私有制。因此，罗尔斯为资本主义开出的"药方"——"分配正义"无法对资本主义"顽疾"有效。如恩格斯所言，"一切社会变迁和政治变革的终极原因……而应当到生产方式和交换方式的变更中去寻找……应当到有关时代的经济中去寻找"。① 正义理论本身作为意识形态是上层建筑在经济基础上的表现，妄图撇开社会现实的物质生产方式与交换方

---

① 《马克思恩格斯文集》（第3卷），人民出版社2009年版，第547页。

式，仅仅以哲学理论"拟构"所谓的"正义"只能成为正义的"理性狡计"。对资本主义走向"奴役之路"破解，需要抓住资本生产、流通、增殖的运动规律，不将矛头指向"资本逻辑"的"改良"实质为正义事业的倒退，因此，罗尔正义论关于"权利-制度"的研究路径无法避免"乌托邦之宿命"。

饭圈文化中的权力关系探析
——基于福柯的权力理论

● 李雨舟①

【摘　要】

"饭圈"文化是近年来非常火爆的一种亚文化形式。"饭圈"意指由喜爱同一偶像的粉丝群体所组成的社群。作为现代性社会的一个缩影,"饭圈"是一个非常成熟的分工明确的结构化自组织,其中权力关系无处不在,又稳定无比。从福柯的权力理论入手对"饭圈"文化进行分析,我们可以非常直观地看到"饭圈"中权力关系的生成逻辑以及运作方式,理解"饭圈"文化中超强的生产性和对抗性,从而进一步看到"饭圈"中被这种规训权力所控制的个体的生存状态。由此,我们可以反观自身,身处更大的现代性规训社会之下,我们应该如何"反抗"。

【关键词】

饭圈文化;权力;福柯

一、"饭圈"结构初探②

(一)"饭圈"的基本含义

"饭圈"是近年来逐渐步入大众视野并日趋火爆的一个新鲜名词,意指由喜爱同一偶像的粉丝群体所组成的社群,主要通过网络社交媒体进行集结。"饭"即"粉丝(fans)","圈"则表现了这些群体与其他非粉丝群体的边界与区隔,强调着对偶像的效忠。"饭圈"的生成和运营主要基于粉丝对于偶像的强烈认同和热爱,以不同偶像为中心和目标而形成的不同"饭圈"首先在本质上是一个个通过网络联系的情感共同体。在此基础上,出于

---

① 作者简介:李雨舟,武汉大学哲学学院伦理学与政治哲学2020级硕士研究生,研究方向为应用伦理学。

② 由于饭圈文化是一个新兴的社会现象,并不属于一个成熟的学术研究对象,因此本文中关于饭圈文化的内容大部来源于日常生活中的观察与实践经验的总结归纳,虽然笔者已经经过大量考察尽量采用了具有代表性的叙述,但部分表述仍然可能具有偶然性,这方面的不足可能需要更加深入的社会学调研来弥补,但笔者认为这种不足并不会影响文章对其权力结构进行哲学性分析的思路和结论。

对共同目标的追求与维护，"饭圈"在形式上更是分工明确、制度清晰的结构化组织。①

（二）"饭圈"的形成与运作模式

"饭圈"的形成与运作模式主要分为三步。②

第一，资本进驻经纪公司，经纪公司包装推出艺人，给该艺人打造一个有记忆点的"人设"（强调其某方面的优势），并且负责艺人公关，吸引第一批粉丝，给予这些粉丝很好的福利以进一步绑定粉丝，从而初步打造出一个"偶像"。

第二，如该偶像有了一定知名度，粉丝数量也逐渐提升，便会出现老粉/新粉、大粉/小粉的区分，更早成为粉丝的老粉以及为偶像付出更多（精力、金钱等）的大粉自然而然就会在粉丝群体中拥有更多的话语权。至此，粉丝自动开始集群，在老粉大粉（以下简称"粉头"，也即核心层）的引导下开始有组织地为偶像做数据、刷流量，"饭圈"初步形成。

第三，经纪公司会联系作为"饭圈"核心层的粉头，给予其更好的福利，让其带领"饭圈"配合公司对于艺人的宣传工作，营销号和众多商业平台也会发布艺人相关信息来煽动粉丝情绪，同时，"饭圈"内部分工也更加专业化，明确区分出"打投组""物料组""反黑组"等团队，保证技术、策划、宣传、传播功能的相互配合，由管理层实时发布任务，组内人员随时待命，领活办事，进入小组通常是自愿的，也几乎没有门槛，但各组内均有严格的打卡考核制度，如果不能达标则会被踢出群组。

这样一来，偶像的命运便与"饭圈"息息相关，能不能吸纳并绑定更多的粉丝以及粉丝在做数据和投入资金方面的能力，逐渐变成了"偶像"实力的重要组成部分（当然也是经纪公司资本获益的重要来源），偶像的人设也会由于饭圈的反哺而随时调整并逐渐完善，某种意义上，偶像实则演化为粉丝进行情感投射、身份归附、欲望想象的对象与载体。

综上，我们可以直观地看到，"饭圈"的结构已经非常完整，运作模式也已非常成熟，与当代公司企业几乎无异，然而其中运转的动力却好像仅仅来源于粉丝们对于偶像的认同与热爱，很少涉及金钱利益。然而，真的仅仅是粉丝的"用爱发电"就能使得饭圈文化如此火热吗？

（三）"饭圈"的控制结构

显然，还有一种强大而隐蔽的幕后推力被大众不经意地忽视了。在饭圈运作模式中，我们似乎很难看到资本的出场，然而细细盘点，资本却才是真正推动"饭圈"疯狂运转的操盘手。

根据前文可知，饭圈传播存在一种独特的控制结构：核心层—管理层—基础层。居于

---

① 《学术前沿》编者：《"饭圈"文化的深层机理》，载《人民论坛·学术前沿》2020 年第 19 期，第 4 页。

② 参见曾庆香：《"饭圈"的认同逻辑：从个人到共同体》，载《人民论坛·学术前沿》2020 年第19 期，第 14~23 页。结合日常经验总结而成。

顶部核心层的粉头，实际上基本由资方控制。"他们与资方关系密切，有的就是明星团队成员。他们会被邀请加入明星行动策划创意之中，与资方、明星商议发展大计，因而，也常是粉丝羡慕的对象。"① 在粉丝之中，他们由于消息灵通且追星经验丰富，会自然而然地拥有绝对的话语权，成为意见领袖。"一方面，他们会将资方意图千方百计地通过管理层传达给饭圈成员，为粉丝设计、引导行动方向，确定规定动作；另一方面，管理层吸纳粉丝意见，也能够传递或融入明星发展蓝图之中。"② 而位于中部的管理层则是三方之间上传下达的桥梁，基于完善的运作机构而成为饭圈文化中显在的控制力量。位居基础层的是饭圈成员，他们出于情感、兴趣等目的参与活动，提供关注、制造事件、贡献流量、壮大队伍，在核心层和管理层的引导下控制媒介事件，从而通过社交平台的算法来控制流量，最终把控社会公众的关注。由此，由资本牵头的饭圈传播系统形成了一个闭合循环，严密的逻辑反过来自动维系了资本控制的牢固性。

另外，在此过程中，经纪公司作为资本操控方也会想尽一切办法煽动粉丝从而争取利益最大化，比如成立专门的数据统计机构，在固定时间推出显示明星排名的统计坐标以"鞭策"粉丝打榜。比如，时不时散布艺人黑料或进行炒作以制造舆论事件激发饭圈热度等。资本为粉丝们营造了一个幻境，粉丝群体似乎可以通过新增资本方式影响偶像进退，这让粉丝们相信，他们在为偶像辛苦打投的同时，也在为实现自己的梦想努力付出，这也是实现个人价值的一种方式。然而，追梦的道路从不允许轻易言弃，追星行为逐渐疯狂，作为与控制力毫无关系的粉丝个体而言，他们逐渐被商业资本套得更深。③

（四）为什么要探析"饭圈"文化中的权力关系

可以说，饭圈系统层级鲜明，资本控制力强而隐蔽，形成了富有特色、运作有力的自组织结构——在没有外部指令的条件下，"饭圈成员按照相互默契的规则，各尽其责协调行动，自动地发挥职能作用，共同提升了饭圈文化的影响力"。④ 饭圈组织的形成是自发的，粉丝们自觉地加入这个群体并遵守组织内的规则，这显得非常自由。然而，饭圈成员却又似乎总是受着某种约束，包括不能随心所欲地按自己的想法在社交平台上表达对偶像的喜爱（会影响数据或者招黑，等等），也包括在资本控制的压力下不得不拼尽全力地去为偶像打投做数据（否则可能被其他粉丝排挤，认为你"不够爱哥哥"），诸如此类，都是作为一个普通粉丝在加入饭圈之前所不曾面临的状况。由此可见，饭圈当中必然存在着某种权力关系，不经意地渗透每一个参与者的意识，对权力关系进行进一步探析，有助于我们更深入地理解饭圈逻辑，进而发现其中存在的一些问题。

在这里值得一提的是，严格来讲，"偶像"作为饭圈文化的中心词，不同于演员、歌手、舞者等靠自身才能和作品发光以营利的艺人，而是以贩卖人设为核心的"养成型"

---

① 孟威：《"饭圈"文化的成长与省思》，载《人民论坛·学术前沿》2020年第19期，第55页。

② 孟威：《"饭圈"文化的成长与省思》，载《人民论坛·学术前沿》2020年第19期，第55页。

③ 参见顾向栋：《通过肖战浅析饭圈的属性、生产与权力结构》，载《新闻研究导刊》2020年第13期，第62~63页。

④ 孟威：《"饭圈"文化的成长与省思》，载《人民论坛·学术前沿》2020年第19期，第56页。

艺人，他们的主要任务是想办法让粉丝陷于其"阳光光环"，将精神寄托于他们，再反过来像购买商品一样为这种感情买单。正因如此，偶像才需要为自己任何影响粉丝情绪的行为负责。然而，在如今这个流量为王的时代，作为资方的经纪公司已经不管自家艺人究竟是不是严格的人设"偶像"，反而很自然地追求饭圈粉丝们为艺人带来的流量，而粉丝们也在数据面前杀红了眼，从而不由自主地以自己的付出为筹码绑架了艺人的相关行为，导致非"偶像"型艺人如果作出不符合粉丝心意，或者说不符合粉丝心中"人设"的事情，就会切实地冒犯到粉丝，进而出现很多"脱粉"甚至"回踩"的事件，造成一些恶劣影响。然而从本质上来讲，非人设"偶像"型艺人本就不具有严格迎合粉丝的义务，粉丝也不应该对这些艺人有类似于对"偶像"那样"养成"的期待。这些艺人更应该专注于作品，最多也就是迎合市场，如果过多地被粉丝束缚，反而不利于其作品的发展，而这便是当前许多"饭圈"乱象形成的原因之一。在某种意义上，这种现象是由资本的僭越造成的，经纪公司变相给了粉丝超出控制结构的期待，于是粉丝的失控也就变得自然而然。这从另一个角度证明，饭圈内错综复杂的权力关系影响着权力终端的每一个人。

二、饭圈文化中的权力关系探析

（一）为什么选福柯的权力理论——压制性权力与规范化权力的对比

传统的权力理论关注的是谁掌握权力，谁实施权力，这种权力倾向于强迫性、压制性的，常常和政治、战争、手段联系在一起，强调有权者对无权者的一种压迫或者是支配。[①] 政治学中的权力就从宏观上体现了这种压迫性的权力观。比如在马克思的权力理论中，权力被限定在政治经济领域，产生于阶级统治的需要，统治者利用权力来维护自身经济等各方面利益。在马克思看来现代国家的实质就是权力，国家被看作镇压性的暴力机器，配合意识形态进行运作。君主或者统治阶级从权力中心出发通过国家机器对没有权力的个人进行支配和控制，而统治阶级的意识形态则通过法律、教育、媒体来维持统治秩序和合法性，禁止和排除那些可能对统治带来危害的行为。在这种权力理论中，权力无疑仅仅是统治阶级用以维护统治的一种工具和手段，其存在是非常集中且明显的，被统治阶级很自然地服从于拥有权力的统治阶级，再进一步被剥削和压迫。[②]

在此基础上，社会学的奠基人马克斯·韦伯将这种支配性的权力观延伸到了我们的社会关系中，除了上下级之间，朋友、恋人之间同样可以存在权力关系。他将权力定义为"能够以有利于强化行为者自身意志、利益、价值观的方式不对称地影响其他行为者作出决定的能力"，是"在社会行动中遇到参与行动的他人反对时也要实现自己意

---

① 胡颖峰著：《规训权力与规训社会——福柯政治哲学思想研究》，中央编译出版社 2012 年版，第 128 页。

② 参见曲广娣：《马克思主义权力观和韦伯、福柯权力观比较》，载《清江论坛》2016 年第 1 期，第 65 页。

志的机会"。① 在韦伯看来，只要出现一方对另一方的服从，任何一种社会关系都有可能构成权力关系。因此，权力变得无处不在。韦伯干脆将这种权力具象为支配权，并转过头来考虑权力的来源，侧重于权力的合法化，认为支配权的有无取决于被支配者是否服从这个权力关系。由此，权力从主体向对象开始倾斜，权力的范围也变得宽泛起来。

以上提到的两种权力虽然研究对象和侧重点非常不一样，但总体来说都属于压制性的权力（repressive power），这也符合我们日常话语中对于权力的理解。然而，福柯却从全新的角度诠释了权力，提出了一种规范化权力（normalizing power），或称规训权，以更微妙的方式在现代社会中起作用。压制性的权力强迫我们去做我们可能不想做的事情，但规范化的权力却让我们去做我们想做的事，它让我们变成会按照自己的意愿自动完成社会希望他们做的事的那类人。比如，我们不偷东西，不是因为我们害怕被抓进监狱受到惩罚，而是因为我们认为偷东西是不对的，并没有任何成为小偷的欲望。福柯认为权力不仅有否定和压抑的功能，也还有肯定和生产的功能，可以潜移默化地督促人们遵循相应的社会规则，形成符合社会要求的价值观。权力不像传统理论中所叙述的那样能够独立存在，相反，只能在关系中存在。由此，权力的无主体性变成了其最基本的特征，没有任何人对我们施加权力，"权力也不再依靠冷硬的法律规约和惩罚制度，它通过这个社会的每一个人而进行，在一种无形的规约之下，我们自发地按照规则行事，变成自觉服从的主体"。② 权力根据某些有效的策略，通过种种不合常规的力量，把理性的他者（对立面）转换为维护理性的工具。

从这一点来看，饭圈显然是由粉丝们自由加入而形成的，因为没有任何人强迫你喜欢某一个偶像，成为他的粉丝，再进一步加入饭圈这个专业的粉丝机构。但进入饭圈之后，每个人都自发地参与了饭圈规则的建立，并且严格地遵守这些规则。虽然违反规则的人会被逐出群体，但这严格来说算不上一种惩罚，而只能说是一种边界和区隔。在这样一个自发形成的圈子里，每个人似乎都是非常自由的，你不需要被迫服从于任何一个人，你只是基于自己对偶像的爱在全身心地为他付出，听从核心层和管理层的调度也只是为了更好地实现自己的目标，而这也是饭圈里所有人共同的目标。在不知不觉中，权力关系弥漫开来，权力来源于粉丝对偶像共同的热爱，又反过来作用于每一个粉丝，使得饭圈规则内化于他们自身，他们自觉地维系着这个圈子的和谐与发展。同时，由于饭圈的行动会影响到偶像和经纪公司的切身利益，所以他们也受到饭圈的制约，因而也会自发地遵守饭圈规则，处理好和饭圈的关系，从而也会影响饭圈的运作。在饭圈文化中，权力显然不归属于某一个特定的个体，但却真切地影响着饭圈相关的每一个人。在饭圈权力这张大网中，人既处于服从的地位，又同时运用权力。因此，使用福柯的权力理论来探析饭圈文化中的权力关系，无疑是最合适也是最贴切的。

① 孟威：《"饭圈"文化的成长与省思》，载《人民论坛·学术前沿》2020年第19期，第57页。

② ［法］米歇尔·福柯著：《福柯说权力与话语》，陈怡含编译，华中科技大学出版社2017年版，第243页。

（二）饭圈文化中权力的来源与形成

不同于主流认为权力压抑真理的观点，在福柯那里，真理、知识和权力自始至终都是以对抗的形式纠缠在一起的。真理产生于每个社会内部存在的场域，规定了一定的主体、对象和知识规则。各种力量在这个场域之中不断碰撞，由此，话语开始形成，不仅是合乎规则语言的集成，也是真理规则的形成。在话语之中，权力得以体现和彰显，这实际上就是一种规训的过程。真理和知识由权力创造出来，通过话语进行传播，使社会中的人们相信这些真理和知识，时刻提醒人们检查自己是否符合这套权力——知识运作的标准，从而又反过来建构权力，巩固权力的合法性。因而，某种意义上，知识就是权力的代表和化身，而话语，就是使这种权力能够切实发挥作用的手段。①

在饭圈文化中，粉丝们通过社交媒体进行集群，他们在话语交流中了解到彼此都是某一位偶像的粉丝，在他们那里，"偶像是最好的""一定要维护偶像"就是作为共识的"真理"。由此，权力建构起来，这种来源于爱与崇拜的权力控制着圈子里的每一个人，他们自觉地认同这样的真理，并且遵守饭圈的规则。而粉头，因为与偶像和经纪公司的接触较多，所以自然而然会拥有更多关于偶像的信息，以及如何更好地维护偶像的经验，这些信息与经验，实则就是饭圈文化中的"知识"。拥有更多的知识意味着能够建构更大的权力，粉头自然成为意见领袖，再次通过话语传播新一轮的"真理"和"知识"，进一步巩固饭圈结构，深化饭圈文化中的权力关系。

由此可见，饭圈中的权力关系是非常稳固的，而"真理"的确定性也使得饭圈文化中的权力关系有超强的生产性和对抗性。饭圈粉丝为了偶像的发展可以不顾一切地拼尽全力，疯狂做数据，刷流量，投入资金，等等。比如，在这两年十分火爆的选秀节目中，观众可以通过购买节目赞助商的产品来获得为自己喜欢的选手投票的权利，粉丝便真的会集资千万上亿元来购买成箱的产品，只为了让自己的偶像出道成团。另外，粉丝在与对家（和自家偶像形成竞争关系的艺人）粉丝抢夺资源时也是毫不手软，乃至展开多轮网上骂战；如果偶像因为经纪公司的原因而没有好的资源，比如接不到好的代言时，饭圈粉丝也会群起而攻，将矛头一致对准经纪公司，为偶像声讨；饭圈内部粉丝派系圈层之间，常常也会进行一些权力博弈，彼此试图争取自己的优势地位……这些都很好地体现了饭圈文化中权力关系所带来的超强的生产性和对既有权力关系的对抗性。②

（三）资本造就的全景敞式监狱——"饭圈"文化中的规训权力

在1785年，一个叫边沁的英国哲学家，提出了一种"全景敞式主义监狱"。这种建筑由一圈环形的监狱，和一个中间的高塔组成。因为采光的设计，高塔中坐着监视人员，可以看到监狱里的所有人，但监狱里的人却无法看到监视人员，也不知道自己是否有被监

---

① ［法］米歇尔·福柯著：《福柯说权力与话语》，陈怡含编译，华中科技大学出版社 2017 年版，第 248 页。
② 参见顾向栋：《通过肖战浅析饭圈的属性、生产与权力结构》，载《新闻研究导刊》2020 年第 13 期，第 62~63 页。

视，所以总是提心吊胆，不得不好好表现。① 福柯用全景监狱的例子告诉我们，现代社会实际上有一张"监狱网"，从家庭、军队到工厂、学校，都在模仿监狱来规训社会上的每一个人。我们可能并没有真正地被监视，但却因为被"监视"的可能性而自觉地遵守各种社会规范。社会规训比监狱规训更加隐秘，联合了各种力量，谨慎地将权力渗透到每一个角落。

饭圈就好比是一个资本建造的全景敞式监狱，用包装好的偶像，引诱人们自觉地走入了这个监狱，而互联网大数据和各种社交媒体平台就是监狱中间的高塔，高塔里的人告诉所有粉丝："你如果不努力给哥哥打投，你就是不爱哥哥；你如果不给哥哥花钱，你就是白嫖，你就可耻。"粉丝们由于有对偶像非常深沉的喜爱，所以很容易接受这套规则，并且会很害怕自己成为叙述中那种"不爱哥哥"的人，进而成为众矢之的。虽然没有人真的在监视你有没有努力为偶像付出，但你却总感觉到身边有一万双眼睛在盯着你。于是粉丝们不得不在饭圈中好好表现，主动去做很多支持偶像的事情，将饭圈规则内化于心。毕竟互联网之下，似乎没有人可以真正地离开其他人的视野。

福柯叙述的社会规训的四个手段，在饭圈文化中也同样适用。第一，时间控制。中世纪时期，社会对人的时间控制是十分松散的，基本上没有固定的上班上课时间。但到了现代社会，从上学到上班，我们一生的时间都是被一种主流标准精确控制的。时间控制本质上就是在强调纪律，是为了构建一种命令系统，规训人们在固定的时间接收信号，在生活中不同的时间点，无条件接受命令去完成任务。在饭圈当中，作为基础层的粉丝们必须在规定时间内完成相应的打投、控评等任务并按时报备，这实际上就是一种时间控制。

第二，层级监视。现代社会的体系里，常常有一个专门用来监视的层级。这些从属于更高权力的监视员，代替着权力来对每一个人进行监视，成为整个权力运作的一部分。层级监视在现代社会里无处不在。它可能是一种正式的，被赋予了权力的层级，也可能是非正式的层级。因为监视能给人带来一种权力感，往往会让人觉得自我感觉特别好，所以有许多人乐此不疲地自愿对他人进行层级监视。前文中已经提到，在饭圈文化中，存在一种独特的控制结构：核心层—管理层—基础层，这本身就已经是一种层级监视。另外，由于粉丝们都具有共同而强烈的热爱并维护偶像的信念，所以粉丝个体之间的层级监视也是非常普遍的，层出不穷的粉丝之间的举报、骂战甚至"人肉"打击就是很好的示例。层级监视让规训权力在沉默中渗透到饭圈文化内部，虽然不诉诸淫威和暴力，但却是一种更微妙、也更有效的规训权力。

第三，规范化评判。评判个人的标准不是他们行为本质上的正误，而是这些行为使他们在一个分等级的序列上处于什么位置，这个序列可以用来把个人和所有其他人进行比较。这是一种极具普遍性的控制方式。没有人能够逃避这种评判，因为无论你的成就有多高，评价的尺度都告诉你还有可能存在更高水平的成就。在饭圈文化中，贡献多的粉丝就能慢慢地成为管理层乃至核心层，成为"更优秀"的粉丝，这对粉丝来说显然是至高的荣誉。而偶像的数据和流量也决定了偶像在娱乐圈的位置，为了偶像在娱乐圈这个分等级

---

① 参见［法］米歇尔·福柯著：《规训与惩罚：监狱的诞生》，刘北成、杨远婴译，生活·读书·新知三联书店 2003 年版。下文有关福柯理论的叙述同参见此书。

的序列中发展得更好，粉丝们也同样会竭尽全力。这两个层面的规范化评判，都无形中强调了秩序的存在，从而也就深化了个体对于权力的服从。

最后，审查把以上技术合为一体。福柯说，这是"一种规范化的目光，他建立了个人的可视性，以此实现对个人的区别和评判"。作为现代权力-知识的重要作用场域，审查把"力量的部署和真理的确立"融为一体。① 一方面，审查可以得出关于被审查者的实情，同时通过在审查中建立的规范可以控制被审查者的行为。在互联网大数据的时代，每个人都处于一个书写的网络中，饭圈也逃不出这样的宿命。通过社交媒体平台，粉丝个体的行为可以非常即时地被检查，偶像和经纪公司的行为也同样逃不过被统计的命运。在这个科技高度发展的时代，我们甚至不需要主动地审查这一步骤，每个人的各种情况就会不经意地在我们面前一览无遗。饭圈文化中的任何人实际上随时都接受着来自其他所有人的审查目光，权力的存在逐渐就凸显出来。饭圈文化中的个体们拼尽全力让自己更符合一种维系饭圈和谐发展的客观模版。这些在微观层面的训练，让他们的精神不断被驯服，也习惯了在其他方面遵守规则，寻找饭圈内主流的行为模版。

在这样的规训之下，饭圈文化中的任意个体都不自觉地将饭圈规则逐渐内化于心。在饭圈文化中，权力的强制力来源于所有参与其中的个体的赋予，粉丝基于自己对偶像的爱来不断规训自己，偶像和经纪公司则基于盈利和发展的目标来不断规训自己。他们根本不需要任何外在的强制，因为他们终究会自己驯服自己，成为饭圈文化中的一个个齿轮。

三、结语

"饭圈"文化显然是现代性社会的一个典型缩影，这种"现代性"甚至比福柯的时代有过之而无不及。福柯在其著作中强烈地批判了现代性社会，而当代的饭圈乱象说明这种批判是有必要的。"饭圈"文化中的权力关系极其稳定，在资本的控制下形成了一个闭合的权力循环，这使得身陷其中的个体很难脱身，容易形成一荣俱荣、一损俱损的局面。饭圈粉丝们在以情感作为"真理"的饭圈规则面前很容易失去理性，毕竟其中毫无理性的根基。盲目地追星有时就像飞蛾扑火，饭圈成员明知道自己就算倾其所有也并不会实质影响到偶像的进退，但还是被这种饭圈内的权力关系所"绑架"，在长久的规训之下不自觉地服从。

"饭圈文化经历了从线下到线上、从个体到群体、从个人行为选择到平台事件运作的历程，却仍未脱离象征性民主参与的状态；这一文化形成了严密的'爱'的自组织结构，发挥出有限权力的强制力，但其内部决策权、所有权、控制权仍然旁落，娱乐资本的主导地位并未改观。"② 然而粉丝们仍然热情高涨，几乎是自欺欺人地认为饭圈文化权力的主导权在自己手中，这显然并不是一个好的现象。

然而，也正是因为饭圈文化中这种权力的稳定性，饭圈所具有的超强生产性同样也对

---

① 李悦郢：《浅析冈圭朗"规范"与福柯"规范"间的差异》，载《文化创新比较研究》2019年第3期，第33页。

② 孟威：《"饭圈"文化的成长与省思》，载《人民论坛·学术前沿》2020年第19期，第58页。

社会有着积极意义。2020 年新冠肺炎疫情期间，不少饭圈组织及个人自发捐款捐物，在公益领域发挥作用。"FUNJI 粉丝团抗疫公益行动记录"数据显示，截至 2020 年 2 月 29日，饭圈为疫情捐款超 800 万元，捐口罩超 100 万只，还捐助其他医用物资及生理用品。① 在共同完成一件件大事的过程中，饭圈成员"获得了集体组织的安全感和力量感，也从中获得了日常生活难以企及的使命感和崇高感"。② 这实际上也是权力关系的一种巩固。

"饭圈"文化中的权力关系实则也以同样的形式存在于我们的生活中，我们实在不应该在面对这个群体时拥有一丝一毫的优越感，毕竟本质上我们都是被现代性社会所规训的个体，我们如何有自信自己真的比这些"饭圈女孩"们具有更多的真正的"理性"呢？也许，福柯所提出的"生存美学"会是一个很好的解决方案，将生活艺术化，从消费社会中将被驯化的自己解放出来，试图跳脱出权力关系来重新认识和关怀自身，确立个体与自身的关系，通过自由选择生活方式来实现自己的生存风格。③

如此，粉丝们可以自由地用自己喜欢的方式来支持偶像，不受饭圈规则的限制，不用害怕跟不上主流的追星方式，毕竟对偶像的喜爱本身就是一种审美活动，审美是为了追求心灵的愉悦，而美又是因人而异的，那么，我们有什么理由以一种所谓的主流标准来规定自己如何审美呢？同理，我们在日常生活中或许很难逃开权力大网之下"主流"对我们的评判，但我们内心理应时刻保持警觉，想办法使我们的内在精神世界不断完善，创造出更加充满活力的"美"的个体。就如福柯所深信的那样：哪里有权力，哪里就有反抗。我们要在无处可逃的权力之下以我们生存本身的美好为械，在权力的压抑之下创造属于我们的"真理"。

---

① 《当饭圈女孩冲上抗疫场》，载澎湃网，https://www.thepaper.cn/newsDetail_forward_6646110，2020 年 3 月 23 日访问。

② 陈丽琴：《饭圈女孩"进化"的行动逻辑与"共意"建构》，载《深圳大学学报（人文社会科学版）》2020 年第 3 期，第 148 页。

③ 参见［法］米歇尔·福柯著：《福柯说权力与话语》，陈怡含编译，华中科技大学出版社 2017年版，第 256~257 页。

选择性流产决策情境中的道德难题

● 郜　歌①

【摘　要】

　　堕胎的道德问题是生命伦理学关注的重要问题之一，主要涉及"胎儿是什么"和"胎儿是否具有出生权"两大问题。本文认为胎儿是具有人类生物学生命的特殊实体，值得给予尊重；胎儿拥有生的权利，但没有绝对的权利。其次将决策情境限定为当胎儿被检测出携带基因疾病的情况，此时需要分析的问题变为"选择性流产是否合道德"。对于该问题，支持方和反对方都提出了充分的理由。而让人惊讶的是，尽管都是出于"为了胎儿"这一目的，双方还是无法达成一致。因此，本文认为选择性流产作为涉及胎儿、家庭和社会多方面利益和关系的问题，应该秉持有益原则和关怀原则，综合考虑胎儿的生命质量、父母的承担能力和社会的关怀角色，最终鼓励父母作出合理的、自主的选择。

【关键词】

　　堕胎；选择性流产；唐氏综合征；关怀原则

　　生物技术的进步和医学研究的发展，极大地拓展了人们的生存空间、延长了人们的生命维度，但也使人们面临新的道德难题，引发伦理之争。生命科学的任务在于缩小"我们没有能力做到"的界限，而生命伦理学的任务在于回答"我们应该这样做吗"的难题。生命伦理学作为规范伦理学中应用层面的分支，旨在解决特定的道德问题，文本选取在中西古今都极具争议性的堕胎问题进行伦理分析。邱仁宗指出，生命伦理学的兴起在于原来绝对的道德要求、一致的道德观念、共识的价值判断纷纷产生了冲突而迫待解决。② 西方的宗教神学传统和中国朴素的贵生思想都倾向于反对堕胎行为，甚至一些历史阶段在法律上将堕胎判定为犯罪。③ 然而随着人口问题和女权主义运动的兴起，人们的思想观念和相关政策法规都在改变，堕胎作为社会问题和政治问题，其重要性和复杂性日益凸显。尤其是医学遗传学的发展和产前诊断技术的产生，通过提供胎儿的基因和染色体信息，帮助孕妇及其家庭作出最利于胎儿、家庭及社会的生育决策，加剧了相关的伦理和法律争议。

---

　　①　作者简介：郜歌，华中科技大学哲学学院伦理学与政治哲学专业 2019 级硕士研究生，研究方向为应用伦理学和生命伦理学。

　　②　邱仁宗著：《生命伦理学》，中国人民大学出版社 2020 年版，第 6 页。

　　③　根据案例记载，秦汉时期就将堕胎判定为对他人造成严重伤害的犯罪行为；唐代对堕胎行为定罪量刑，若殴打孕妇致其流产，则加重惩罚。而西方基督教的教会法也规定了"堕胎罪"，甚至影响了近代资本主义国家的刑法。

为凸显生命伦理学的实践取向，本文选出一个具体的决策情境进行伦理分析与论证。该情境为，海伦和约翰这对夫妻在妻子孕期五个月时去做产前诊断，然而咨询医生告诉他们一个坏消息——在羊膜刺穿术后所做的分析显示胚胎染色体异常，诊断为21-三体综合征，即唐氏综合征。医生告诉他们：这些患儿总是智力迟钝的，有些人严重低下，而另一些人只比平均水平低 20 点左右；他们伴有一些轻微的身体畸形，有时还会有先天性心脏病；因免疫功能低下，容易患各种感染，通常无法活过 30 多岁，但总的来说，他们看起来很快乐，性格也很好。在悲伤之余，这对夫妻需要为孩子和自己作出决定。母亲认为自己应该堕胎，重新怀孕，这不是他们想要的健康孩子。父亲则考虑到过去五个月妻子怀胎很辛苦，重新怀孕则要再经历一次，且不能保证下一个孩子是健康的。①

这一决策情境主要涉及两方面的伦理难题：第一，对产前诊断结果显示患有遗传性疾病的发育中的胚胎进行破坏是否具有道德依据。我们应该怀有任何人不管情况如何都平等享有生命权的信念，生下有缺陷的胎儿，并给予尊严和照顾；还是应该尽力避免生出一个患有严重甚至致命疾病的孩子，实施选择性流产手术，从而减缓家庭和社会的负担；又或者我们如果选择生下一个有严重疾病或缺陷的孩子就是不道德的，因为我们有责任为孩子提供获得美好生活的一般性机会，而先天缺陷限制了孩子拥有一个开放的未来。第二，在怀孕和堕胎问题上，父亲和母亲产生分歧时，谁的观点和意见占更大比重。

本文将先对人工流产中存在的"胎儿是什么"和"胎儿是否具有出生权"两大问题进行分析，得出胎儿是具有人类生物学生命的特殊实体，值得我们给予尊重；胎儿拥有生的权利，但没有绝对权利的结论。其次将"人工流产是否道德"的问题限定在当胎儿被检测出携带基因疾病的情况，变为"选择性流产是否道德"的问题。对于该问题，支持方和反对方都提出了充分的理由。而让人惊讶的是，尽管都是出于"为了胎儿"这一目的，双方还是无法达成一致。因此，本文认为流产与选择性堕胎作为涉及胎儿、家庭和社会多方面的问题，应该秉持有益原则和关怀原则，为父母提供经济和精神支持，鼓励其作出合理的、自主的选择。

一、堕胎难题中胎儿的地位问题

对于堕胎是否符合道德的回答，存在着保守派和自由派以及各种中间派，但其争论的核心可归纳为胎儿是什么和胎儿是否具有出生权两大问题。胎儿是否为人关乎胎儿是否具有人的权利，胎儿拥有何种权利关乎胎儿的道德地位，胎儿处于何种道德地位关乎堕胎行为的道德与否。保守派的传统逻辑用三段论形式表明为：

大前提：杀死一个无辜的人总是错误的。

小前提：胎儿是一个无辜的人。

结论：杀死胎儿总是错的。

而问题的复杂性体现在以下错综交织的观点与论证中：①胎儿现在或未来拥有人的本

---

① Ronald Munson, *Intervention and Reflection: Basic Issues in Bioethics*, Belmont, California: Thomson Wadsworth, 2004, p. 620.

体地位，故不允许剥夺其道德地位。②胎儿现在或未来拥有人的本体地位，但杀死一个无辜的人有时是允许的。③胎儿没有人的本体地位，故可以任意剥夺其道德地位。④胎儿没有人的本体地位，但其同人有联系性和连续性，故不可随意剥夺其道德地位。

（一）胎儿的本体地位

当我们探讨胎儿的本体地位时，实际上探讨的不是胎儿是不是人，而是胎儿是什么人的问题。在英文语境中，人有"human being"和"person"两种形式，前者指人的生物学生命，即生物的人，定义为"拥有不同于其他物种的独特基因结构，并具有独特生物、生理及心理特征的有机体"；① 后者指人的人格生命，即社会的人，定义为"在社会关系中扮演一定社会角色的有自我意识的实体"。② 可以说，一个外星人是 person，而非 human being；一个脑死亡病人是 human being，而非 person。

John Noonan 是坚定的堕胎反对者，其立场是"胎儿是人"。③ 从受精的时刻起，这个生命就获得了成为人的资格，拥有至高无上的生命权。因为它从父母那里获得了遗传密码，使其成为人类智慧的可能性生物载体，具备自我进化的能力。此外，生命本身是一个概率问题，一个受精卵有 80% 的概率发展成为正常人，而摧毁它就等于剥夺了这种可能性。因此，对于 Noonan 而言，只要怀孕没有危及母亲的生命，堕胎就是不道德的，否则是在有意伤害人类同胞，违反了每个人的生命是平等的这一人本主义原则。Mary Warren 则是坚定的堕胎支持者，其立场是"胎儿不是人"。有基因遗传结构是人的必要条件，但不是充分条件，她总结人之概念最核心的特征为：具备知觉、理性、自发行动、语言沟通的能力和自我意识的概念。④ 而胎儿在发育的所有阶段都不具备以上任一特征，所以胎儿不是人，不是可以赋予充分道德权利的实体。因此对于 Warren 而言，只要妇女不情愿或怀孕伤害了妇女的利益和福祉，堕胎就是允许的。Don Marquis 则认为他避开了讨论"胎儿是不是人"这一难题，从成人角度入手，提出"future like ours"⑤ 论证。杀害成人是错误的，这剥夺了他人的生命，而生命是人实现一切未来的价值的前提；胎儿也具备所有的未来价值，所以杀害胎儿跟杀害成人同样是错误的。因此对于 Marquis 而言，胎儿是潜在的人，堕胎是不道德的；不过避孕是道德的，因为没有产生可以被剥夺未来的存在者。

可以看到，Noonan 是从 human being 来界定人，Warren 是从 person 来界定人；而 Marquis 虽然是从 person 开始探讨，但强调 person 对 human being 的依赖性。而在海伦和约翰夫妇这个具体的案例中，Noonan 应是反对堕胎的，然而面临忽视母亲利益的指责；Warren 应是支持堕胎的，然而面临忽视胎儿生命权的指责；而 Marquis 的 FLO 论证虽然是

① 陈金华著：《应用伦理学引论》，复旦大学出版社 2015 年版，第 117 页。

② 邱仁宗著：《生命伦理学》，中国人民大学出版社 2020 年版，第 62 页。

③ Ronald Munson, *Intervention and Reflection: Basic Issues in Bioethics*, Belmont, California: Thomson Wadsworth, 2004, p. 573.

④ Mary Anne Warren, "On the Moral and Legal Status of Abortion", *The Monist*, 1973, Vol. 57, No. 1, pp. 43-61.

⑤ Don Marquis, "Why abortion is immoral", *The Journal of Philosophy*, 1989, Vol. 86, No. 4, pp. 183-202.

反对堕胎的，但似乎由于胎儿患有先天唐氏综合征，所以它没有或少有未来价值，因此堕胎是允许的。本文认为，虽然"胎儿是否人"在本质上是形而上学问题，但也不能否认一些科学事实，即胚胎学和神经学已证明胎儿没有自我意识，因此胎儿没有 person 意义上的人格生命。当然，胎儿也不是一块组织或一个物体，它拥有一定的权利，接下来对此进行论述。

（二）胎儿的道德地位

探讨胎儿的道德地位，实际上是胎儿是否有权利的问题，确切地说是其出生的权利。[①] 一方面，如果完全根据胎儿的本体论地位来决定其道德地位，则会产生两种极端性的判断：一是，胎儿是人，或是一个潜在的人，因此它有绝对的出生权；二是，由于胎儿不是人，因此它没有出生权。这两种都不符合我们的道德直觉。如果胎儿有绝对的出生权，那么意味着怀孕的母亲在任何时候都要让渡自己的身体控制权；如果胎儿完全没有出生权，那么意味着以任何微不足道的理由去堕胎都是允许的。事实上，虽然存在母体和胚胎的权利冲突，但我们并不把二者当作完全割裂、毫无联系的个体。因此，从另一方面，还存在着"胎儿是人，但无绝对出生权"和"胎儿不是人，但有生的权利"两种中间性的论证。

第一种在于证明杀死无辜者并不总是错误的。Thomson 对保守派三段论逻辑的大前提提出质疑，即使承认胎儿从受精开始就是一个人，杀害一个无辜的人有时也是允许的，例如出于自卫的情况。其不反对胎儿拥有生命权，但它有的不是不被杀害的权利，而是不被不公正杀害的权利。[②] 妇女的身体权高于胎儿的出生权，如果把子宫比作房子，那么妇女是房主，而胎儿只是房客，房主是自愿给予，而没有绝对的责任为房客提供庇护所。因此，如果胚胎威胁到母体的生命，必须无条件让位；即使没有严重的危险，母亲也有权堕胎，她仍享有追求健康、幸福、自由的权利，不应强迫她作出重大牺牲。在本文的情境下，必须考虑到父母的情感和经济情况。另外，Brown 在批判 FLO 论证时，认为从潜在的有价值的未来层面，Marquis 的论证可表述为：①杀人是错误的，因为它剥夺了人潜在的有价值的未来。②胎儿有潜在的价值，因此堕胎是错误的。在科学技术的帮助下，②是合理的，但①蕴含着一个矛盾，即只要我们不能为某人提供条件以维持生活，我们就是在杀人。但无论从道德还是法律上，都不能支持人们以牺牲他人的自主权、身体完整性和福祉为代价来满足自己的需求。因此需要子宫的胎儿无权要求母体必须付出；更何况在该情境中，基因上有缺陷的胎儿所需求的更多。

第二种在于强调胚胎同人的联系性和连续性，因此不能随心所欲地破坏胚胎。从联系性角度，女性主义关怀伦理学认为人的本质是关系，完整的人格生命只能进入社会关系中才能发展而来，而胎儿只能依赖于母亲，因此不能成为道德意义上的人。和女性主义旨在消除性别歧视、摆脱男权压迫的目标一致，关怀伦理主张只有妇女本人才能权衡所有必要

① 邱仁宗著：《生命伦理学》，中国人民大学出版社 2020 年版，第 63 页。

② Judith Jarvis Thomson, "A Defense of Abortion", *Philosophy & Public Affairs*, 1971, Vol. 1, No. 1, p. 13.

的相关因素，以确定堕胎是否是对情境的最佳反应，因为怀孕发生在妇女的身体中，并对妇女的健康和生活有深远的影响。① 但是孕育在妇女体内，也意味着胎儿与母体是一种关系性存在，因此母亲应该根据具体情境，对是否延续母胎关系作出包含关怀和责任、但不以自我牺牲为代价的决定。其目的不在于"支持堕胎"，而是要最大限度地确保母亲和胎儿的福祉。从连续性角度，Sandel 在分析胚胎的道德地位时指出，它不是 person 意义上的人，但也不是物，它是具有人类生物学生命的特殊实体，作为一种早期的生命形式占据值得尊重的中间地位。② 他举例说，我们不应该在参天古树上随意刻字或仅仅为了做成一块广告牌就砍掉它，因为它是值得人们尊重和敬畏的自然奇迹，而不是仅仅把它作为物而随意地利用其工具价值。但这不意味着人类不能利用古树，只是这个目的应该是宏大而严肃的。Sandel 旨在解决的是能否利用人类胚胎进行克隆研究的问题，但其对胚胎道德地位的分析值得借鉴；在堕胎问题中，也应该秉持尊重的态度，不能出于微不足道的理由就破坏胚胎的发育。

综上，本文认为胎儿没有人格生命，不是人，但也不是物，不是一个器官，它是具有人类生物学生命的特殊实体，值得我们给予尊重；胎儿拥有生的权利，但没有绝对的权利，其生长发育要依内部是否存在遗传结构和外部是否具备适宜条件而定。③ 因此，搞清胎儿的本体论地位和道德地位并不能直接、完全地解决堕胎问题，它与母体的联系性和与成人的连续性表明，必须在具体的道德困境中考察各方的冲突与关系。

二、选择性流产中的道德难题

接下来，本文将目光聚焦于选择性流产（selection of artificial abortion），分析其面临的一系列道德难题。我们将会看到，即使都是出于"为了胎儿"这一目的，也会产生支持或反对选择性堕胎两种截然不同的价值取向。

（一）选择性流产与优生学辨析

选择性人工流产指在胎儿未成熟之前（通常在妊娠早期或中期），通过遗传咨询和产前诊断查实胎儿患有先天性缺陷或遗传性疾病，父母知情后选择性地做人工流产，从而保障生出的孩子是健康的。④ 随着医学分子生物学和细胞分子遗传学的发展，产前诊断技术日益成熟与安全，不仅有传统的绒毛活检、羊水穿刺、脐带血穿刺等有创性检查，还有超声影像、孕妇血清筛查、胎儿细胞诊断等无创性检查；产前诊断的精确度和分辨率也大踏步前进。有人认为，通过基因筛查、遗传咨询、产前诊断和胚胎筛选从而避免生出患有严

① Susan Sherwin, "Abortion through a Feminist Ethics Lens", *Dialogue*, 1991, Vol. 30, No. 3, pp. 327-342.
② Michael J. Sandel, *The Moral Status of Human Embryos*, *Intervention and Reflection*, Belmont, Thomson Wadsworth, 2004, pp. 318-319.
③ 邱仁宗著：《生命伦理学》，中国人民大学出版社 2020 年版，第 63～65 页。
④ 吴余定：《产前诊断和选择性人工流产》，载《中级医刊》1980 年第 11 期，第 1～3 页。

重障碍的孩子，是当代医学的重大胜利之一；一个没有由基因缺陷而产生痛苦的世界是强烈倡导基因干预计划者的重要动机。[①]

产前诊断主要目的在于通过规范的咨询体系，为家庭、父母提供科学详尽可靠的信息，对妊娠过程进行决策，或对继续妊娠可能发生的事件做好充分准备，或把握适当时机对已分娩出的婴儿进行必要、恰当的干预。[②] 然而在社会新闻和相关文献中搜索，产前诊断通常被判定为"提高人口素质""限制群体所携带的有害基因的繁衍""最大限度地避免给家庭、社会和国家带来损失""缓解人口素质及其对社会文明的发展所构的压力和副作用"和"起到优生作用"的手段。这似乎意味着产前诊断的唯一结局就是进行选择性流产，以达到优生的目的。

优生学（eugenics）企图通过对人类生殖进行某种控制，以改变人类进化过程。积极优生学旨在提升具备高超智商或强壮体质等有利基因的人口数量，消极优生学则旨在降低拥有身心残疾或智能低下等有害基因的数量。[③] 在某种程度上，产前诊断和选择性流产似乎是一种消极优生学。然而需要明确，优生学不是科学，作为一种遗传决定论，它不仅本身违反遗传学，也完全不具备道德依据，是一种反人类的残暴意识形态。它把人仅仅看作手段和工具，而忽视人的内在价值，缺乏对本身就是目的的人的尊重；它对人和种族区分优劣，是对人人平等的基本价值的严重践踏。[④] 还要指出，我国提倡的优生优育（healthy birth）和优生学（eugenics）有本质的差别，我们不是为了生出超级婴儿，而是遵循知情同意原则以帮助父母生下健康的孩子；我们也不蕴含优劣人群和种族之分，充分尊重人的平等和人类多样性。

尽管如此，产前诊断和选择性流产仍然面临一系列道德难题。在前文分析了胎儿的本体地位和道德地位后，还要面临"患有遗传病或身心发育不全的胎儿有没有出生权"的问题。选择性流产究竟是保护了胎儿的尊严，使其免于痛苦；还是剥夺了其出生权，不仅损害个体胚胎，甚至损害整个患病群体的利益？父母有义务生出一个健康的后代，还是有权利故意创造一个有缺陷但符合其要求的胎儿？父母的哪一种选择才是将胚胎或孩子作为目的，而不是财产和手段？哪些病症在何种程度上具备多大的风险，父母才需要流产或有义务不生育？

（二）对选择性流产的支持与反对观点

总的来说，反对选择性流产的理由主要表述为：①难以确定哪些情况足够严重可证明堕胎的正确性。失聪者和失明者似乎并不严重到难以生存，而即使是唐氏患者，也可以

---

① Ronald Munson, *Intervention and Reflection: Basic Issues in Bioethics*, Belmont, Thomson Wadsworth, 2004, p. 286.

② 桂永浩：《先天性心脏病产前诊断及其临床意义》，载《中国小儿急救医学》2006 年第 5 期，第 339~401 页。

③ Ronald Munson, *Intervention and Reflection: Basic Issues in Bioethics*, Belmont, Thomson Wadsworth, 2004, p. 289.

④ 雷瑞鹏、冯君妍、邱仁宗：《对优生学和优生实践的批判性分析》，载《医学与哲学》2019 年第 40 卷第 1 期，第 24~28 页。

"看起来很快乐，性格也很好"。此外，一些残疾人会否认自己天生就比健康人槽糕，否认自己获得幸福生活的前景较小。②是对残疾人士的歧视，从心理上对其造成伤害。因为这暗示其天生不如常人，不仅在未来要被消除，且已存在者也不应该存在。③也会对现有病症患者造成实质性的利益损害。由于数量的减少，其将归属于更小范围的群体，因此有更大被孤立的风险，此外还有被削弱政治影响力的危机。④从医疗上看，"孤儿病"人群更难得到资金支持，研究人员也很难有动力去研发新药和新的治疗方法。⑤会减少人类多样性。残疾人也有对世界的独特贡献，他们不仅身体力行地践行着自己生命的意义，取得了许多高贵的成就，而且为生而健康者树立榜样，告诉我们生命的价值和生活的意义。

支持选择性流产者认为，从义务论的角度，把胎儿当作目的并尊重其内在价值，就要考虑其生命质量，选择性流产是一种能从根本上阻止其可能过上悲惨生活的手段。从后果论的角度，可以使胎儿免于痛苦，并减少家庭负担，保护社会资源。详细来说，①由于承担照顾责任的主要是父母，因此支持者认为应该由父母来决定何种程度的疾病应该流产。有些疾病尽管不致命，但需要投入大量的精力和财力去照顾病人。多数基因病患者事实上也要承受巨大的病痛折磨，生理和心理都会受损，大大限制其未来发展。②选择性流产不是歧视，我们尊敬并重视残疾人，不是因为他们携带疾病，而是因为他们是人。我们更希望每个人都是健康的，以更少的阻力去发展潜力和实现价值。此外，目的不在于制造超级婴儿，而只是实现父母想要拥有健康婴儿的愿望。③保护残疾人的利益不等于鼓励更多携带相关基因的人出生。应该通过政策手段和政府资助去支持现有的患病者，给予更多福祉。④数据支持。研究表明，当产前诊断结果对出生者的生活质量没有影响时，终止妊娠率只有1%左右；产生严重的负面影响时，终止率上升到50%；而医生估计，当诊断出胎儿为唐氏宝宝时，终止率约达到80%。①

（三）"为了胎儿"的冲突性选择

虽然对胎儿的本体论地位和道德地位存在较多争论，但不管认为胎儿是人、不是人或是中间阶段的人，伦理学家通常都不会否认应该给胎儿以尊重，以及父母对胎儿负有责任。但是从"为了胎儿"的目的出发，也会产生支持或反对选择性堕胎两种截然不同的价值取向。

持反对立场的人认为，选择性流产是将胎儿仅仅看作财产或工具，违背了"为了胎儿"这一目的；也是对有缺陷者的歧视，违背了"人人内在平等"这一原则。Leon Kass指出，评判基因异常的胎儿是否具有出生权的标准通常源于三方面，即出于家庭利益、社会利益或基于自然选择。②首先，从父母或家庭的利益来看，父母作为照顾责任的主要承担者，有权根据自己的意愿，并根据对自身有利的观念作出选择。父母要考虑自身能力，还要考虑家庭中其他成员。Kass则认为对父母权利的强调，在一定程度上表明孩子就像

① Ronald Munson, *Intervention and Reflection: Basic Issues in Bioethics*, Belmont, Thomson Wadsworth, 2004, pp. 300-303.

② Leon R. Kass, *Implications of Prenatal Diagnosis for the Human Right to Life*, *Ethical Issues in Human Genetics: Genetic Counseling and the Use of Genetic Knowledge*, Plenum, 1973, pp. 186-199.

财产一样，是为父母而存在。其次，从社会的需求和利益来看，照顾身体残缺或智力低下的人是在浪费宝贵的资源，特别是对于那些永远无法给社会带来效益的人，因此在出生前就消除这些缺陷基因最符合社会的利益。以金钱作为参照物，照顾一个唐氏儿童的成本是检测并进行堕胎的 3 倍。Kass 则指出，人们忽略了"社会利益"这个概念是包含歧义的，"社会"究竟指代某些特定的政治团体，还是整个人类。这关乎谁在决定什么是对人类最有利的基因。此外，如果仅仅因为对社会没有价值就被舍弃，则是把胎儿看作与人类毫无关系的纯粹物体。更何况，大量事实表明患有遗传性疾病的人并不是完全无法为社会作贡献。最后，在自然标准中，一个唐氏患儿不符合自然的健康规范，永远不会成为真正的人类，他们没有发展出独特的人类思维或自我意识能力的潜力，因此必须尽力阻止他们的出生，这是大自然的选择。Kass 则指出，如果做出"自然的就是好的"理解，那么只要不完美，就应该被自然所淘汰。在这种情况下，不仅胎儿、婴儿、儿童丧失了道德地位，甚至所有人都无法达到标准。

持支持立场的人则认为，正是出于"为了胎儿"这一目的，父母有义务进行选择性流产。对于关心孩子的生活质量与尊重父母的自主权之间的冲突，Purdy 提出携带遗传病基因的父母在拒绝产前诊断的情况下，有强烈的道德义务不去生育；而在接受产前诊断并明确知晓胎儿存在基因缺陷的情况下，拒绝堕胎也不是道德的。这同样是基于"每个人是内在平等"的原则，每个人都期待高质量的生活，胎儿也是如此；即使不能保证高质量，父母们也应该努力为孩子提供最低限度满意的生活，这就是保证胎儿生而健康。此外，Purdy 认为大多数人坚持要孩子的原因在于，体验关爱和陪伴孩子成长的家庭生活、巩固婚姻或将孩子作为血脉的传承和永生的来源，然而这些出于自身的欲望并不应该以生育作为唯一手段。① Davis 则将冲突重新定义为父母自主权和孩子未来的自主权之间的冲突。选择生育一个有基因缺陷的孩子，则会降低其拥有一个"开放的未来"的概率，这是对孩子的伤害。父母选择生孩子有无数的原因，但在怀孕之前，这些原因只是出于自我考虑的。这时孩子只是达到目的的一种手段。但在道德上，孩子首先是她自己的目的，而不只是满足父母的希望和梦想的工具。因此有道德的父母必须平衡自己与孩子未来的权利，如果缺陷会大大缩小孩子未来在职业、婚姻和文化各层面进行选择的范围，那么就不应该继续妊娠。Savulescu 则从一种更强的态度支持选择性堕胎，他认为我们应该利用基因检测产生的信息去选择最好的孩子。孩子应该拥有美好的生活，或至少有和其他孩子一样好的生活，因此任何降低人类福祉、阻止人们过上幸福生活的遗传基因，都不应该被延续下去。其中不仅包括疾病基因，还包括非疾病基因。因为重要的不是疾病本身，而是对生活的影响，只有筛掉一些非疾病基因，人才能最大限度地追求最好的生活。他举例说暴力基因应该被摒弃，而专注、社交、同情等能力应该最大限度得以保留。

因此，即使都是出于保护胎儿的尊严和价值，都是将胎儿当作目的而不是手段，伦理学家仍然有较大的冲突。堕胎是一个现实问题，每个孕妇、家庭、社会都有着或大或小的物质条件或思想水平的差异，因此最好放在具体的家庭关系和社会关系中去思考。

---

① Laura M. Purdy, *Genetics and Reproductive Risk: Can Having Children Be Immoral?*, *Intervention and Reflection*, *Belmont*, Thomson Wadsworth, 2004, pp. 346-352.

三、有益原则和关怀原则

在讨论了胎儿的地位，确立胎儿拥有生命权，但无绝对的生命权的前提下，进一步探讨了当胎儿患有基因疾病时出现的冲突；通过分析各路观点，表明尽管都是出于保护胎儿的目的，人们还是无法对是否应该进行选择性流产达成共识。其根本原因就在于，堕胎问题涉及胎儿、母亲、家庭和社会多方的情感和利益，这不仅是个人问题，更是社会问题、政治问题。本文认为要从动机上做到全面考虑各方利益，从结果上做到使每个人感到被关怀，就要坚持生命伦理学的有益原则和关怀原则。

有益原则（Beneficence）的道德命令为："我们应该按照促进他人福祉的方式采取行动。也就是说，当我们能够这样做时，我们应该帮助其他人。"① 它包括确有助益和权衡利害两个要求，最终达到使接受者最大可能地收获好处或最小可能地承受风险；它也不要求实施者必须作出自我牺牲。而有益原则作为一种原则，显得过于笼统和普遍化，因此需要和关怀原则相互补充。关怀原则（care）源于女性主义关怀伦理学，本不可称之为原则，因为关怀伦理学提倡重视具体情境和具体关系。在选择性流产的情境中，涉及的就是胎儿、家庭和社会三方面的利益与关系。

（1）胎儿的生命质量。如前所述，胎儿是生物学意义上的人，而非人格意义上的人，生物性不能成为"使人之为人"的唯一决定因素，人还必须具有意识性和社会性。然而胎儿作为一个潜在的人，胚胎作为一种为人的中间阶段，并不是没有生的权利。它有相对的生的权利，需要得到尊重，不可以任意地被剥夺继续发展的机会。在发育的过程中，胎儿所拥有的那部分生命权，始终在产生矛盾。尤其在基因缺陷的情况下，它不仅与母亲的生命权和生育权冲突，更重要的是与自身生命权的冲突。一个孩子的出生本身就不是由他自己决定的，在现实中我们常听到一些人抱怨父母"没有经过我的同意就生下我"；而对于患有先天性遗传性疾病的胎儿来说，让其出生则更有可能是违反其意志的——"胎儿的意志"。因为我们不得不承认，唐氏综合征目前是一种没有根治方法的基因疾病，生理上的缺陷会阻碍出生后的人发挥其能力去认知和感受世界，甚至会损害其价值和尊严，造成心理上的痛苦。

从有益原则来看，应站在胎儿的立场，为胎儿权衡利害，使其最大限度地获得益处和最低限度地受到伤害。因此，我们要考虑的不仅仅是生与否，还要考虑胎儿未来的生命质量（quality of life）。世卫组织将其定义为：不同文化和价值体系中的个体对与他们的目标、期望、标准以及所关心的事情有关的生存状况的体验。而根据其制定的生命质量量表，主要包括个体的生理健康、心理状态、独立能力、社会关系、精神支柱或信仰和与周围环境的关系。

根据数据调查，唐氏患者的体质与正常人相比，通常肌肉发育不良，体力甚差；也常伴随着生殖器官、心脏、消化道以及骨骼的畸形；其免疫力水平较低，比普通儿童患白血

---

① Ronald Munson, *Intervention and Reflection*：*Basic Issues in Bioethics*, *Belmont*, Thomson Wadsworth, 2004, p.771.

病的几率高 20 倍；其智力平均为 50，比普通儿童平均水平低一半。因此，即使在排除社会歧视造成的心理负担下，唐氏儿先天的身体素质和智力因素对其生命质量造成很不利的影响。此外，胎儿能否提高生命质量，更多依赖于外部条件的支持程度。任何人从一出生开始都有赖于他人的关怀和照顾，否则根本无法生存和发展；而其最基本的需求为健康、物质、情感、教育和尊重。父母在怀孕时应尽可能充分地去满足这些需求，而对于一个携带疾病的孩子来说，这种需求只会更多，因此父母必须去权衡，必须考虑到未来孩子和自己出现的各种可能性，在经济、心理和医疗上都做好充分准备。此外，还要考虑到家庭已有或将来是否会有的其他孩子，否则就是对所有孩子的伤害。其中最重要的是物质保障和家庭完整、幸福的保障。从经济上，唐氏患者所需费用包括直接和间接两种，前者包括直接医疗费用、直接非医疗费用、发展性服务和特殊教育费用，尤其是随着患者从幼儿发展成人，保健和康复、教育及雇佣陪护支出比重增大；后者主要为收入损失，包括家属误工收入损失和患者本人劳动损失。[1] 从情感上，完整稳定的家庭更容易保证给予患儿充分的关怀和爱，避免父母推卸责任。

（2）父母的承担能力。父母是照顾责任的主要承担者，有益原则和关怀原则要求在父母的自主权和胎儿的生命权之间作出平衡。首先，由于选择性流产的目的并不是制造超级婴儿，也不是出于父母的爱好去选择胎儿的性状，只是出于父母想要生育一个健康胎儿或出于家庭无法满足唐氏胎儿未来需求的考虑，因此父母无须承担过多心理压力和自责。本文不赞同 Savulescu 所谓的"生育福利原则"，即父母应该根据产前检测的信息选择最好的孩子。因为孩子能否拥有幸福生活，决定因素不在于基因，而在于家庭和社会的关爱与培育，以及其后天的努力。

其次，关怀不意味着自我牺牲，没有理由要求父母放弃自己的人生规划、职业理想和自我关怀的需求。尤其在传统中，承担照顾责任的更多是女性和母亲，而即使是选择流产，也会对女性的身心健康造成损害。因此很多女性主义者强调"妇女享有追求健康、幸福、自由、甚至她的生命的权利，当一个不需要的怀孕妨碍了她的这些权利时，她自身的权利就高于胎儿的生存权"。[2] 在关怀伦理的视角下，强调的不是胎儿与母亲权利和利益此消彼长的对立，而是基于关系和责任，综合考虑胎儿与母亲、当下与未来、目的与手段。根据关怀伦理学家 Noddings 的看法，母亲对孩子是一种自然关怀，源于本能的情感冲动，是出于爱而自发的行为。因此一般在选择性流产的情况中，母亲不是因为漠视自己所孕育的生命，而是出于对情境的考虑，以给每个人造成最低程度的伤害为目的，经过各种权衡之后的无奈之举。而在父母意见不一致时，多数女性主义者认为母亲的意愿大于父亲，因为母亲对胎儿产生的影响更重大。在本文的决策情境中，约翰虽然跟妻子的意见有不同之处，但可以看出他的目的也是出于关怀。他说"在过去五个月的孕期里，你很辛苦，而如果重新怀孕，你就不得不再经历一次"。因此，父亲和母亲也不是权利的冲突，

---

① 张洁等：《我国唐氏综合征的疾病经济负担》，载《中国卫生经济》2005 年第 7 期，第 51~53 页。

② Mary Anne Warren, "On the Moral and Legal Status of Abortion", *The Monist*, 1973, Vol. 57, No. 1, p. 224.

而是出于关心妻子怀孕所承受的痛苦。但是本文认为，约翰的关怀不能仅仅出于有益的动机，也不能只考虑眼前的冲突，更应该考虑长远的现实的后果。当然这需要专业的医生和咨询顾问的帮助。

在网络上浏览唐氏儿童的父母的求助帖时，发现主要存在以下问题：由于无产检意识或检测技术失误，父母在产前并没有检查出孩子携带基因疾病，直到孩子成长过程中才发觉异常；父母知情但选择生下，但没有对孩子的未来做好充分准备，例如不知如何教育智力发育较缓慢的孩子，或因心理压力和生活负担过于沉重而无法忍受；更重要的，许多预备父母或已为父母者，看不懂自己或孩子的检测报告，没有或不敢求助于医院，反而询问网友。因此，除了要加强对基因疾病筛查和高危人群的产前诊断的宣传，更重要的是要对情况进行充分的说明。这就需要专业的遗传咨询师，帮助父母进行知情同意选择，这应该是一个充满关怀的沟通与交流的过程，不仅仅有咨询还有商谈，不仅仅给出专业性意见还要表达同情与关怀。生命伦理学中知情同意需要两个必要条件①：①知情，包含信息的告知和信息的理解。②同意，包含同意的能力和自由的同意。在结合关怀伦理学的价值取向后，应做到情境性的评估受资者的同意能力、以关怀性的态度告知信息、通过交流达到实质性理解、使受资者在信任关系中自由而不孤立地表示同意。最终达到的同意是尊重受资者自主权的，这种尊重不是抽象孤立式的，而是在构建的关怀关系中，真正达到有益原则。

（3）社会的关怀角色。家庭是社会的最小细胞，照顾基因异常患儿既是家庭的责任，也是社会的责任。社会应该是关怀的提供者，如果仅仅从社会利益去权衡生下一个唐氏婴儿产生的负担，就很容易落实 Kass 的指责：社会浪费其宝贵的资源来服务和照顾"不合适"的人是愚蠢的，特别是对于那些永远不会"有生产力"，或永远不会以任何方式使社会"受益"的人，因此将他们在出生前就消除最符合社会的利益。② 柏拉图式的惯例是先描述理想国家，再考察家庭对构建最好国家的作用；关怀伦理学家 Noddings 提倡的则是相反的方向，始于家庭，而后延伸到社会。因此，不是从社会利益入手，去判断家庭应该如何对待携带唐氏基因的胎儿，而是始于如何能让父母和家庭最好，然后我们的社会才会好。当然，在马克思的唯物史观下，必须考虑到社会发展和人类进步的重大问题，结合社会生产方式、人口因素、技术水平的因素，但更重要的是社会应提供关怀政策。

首先是加强基因筛查和产前诊断的宣传教育和政策支持力度。本文发现在一些比较落后的地区，医生和孕妇都没有较强的产前筛查意识，一位拥有携带唐氏基因孩子的母亲谈道，在检测时医生仅仅询问是否是近亲结婚，如果不是则没有必要做唐氏筛查，然而这一小步省事酿成了悲剧。此外，受教育水平和思想水平限制，一些父母无法准确理解，或由于精神和心理压力过大，影响其自主决定的能力。因此，给予经济上的支持、思想上的宣传，以及专业遗传咨询的帮助，能够在一定程度上减少家庭的悲剧。当然，允许堕胎不等于鼓励父母出于任何意愿都可以堕胎，支持产前筛查和诊断不等于任何"不完美"的胎

---

① 邱仁宗著：《生命伦理学》，中国人民大学出版社 2020 年版，第 262 页。

② Leon R. Kass, *Implications of Prenatal Diagnosis for the Human Right to Life*, *Ethical Issues in Human Genetics: Genetic Counseling and the Use of Genetic Knowledge*, Plenum, 1973, pp. 186-199.

儿都无权生存，父母、医生和遗传咨询方需共同努力去评估风险和疾病程度，而一系列的诊断和选择性流产的决定最终都必须由父母知情同意并自主自决。

其次是社会应努力消除歧视，坚持每个人内在平等的信念。这不仅仅是因为，一直都有很多残疾人正在努力地生活以实现自己的价值和意义，也是因为，人类无法避免所有的基因疾病。必须明确，我们致力于消除的是疾病，而不是人。Kass 提议在遗传语言上，避免将因疾病受折磨的胎儿或人描述为"是疾病"，从"胎儿有唐氏综合征"再到"胎儿是唐氏综合征"是占有语言滑到身份语言，更容易造成歧视。社会相关组织应该加强生命教育和疾病知识科普，使人们更好地意识到每个人的生命都是平等的，有基因疾病的人也可以获得幸福。更重要的是，通过政府政策和社会支持来提高有基因缺陷者的福祉。越来越多的人意识到，很多先天缺陷患者不是由于没有能力去工作，更多的是由于社会歧视导致没有机会去工作。因此，提供生活、就业、教育的机会，是减少歧视并减少唐氏综合征所带来的负担的最好方式。① 这需要政府提供大量的财政支持，也需要社会各界人士力所能及地提供机会。

总的来说，坚持生命伦理学以人为本的精神，特别是注重有益原则和关怀伦理的践行，就要将胎儿的生命质量、父母的承担能力、社会的关怀角色进行综合考虑，在关怀中尊重人与胎儿的尊严，在关怀中实现社会的人文关怀。而结合本文的决策情境，医生客观地指出患有唐氏综合征的儿童所面临的病症表现和对未来的影响，这可以由遗传顾问进一步与约翰和海伦夫妇沟通，分享并交流信息，确保其具备知情同意的必要条件。如果选择继续妊娠，那么需要综合评估父母的物质、心理、医疗等准备，以确认其能够为胎儿成长提供生命质量保障；如果选择流产，遗传顾问也需要与约翰和海伦夫妇交流他们是否属于高危夫妇，是否要冒风险怀下一胎。而约翰和海伦夫妇之间的不同意见，则可以通过关怀沟通进行解决，毕竟二者不是对立的利益竞争关系，而是处于亲密关系之中。

---

① Priscilla Alderson, "Down's Syndrome: Cost, Quality and Value of Life", Social Science & Medicine, 2001, No. 5, p. 107.

科学技术哲学

人类进化的哲学本质视域下的超人类运动探析[*]
——基于"人的本质"的考量

● 张　鑫①

【摘　要】

关于科技对人进行全面改造问题，学界存在两种基本观点分歧："生物保护主义"和"生物进化主义"。前者反对"超人类运动"对人的科技改造，认为科技改造阻碍了人自然的进化规律，后者则认为"超人类运动"对人的改造有利于人的进化，这两种观点各自存在偏颇。就对策而言，应当以"人的本质"作为研究的哲学起点，以马克思哲学中"人的本质"理论为参照以及探索人类进化的三个阶段，人类第三次进化面临的淘汰的可能性。结合人进化的过程，指出人的本质界定应结合人类与社会进化始终保持一致，虚拟与现实是人类主体性的扩大显现，最后对未来人类社会发展与未来一些问题进行简单的澄清与讨论。

【关键词】

超人类运动；人类进化；人的本质

2018 年 11 月底的基因编辑婴儿事件引来了全世界科学家的谴责，而在 2021 年基因编辑或将成为医学的重大飞跃。在哈佛大学干细胞研究所里，科学家沃纳·诺伊豪瑟表示，计划使用基因编辑工具来对人类精子进行编辑，改变其中一个阿尔兹海默症的风险息息相关基因——"APoE"。与此同时，哈佛大学医学院院长乔治·戴利在第二届人类基因组编辑国际峰会上传递出基因编辑对未来生命的产生存在具有更加广阔的和探索性的效用。这种对基因编辑的乐观态度与美国正在兴起的"超人类主义"不谋而合。在"超人类主义"的意识形态框架中，基因编辑、人工智能纳米技术等前沿人类增强技术共同为制造完美人类服务，以达到消除疾病和身体缺陷实现人类永生。美国和德国的思想家们对"超人类主义"的发展方向进行了多方面的研究，但是他们的理论都未能触及其核心问题之一——人进化的本质的研究，从而无法看到"超人类运动"的实质，使人类对于科学与自身的审视产生了严重的偏离。这种哲学的偏离，不仅会在伦理学上影响人类对科学的认识，更有可能干扰科学与人类发展的轨迹。结合人类历史发展的大背景，从"人的本

* 基金项目：国家社会科学基金重大项目"面向计算机人工智能的组合范畴语法研究"（项目编号：17DA027）。

① 作者简介：张鑫，湘潭大学碧泉书院·哲学历史与文化学院科学技术哲学专业 2018 级硕士研究生，研究方向为科技哲学和马克思主义理论。

质"在进化中变化的过程为立足点思考"超人类主义"为学界探索相关问题时提供新的视角。

一、超人类运动："生物保护主义"和"生物进化主义"及其偏差分析

法国哲学家吕克·费希将"超人类运动"定义为人类全面完善的浩大工程,[1] 并著有《超人类革命》一书。全书介绍了"生物保护主义"和"生物进化主义"的两派学者[2]对"超人类主义"的二律背反观点,两派学者同时从人的角度出发对人的科技改造进行讨论。

（一）"生物保护主义"者：反对人类自身的技术改造

"生物保护主义"者高举着宗教和达尔文主义的旗帜,对利用任何技术手段改造人类的行为全盘否定。[3] 艾伦·布坎南认为人类已经被造物主设计得尽善尽美,想要用医学手段改造人类是十分愚蠢的。[4] 弗朗西斯·福山从伦理的角度出发认为,利用医学对人进行改造的道德原则在于不触及人的本质,同时认为人是一种与自然有直接关系的道德生物,如果医学改造人类必然会产生一系列超过动物行为学伦理的问题,有悖于自然的"和谐"。麦克尔·鲁塞则自认为是传统的达尔文主义者,认为人是由无数基因随机组合和突变产生的。因此,利用科技改变进化的进程或者样态有悖于自然选择的原则。其中这一派别思考较为全面的美国哲学家桑德尔提出了对基因改造的四点忧虑：首先科技改良会导致体育竞技失去原本的意义；其次会产生父母对下一代的基因改造竞赛；再次新生儿可能会成为"物化"的商品；最后永生的人类最终会将上帝抛弃,从而酿成巨大的灾难。

（二）"生物进化主义"者：提倡人类自身的技术改造

"生物进化主义"者则提倡利用科技手段对人类进化有计划地干预。这些主张对人类进行科技改造的学者大多是唯物论、决定论和无神论者。这些学者相信"人类应该被超越",[5] 因此他们在考察人与科技进化手段关系时往往报以乐观的态度。哈贝马斯在回应桑德尔对下一代的担忧时指出,如果将科技对基因的改造仅限于健康与医疗,那么就能够避免基因伦理上的一系列不必要的争端。马克思·摩尔的思想具有革命个人主义的色彩,认为进行超人类改造属于个人的行为,倡导从个体进行考察,并为必然产生的计划提前做

① Cabrera L Y. *Rethinking Human Enhancement*：*Social Enhancement and Emergent Technologies*, Palgrave Macmillan, 2015, p.64.
② 吕克·费希著：《超人类革命》,周行译,湖南科学技术出版社 2017 年版,第 77 页。
③ Bostrom N. "In Defense of Psthuman Dignity". *Bioethics*, 2005, Vol.19, No.3, pp.202-214.
④ 艾伦·布坎南在超人类主义问题上信奉古希腊智者学派的思想,认为人的神圣性在于对自然的仿效,如果人利用非自然的力量对自己进行改造那么可能会失去自然赋予人的神性。
⑤ Nietzsche, *Thus Spoke Zarathustra*, *translated by AdrianCaro*, Cambridge University Press, 2006, p.5.

好准备。①

虽然"生物保护主义"和"生物进化主义"两个学派对"超人类主义"运动都有从人的角度出发进行思考，但是都未立足人的本质进行探讨，导致这两派的学者双双陷入经验主义的怪圈之中。

（三）两派学者的问题：脱离人以及社会发展的历史性

生物保护主义者，一般从伦理和人的自然属性两个方面反对"超人类运动"。这就导致一些学者在思辨相关问题时缺乏进化科学的视角，另一些学者在对"超人类运动"问题的分析仅仅停留在问题的表象，而且没有分析背后哲学机制，所以在面对"超人类主义"的问题时，往往持着杞人忧天的态度。

首先，艾伦·布坎南认为人类已经被造物主设计得尽善尽美。然而从生物进化的角度进行分析，人类与地球上的许多生物相比，没有锋利的牙齿、没有皮毛、没有翅膀等，人本身其实存在很多的缺陷。与此同时，人类的基因也不是尽善尽美，人类一直饱受着白化病、囊肿性纤维化、艾滋病、阿尔兹海默症等基因疾病的困扰。所以艾伦·布坎南利用古希腊思想反驳"超人类主义"很显然是缺乏进化科学的维度。

其次，弗朗西斯·福山虽然在探讨"超人类运动"问题时已经触及了人的本质。但是狭隘地将人定义为一种与自然直接相关的道德生物，使得他讨论"超人类运动"问题就会始终无法避开道德的限制，不能直击人的本质看问题。麦克尔·鲁塞作为典型的达尔文主义者，他认为科技对人的改造有悖达尔文的自然选择。但是他并没有注意到达尔文在《物种起源》中将人工干预生物的繁殖与形态的人工进化视为一种正常自然选择手段。同样人类通过混血、调整营养摄入的比例、进行社会化教育的过程实际上是人类自我进化的一种人工手段。所以麦克尔·鲁塞实际上曲解了进化论的相关内容。

最后，美国哲学家桑德尔则直接忽略了人的本质将"超人类运动"问题分解成为个人问题讨论。这种讨论看起来很有说服力，但是脱离了整体的人、历史与社会的动态关系，实际是用静止的眼光审视动态的发展，这种判读实际上是一种唯心的历史观，不利于我们准确防范未来出现的真正危险。

二、超人类运动：人类进化三阶段说明

纵观人类的发展史，并结合《物种起源》所提出的进化途径，从发展的程度和发展的速度进行观察，大致可以将人类进化分为三个阶段：第一阶段从智人到现代人类的自然筛选；第二阶段是人类利用教育进行意识进化的社会化筛选阶段，"超人类运动"主张运用技术手段对人类进化进行有计划的干预，可将其视为人类进化第三次进化。由于研究"超人类运动"学者缺乏对人类进化的梳理以及对进化中的人的关注，从而导致对第三次人类进化带来的社会以及人的影响缺乏全景式的认识。

---

① Bostrom, N. et al. Transhumanist Declaration, https://humanityplus.org/philsosphy/trans-humanistdeclaration/.

达尔文在他的《物种起源》中对物种的进化提出了两种方法，第一种在自然条件下生物为适应环境进行变异，如"食蚁兽为捕食蚂蚁长出较长的舌头"，第二种则是在人类有计划的培育下进行变异，如宠物狗和宠物猫。① 人类作为一种自然界的生物在进化中也必然通过上述两个方法进行进化。与其他物种不同的是人类不仅经历了自然选择、有计划地自我培育升级并且未来可能进行第三阶段的进化——生化（科技）升级。这三种进化手段在人类的进化史上处于三个不同的时期，对人类自身的改变成增函数形式增长。

（一）第一个阶段：自然进化

第一个阶段的人类进化主要来源于自然界的被动进化。人类在第一阶段通过迁移占领地球上的优质地理环境，战胜竞争对手、掌握生存权利。距今约 7 万年前地球上大约存在包括智人在内的 6~7 种人属生物。在 12000 年前这几种人属生物经过生存斗争唯一保留下了现代人的祖先——智人。大约在同一时期智人从四处游牧向农业定居方向发展。从此之后人类的身体结构基本完成了生物学意义上的进化。第一阶段的进化是一个漫长的过程。自然选择的进化方式因为完全依赖于自然，所以在不同的人类集聚地产生了相似的农业文明导致不同地区的人类进化的方向也相对一致。

（二）第二个阶段：人工进化

第二个阶段，大约 500 年前人类革新了进化的方法，利用社会化对人的意识领域进行社会性进化。这种进化方式，主要体现在教育的分化以及社会进化法则的建构。科技革命的产生必然伴随教育的产生和教育专业的细分。这种进化已经逐渐挣脱自然环境对人类发展的束缚，使人能在自己所创造的社会中以不同的方式进行选择和淘汰。正如卡尔·马克思在《资本论》中的一个脚注中所提到的"达尔文注意到自然工艺史，即注意到在动植物的生活中作为生存工具的动植物器官是怎样形成的。社会人的生产器官的形成史，即每一个特殊社会组织的物质基础的形成史，难道不值得同样注意吗？而且，这样一部历史不是更容易写出来吗？因为，如维科所说的那样，人类史同自然史的区别在于，人类史是我们自己创造的，而自然史不是我们自己创造的"。②

人类在第二次进化中为了量化个人进化的程度，建立了庞大的教育体系，设置多种能力测试对人类进行初级进化的筛选，人通过不同的筛选项目获得不同的证明自身进化的物质资源。人类在自己打造的进化规则中，不断提高进化的标准和难度。这种社会进化没有像自然选择一样有相对统一的方向，而是以社会和生存需要为发展方向进行人类的第二次进化，这时人类在形态上保持不变，在意识形态上显现多方向的进化态势。

（三）第三次进化：生化进化

人类第三次进化在以色列学者尤瓦尔·赫拉的新杰作 *Homo Deus：A Brief History of*

---

① 达尔文著：《物种起源》，周建人、叶笃庄、方宗熙译，商务印书馆 2005 年版，第 22~50 页。
② 《马克思恩格斯全集》（第 23 卷），人民出版社 1972 年版，第 409~410 页。

Tomorrow 中被描述为人类成神的终极进化——生化进化。① 人类的第三次进化在尤瓦尔·赫拉看来是对人类本身的极大颠覆。人类可以通过第三次进化得到永生、远离疾病、青春永驻，等等，最终创造"超级人类"。在第三次进化中，人类将会运用科技手段打造多条进化路径，首先身体成分将会由碳基向硅基转变，人的身体部件可以替换或者升级；其次对人体的基因进行编辑，改写人类的致病基因消除人类遗传病并对人类身体和容貌进行强化或者人为塑造；最后人工智能与人类神经中枢结合，人类可以拥有永恒的记忆力、极大缩短人类的学习时间以及无限扩大脑容量。在第三次人类进化中，"超人类主义"者相信人类会成为全知、全能、永生。

人类的进化之路的三个阶段包括自然选择、人工进化和生化进化。从人工进化开始人类便自主打造适合进化的外部环境和进化评估制度，通过不断革新进化的手段达到更高的进化目标。

三、超人类运动：人类第三次进化刍议

生化进化作为人类进化的第三个阶段，升级新的淘汰制度是进化的必然，因此，新一轮的人类淘汰也会相应出现。尤瓦尔·赫拉利认为人类科技发展的终极目标是成为自己的神明，成为神明的人类会走到自身发展的终点。人类对神明的界定是固定不变的吗？人类的进化真的有终点吗？

（一）第三次进化：新一轮的人类淘汰

无论是赞成还是反对"超人类运动"，学者的眼光都只放在了人类增强的角度，缺少了对进化中可能被淘汰的人的关切。人类在第二次进化中建立了社会制度、经济制度、文化传统等，仅限于人类的进化规则，使人类的进化与自然界的自然法则相剥离。因此在第三次人类的进化中，升级新的淘汰制度是进化的必然，而这种新的淘汰制度可能更为残酷。

在第二次人类的社会化进化中，人类的生存方式从主要以农业生产获得生存资料转化到从工业生产获得生存资料。起初人类为了生存必须掌握一整套生存的技能，但是当第二次人类进化时，人类逐渐从农业工作者成为了世界上占多数的无产阶级劳动者。在工业化大背景下，无产者成为了制作某个商品的一个环节。复杂的劳动被拆分成若干的简单劳动。一个人不必掌握全面的知识和获得全面的能力依然可以从事劳动。这种工业化的生产方式由于生产的产品越来越复杂，使之被复杂产品堆砌出来的社会生产方式超出了个人能力的极限，因此大社会大生产使无产者成为了这一钢筋大厦中只具有单一功能的螺丝钉。当大多数人只能从事简单劳动，他们便可能成为第三次进化的最先淘汰者。

（二）人的本质角度对淘汰机制的考量

人类进化的路径不仅来源于人社会发展的现实要求，同时也来源于人对自身不断追问

---

① Yuval Noahharari. *Homo Deus：A Brief History of Tomorrow*，Vintage，2017.

的哲学要求。

一方面，社会与人的协同发展使人类进化。"个体是社会存在物。"① 因此，人类利用科技与经济发展相结合，在不知不觉中为自身进化打造了与众不同的模式。为了应对这种属于人类的进化规则，人类社会不断调整教育培养内容，提高人类的学历水平，匹配更高端的生产工具。社会为在人类进化中的佼佼者发放物质奖励以鞭策其他人类改变自己或者改变下一代。教育成为了提高人类内部竞争的一种工具。利用科技对人进行全面改造与教育的作用实则大相径庭。它们都具有利用人类的发展从而促进社会的发展的作用，以社会的发展倒逼人类进化。因此当我们从这一角度去分析"超人类主义运动"，便会发现社会与人的协同发展才是人类寻求不断进化背后的真正动力和推手。

另一方面，人类进化为人的存在不断提供自证。"正是在改造对象世界中，才真正的证明自己是类存在物，这种生产是人的能动的类生活。"② 人类进行实践的目的正是改造自然界，而人的实践同时也是人的存在方式。通过实践，人才具有了社会历史性，因此人类的发展不仅仅是改造自然的过程，更是人类为了证明自身存在的必然之路。科技对人类的改造就如同人类对自然的改造一样，是人类漫长发展中的一个部分。即使人类拒绝使用基因编辑等急性手段对人类进化进行干预，人类也会运用其他科技手段对人体进行改良，只是比上一类的方法进展慢一些。这些慢性改良手段和目前我们讨论的看似危险的技术相比，在最后的科研目的上实则都是对人自身的改善。所以完善人类的这种进化方式不仅不可避免，更有可能成为社会发展或者改造人类的一种基础手段。哈佛大学的遗传学家 Dan MacArthur 在推特上写道："预测，我的孙子辈将是胚胎筛选、基因编辑就像接种疫苗一样不会改变做人的意义。"③

因此，即使人类真的进行了全面的进化或者完善，依然会有新的社会目标和新的淘汰制度配套成型。

四、超人类运动：人的本质视角的解读

无论是"超人类运动"中正反双方学者，还是预测科技对人类影响的科学家，在分析科技对人类的影响时，或者以宗教和古希腊典籍为护盾；或者陷入个人主义分析问题；或者对待人类的未来陷入科幻电影式的危机感。这些观点的背后都存在着一个共同的问题——缺乏对人的本质的基本考量。在分析任何人类问题时一旦失去对人本质的考量，就会使得出的结论不仅具有极强的迷惑性，而且具有蛊惑社会的破坏性影响。

（一）人类本质的扩展：从人的本质到人进化的本质

当我们去讨论"超人类运动"时，依然要从讨论人本质的界定问题开始，最终延伸

---

① 马克思著：《1844 年经济学哲学手稿》，人民出版社 2000 年版，第 84 页。
② 马克思著：《1844 年经济学哲学手稿》，人民出版社 2000 年版，第 58 页。
③ Erika Check Hayden. Should you edit your children's genes? Nature, 530, 402-405, February 23, 2016. http：// www. nature. com/news/should-you-edit-your-children-s-genes-1. 19432.

至对人类进化的本质的讨论中。可惜的是"超人类运动"两方学者以及对某类自然科学学者在面对人未来的处境时，依然立足于孤立的个体去观察人类社会和揣测人类的未来。马克思在考量人的问题时曾提出："首先要研究人的一般本性，然后要研究在每个时代历史地发生了变化的人的本性。"① 在分析"超人类运动"对人类自身的影响前，应该立足于人最基本的属性，结合每个社会的发展时期，总结出社会与人的最基本的发展规律来分析人类进化的本质。只有从人的本质为研究的第一步，才能从动态的科学和社会发展中寻找到最迫近未来的人类景观。

人的本质，决定人类进化的方向。当人们谈论科技对人的改造是否会对人的本质产生影响时，其实是倒置了问题的因果关系，因此无论如何回答都会产生社会对科技的恐慌舆论。

一方面，"正是在改造对象世界的过程中，人才真正地证明自己是类存在物"。② 人的类本质在马克思的认识中是"自由自觉的活动"。因此人类进化的目的必然是如何利用自身的"自由和自觉"更好地改造世界。这里所改造的世界会随着历史发展以及人类进化的需要不断进行适度的调整。在人类第一次进化中人类改造的世界是"自然世界"，人类运用工具和应对措施以被动地生存。到第二次人类进化时，人类对世界的界定不仅包括"自然世界"，同时也包括"人类世界"。人类对自然世界的应对，也从被动转型主动。第三次人类的进化，对所改造的世界将进一步扩大。人类不仅会进一步地进行"虚拟世界"和"社会世界"的改造，也可能加深对自我"身体世界"的改造，以保证人的进化更好地改造世界，而不是阻碍世界的改造。

另一方面，马克思和恩格斯在《德意志意识形态》中提出"需要是人的本质"。人类对未来的构想也是出于人的需要，因此对个人而言需要具有选择性和多样性。当社会舆论怀疑某项科学技术会对人类的整体性产生危险时，实际上忽略了人类的个体意志和个人的选择。随着人类进化的维度不断提高，人类的进化选择不会更少而是更多。人类的整体性也不会因为科技提供的进化方向的增多而被破坏，而是会因为科技的发展将人整体性的内涵丰富和外延扩大。

萨特在讨论人的问题时提出"存在先于本质"，反对人具有共同的基本属性。萨特与马克思都认为人的本质，并不是人天生具有的，而是人在后天证实自身存在的过程中形成，并且萨特和马克思认为人的本质产生于人的自由选择和自主的创造活动之中。超人类主义者发展了萨特的理论，认为"人的本质具有不确定性和扩张性"。③ 而马克思认为人类的本质其实是一种对象性的活动，没有对象，人类的本质便无从体现，任何存在物都是对象性的存在物。因此，在人类不断进化和发展中人类对自身的展现就是对自身本质的反映。人对自身本质的探究会随着人类社会进化程度的加深而提出新的认识，增加新的内涵。由此可见，人类作为科技的使用者和科技影响的第一对象，必然会在社会的发展中不

---

① 《马克思恩格斯选集》（第1卷），人民出版社2012年版，第57页。

② 马克思著：《1844年经济学哲学手稿》，人民出版社2000年版，第58页。

③ Sharon T, *Human Nature in an Age of Biotechnology*：*The Case for Mediated Posthumanism*，Springer，2013，p.3.

断调整自身的位置，以保证人是实践的主体。所以，人类在进化中必然会为保证自身的主体地位，对促进历史发展的对象进行不断的调整。人工智能、基因编辑、纳米手术等可能具有改造人类的功能，但无论发展的水平如何，实际上都是反映人类本质的一种辅助工具。

（二）人类主体性的增强：虚拟与现实的统一

人类进化的本质，在于对世界的改造。与此同时，人类进化中创造的社会更体现了人的本质。从人类进化的历史中，人类并不满足对自然世界的改造。在自然的改造中，建立了属于人类的人类社会，并且为打破人类社会的时空局限性建立了庞大的虚拟社会。虚拟社会为人工智能等科技提供了成长的土壤，同时也造成了虚拟与现实的哲学关系问题。在"超人类运动"下的人类进化则会呈现出虚拟社会与现实社会边界模糊以至于消失的可能，从而增强人的主体性。

一方面，虚拟社会是人的现实性的部分体现。虽然马克思所在的社会并没有现在的互联网，但是从他对人类本质的论述中可以发现，他对人类非现实生活以及间接社交的认同。"个体是社会存在物。因此，他的生命表现即使不采取共同的、同他人一起完成的生命表现这种直接的形式，也是社会生活的表现和确证。"① 人与他人的相互关系可以在人再创造的空间中进行，在虚拟社会中的人依然具有人的自我认识，人在虚拟世界的部分依然具有人的本质，同时虚拟世界作为人的对象物依然为体现人的本质而服务。随着社会发展对虚拟世界的依赖性加强，人类在虚拟世界所体现的部分本质也会逐渐加强，并为人的社会性本质扩大新的疆域。人的进化发展实则也是人类社会性本质的不断扩大的过程。在人类扩展的虚拟世界中，人类的意识成为了虚拟世界的劳动工具，意识从身体中得到了极大的解放，拉大了人类与其他动物的差别。作为人类意识主导的虚拟社会成为了人类除自然、现实社会之后的第三个进化场所，因此虚拟世界在人类未来的发展中必然会成为重要的生存场所以及人类证明自身现实性的重要途径。

另一方面，虚拟社会与现实社会的统一。在马克思看来，人的发展注定要通过摆脱或者超越内在和外在的束缚限制，以达到全方面调动自身本质的能力。由于人的本质内涵随人类发展不断丰富，因此人类的进化也会存在更多的可能性。虚拟与现实社会的产生源于人的证明自身存在的追问之中，这决定了虚拟社会与现实社会具有先天的统一性。在目的的统一性上，存在一经产生便会以自身方式证明自身的存在，人将现实社会的存在方式照搬到虚拟社会的同时催生了原社会不存在的存在方式，这些虚拟社会独有的存在方式会为人类现实社会的发展提供新的目标。作为"新形式的一种社会空间"② 在主体的统一性上，虚拟社会和现实社会的服务对象皆为人。当我们看到虚拟社会如今成为了现实社会的延伸时，现实社会的发展也同时受到了虚拟社会的影响并呈现出寻求虚拟与现实人的统一的行动与诉求。

---

① 马克思著：《1844年经济学哲学手稿》，人民出版社2000年版，第84页。

② A. R. Stone, "Will the Real Body Please Stand Up? Boundary Stories About Virtual Culture", In M. Benedikt, *Cyberspace*: *FirstSteps*, MIT Press, 1991, p.81.

因此，在人类的未来进化中，虚拟世界与现实世界的融合将会成为必然的趋势，并且虚拟社会中存在人类未来现实社会的部分蓝图。

（三）哲学的审视：超人类运动、人的存在以及人类社会

冯友兰先生认为"人不一定应当是宗教的，但是他一定应当是哲学的"。[①] 人类的进化问题必将属于哲学问题的范畴。超人类主义的研究者们，因为没有将此问题回归哲学中关于人的考察中去，所以看不到科技改造对人、社会以及世界的真实影响。与此同时，哲学研究源于人类的生存，势必对人类社会以及未来等一些问题进行哲学上的澄清。

哲学对社会改造的澄清。人作为社会关系的构成部分，人的进化必然会引发社会内部的重构，这种重构势必需要哲学进行澄清。对于人全面的技术改造与社会的关系，这不仅仅要从人作为个体进行思考，同时要将人作为社会的主体进行分析。一方面，就个人而言，人类的全面改造是否会变得幸福，这其实属于人个体的自我认知问题，个人有权作出自己的选择，[②] 也有权界定自身的幸福感，仅仅以科技的发展来界定人的幸福必然会陷入技术决定论。与此同时，人类对自身改造是多种技术全面发展的结果，因此最重要的依然是时间和技术问题。即使人类可以掌握永葆青春的秘诀，但是一旦脑科学对人大脑的增强技术达不到配套的水平，那么即使被改造的人外表光鲜，依然是一个老人。如果大量具有高龄大脑的光鲜老人把持政治、经济或是科学，便会有阻碍新生力量的可能，那么不仅不能推进社会的发展，反而会因为他们固有的陈旧思想遏制社会的前进。作为社会中个体的人不仅具有自身的选择性，同时也受技术发展的水平所影响，技术的使用也会在发展中潜移默化地影响社会发展。在考量人与技术之间的关系时，一旦忽视了人的主体意识，就会得到片面的答案。另一方面，从社会的内部变化来分析，作为由无数具有主体意识的人构成的社会，其社会运行的过程中必然会掺杂人的意识性。人类的进化同时也是社会的进化。无论是赞成超人类运动的学者还是反对超人类运动的学者，他们的意识在生成的过程中就已融入未来社会的发展了。"这种行为的合理化已经随着生产力的高度发展而得到实现。"[③] 人类在利用科技参与社会发展的过程中必然存在弊端，也不乏不断修正科技的手段与制度。正如哈贝马斯认为，人具有目的的理性行为会使人做出策略性的行为，已达到人类解放的最终目的。这种策略性行为便是社会自愈的动力。社会的自我治疗与自我发展能力正是来源于人类意识具有的反思与修正。如果仅仅断言社会的未来，而不分析社会具有的生命性，那么任何断言都将仅仅局限在历史的片段之中。一切科技发展的预测与讨论都是推动社会的力量，都是消解问题的过程。因此，每一个关于"超人类运动"的观点不应该以预测的实现为目的，而应以实现社会的进化为最终目的。

哲学的视角下人类未来的动态平衡。"人们总是通过每一个人追求他自己的、自觉预期的目的来创造他们的历史，而这许多按不同方向活动的愿望及其对外部世界的各种各样

---

① 冯友兰著：《中国哲学简史》，北京大学出版社 2013 年版，第 5 页。

② Bernard Dan；KarinePelc，"Ethics of Human Enhancement in Cerebral Palsy"，Annals of Physical and Rehabilitation Medicine，2019-05-07.

③ 哈贝马斯著：《重建历史唯物主义》，社会科学文献出版社 1982 年版，第 33 页。

作用的合力，就是历史。"① 在从个体的人到人的本质去考察"超人类运动"等改造人类的相似手段以及社会时，可以看到历史发展过程中存在的平衡。这种平衡来源于无数人类的共性，以及人类对社会多方面影响的合力所致。一方面，人类的趋同性在社会发展中逐步加深。个体人类虽然具有个性，但是随着网络的构建，人的行为不再仅仅属于私人的场域，任何行为都可能曝光于众人的视野中，人的社会性得到虚拟社会与现实社会双向的塑造。由此，个人的行为与思想会受到不限国家和人种的讨论，人类的行为与意思会更具趋同性。趋同的意识同样会产生符合现实与虚拟社会的趋同行为，因此社会历史的发展方向才会逐渐从多样性过渡到一致性。人的个性存在于趋同性之中，这是社会历史始终保持稳定的前提。另一方面，社会向大多数人意志的合力方向发展。任何科技的产生都具有不同程度的优势与弊端，无论是克隆技术还是原子能技术都展露了科技的危险性，但是这些科技的利用无不体现了人们对科技的驯化。在这种对某个技术的讨论，人不仅达成了一致的契约，更应将科技的发展方向进行二次探索，为科技的深层次发展提供方向。因此，一种科学技术的产生到成熟，需要无数次的探讨与研究，并不能一蹴而就。当一项科技产生时应将其放入整个人类的讨论，而不是跳过这些动态的研究与调试，直接臆想出一个结果。只有结合人类社会动态的平衡以及人的本质去思考科技的未来，我们才能提出对科技发展的有利建议，避免对科技的过分曲解。

---

① 《马克思恩格斯文集》（第 4 卷），人民出版社 2009 年版，第 302 页。

《珞珈哲学》征稿启事

　　《珞珈哲学》是由武汉大学哲学学院主办、武汉大学哲学学院研究生会承办的研究生学术出版物，面向的作者及读者群体主要为国内知名高校哲学专业研究生，一年一辑，旨在为青年学子的学术交流提供良好平台，为当代哲学理论研究贡献青春力量。

　　交流珞珈哲思，汇聚青年学识。《珞珈哲学》在每辑征稿期间欢迎武汉大学校内外哲学及相关专业研究生的优质来稿，来稿敬请遵循如下要求。

一、征稿内容

（一）固定栏目：哲思纵横

　　本栏目关注哲学基础理论，主要征集哲学类各二级学科研究学术论文，具体包括：马克思主义哲学、中国哲学、外国哲学、美学、伦理学与政治哲学、宗教学、逻辑学、科技哲学等。本栏目的稿件字数以8000~12000字为宜。

（二）特约栏目：哲观天下

　　本栏目聚焦时事热点与学术前沿，主要征集关于时事热点话题或学术前沿问题的哲学思考、研究或讨论。本栏目的稿件字数以5000~10000字为宜。

二、来稿要求

　　来稿应严格遵守学术道德和学术规范，查重率控制在20%以内，所有引文均须注明出处，并务必核对准确。具体格式要求详见武汉大学哲学学院网站。

　　来稿须为电子稿（word文件），请以电子邮件附件形式发送。

　　《珞珈哲学》专用征稿邮箱：luojiazhexue@163.com（字母小写）。

　　《珞珈哲学》审稿实行匿名评审制，正文请勿标注作者姓名等信息，务必另附文档注明作者简介及联系方式等信息。稿件一律不退还，请作者自留底稿。

三、选稿标准

　　本书以文章质量为核心用稿标准，坚持择优录用原则。《珞珈哲学》注重文章的学术性、创新性、规范性，要求文章具备一定的专业知识和学术水平，体现有益的哲学思考和学术创新，符合良好的学术规范。

四、特别说明

来稿应为作者原创并且未公开发表的作品，严禁抄袭。

来稿实行文责自负，编委会有权对稿件做技术性、文字性的修改，在征得作者同意后可进行实质内容的修改。

请勿一稿多投！《珞珈哲学》编委会对来稿的处理结果，将在两个月内以电子邮件形式通知作者，作者逾期未收到通知即可自行处理。

来稿如最终被收录，《珞珈哲学》出版后即寄作者样书。本书不向作者收取任何形式的费用，亦不设置稿酬。

千里之行，始于足下。《珞珈哲学》诚挚欢迎热爱哲学的同学们积极投稿，也衷心感谢大家对本书的大力支持！

《珞珈哲学》编委会

2022 年 4 月